Fundamentos de ética empresarial e econômica

O GEN | Grupo Editorial Nacional – maior plataforma editorial brasileira no segmento científico, técnico e profissional – publica conteúdos nas áreas de ciências sociais aplicadas, exatas, humanas, jurídicas e da saúde, além de prover serviços direcionados à educação continuada e à preparação para concursos.

As editoras que integram o GEN, das mais respeitadas no mercado editorial, construíram catálogos inigualáveis, com obras decisivas para a formação acadêmica e o aperfeiçoamento de várias gerações de profissionais e estudantes, tendo se tornado sinônimo de qualidade e seriedade.

A missão do GEN e dos núcleos de conteúdo que o compõem é prover a melhor informação científica e distribuí-la de maneira flexível e conveniente, a preços justos, gerando benefícios e servindo a autores, docentes, livreiros, funcionários, colaboradores e acionistas.

Nosso comportamento ético incondicional e nossa responsabilidade social e ambiental são reforçados pela natureza educacional de nossa atividade e dão sustentabilidade ao crescimento contínuo e à rentabilidade do grupo.

Maria Cecilia Coutinho de Arruda
Maria do Carmo Whitaker
José Maria Rodriguez Ramos

Fundamentos de ética empresarial e econômica

5ª Edição

Os autores e a editora empenharam-se para citar adequadamente e dar o devido crédito a todos os detentores dos direitos autorais de qualquer material utilizado neste livro, dispondo-se a possíveis acertos caso, inadvertidamente, a identificação de algum deles tenha sido omitida.

Não é responsabilidade da editora nem dos autores a ocorrência de eventuais perdas ou danos a pessoas ou bens que tenham origem no uso desta publicação.

Apesar dos melhores esforços dos autores, do editor e dos revisores, é inevitável que surjam erros no texto. Assim, são bem-vindas as comunicações de usuários sobre correções ou sugestões referentes ao conteúdo ou ao nível pedagógico que auxiliem o aprimoramento de edições futuras. Os comentários dos leitores podem ser encaminhados à **Editora Atlas Ltda.** pelo e-mail editorialcsa@grupogen.com.br.

Direitos exclusivos para a língua portuguesa
Copyright © 2017 by
Editora Atlas Ltda.
Uma editora integrante do GEN | Grupo Editorial Nacional

Reservados todos os direitos. É proibida a duplicação ou reprodução deste volume, no todo ou em parte, sob quaisquer formas ou por quaisquer meios (eletrônico, mecânico, gravação, fotocópia, distribuição na internet ou outros), sem permissão expressa da editora.

Rua Conselheiro Nébias, 1384
Campos Elísios, São Paulo, SP — CEP 01203-904
Tels.: 21-3543-0770/11-5080-0770
editorialcsa@grupogen.com.br
www.grupogen.com.br

Designer de capa: MSDE | MANU SANTOS Design
Imagens de capa: SergioZacchi | iStockphoto
                sneska | iStockphoto
                markara | iStockphoto
                scotto72 | iStockphoto
Editoração Eletrônica: Tarumã Editoração Gráfica

Dados Internacionais de Catalogação na Publicação (CIP)
(Câmara Brasileira do Livro, SP, Brasil)

Arruda, Maria Cecilia Coutinho de.
  Fundamentos de ética empresarial e econômica / Maria Cecilia Coutinho de Arruda, Maria do Carmo Whitaker, José Maria Rodriguez Ramos. – 5. ed. – São Paulo: Atlas, 2017.

  Bibliografia.
  ISBN 978-85-97-01196-8

  1. Economia – Aspectos morais e éticos 2. Empresas – Aspectos morais e éticos
  I. Whitaker, Maria do Carmo. II. Ramos, José Maria Rodriguez. III. Título.

01-0316   CDD-174.4

Índices para catálogo sistemático:
1. Ética econômica 174.4
2. Ética empresarial 174.4

A meus pais (*in memoriam*).
Maria Cecilia

A meu esposo.
Maria do Carmo

A meus pais.
José Maria

Sumário

Apresentação, xv

Prefácio, xix

Parte I – Conceitos de ética, 1

1 **Perspectivas filosóficas das correntes éticas, 3**
Pensando em ética..., 3
Correntes éticas, 6
Ética na Grécia Clássica, 6
    Sócrates (470-399 a.C.), 6
    Platão (427-347 a.C.), 11
    Aristóteles (384-322 a.C.), 14
Toda atividade humana tem um fim, 15
A respeito da ideia geral da felicidade, 16
O bem de cada coisa é o fim pelo qual tudo o mais é feito, 16
A felicidade é uma atividade em conformidade com a virtude, 17
Ética estoica e epicurista, 18
    Ética estoica, 18
    Ética epicurista, 18
Ética kantiana: Ética do dever, 19
A obra de Kant. Crítica da razão prática. Crítica da razão pura, 21
Ética da simpatia ou psicologismo, 22
Utilitarismo, 23
    Princípio utilitarista, 24
Correntes éticas por meio de um exemplo, 24
Referências bibliográficas, 26
Sugestão de uso de audiovisual, 28

2 Definição de ética, 29
Etimologia, 29
Definição, 30
Ética como ciência, 30
Fontes e métodos da ética, 31
Antropologia, 32
    Diferença entre lei natural e lei civil, 32
    Natureza humana, 33
    Inteligência, vontade e consciência, 33
    Fatores que dificultam a adesão da vontade ao bem, 34
    Pessoa ética, 35
Critérios de eticidade, 36
Cenários para discussão, 37
Sugestão de uso de audiovisual, 38
Referências bibliográficas, 39

Parte II – Ética nas empresas, 41

3 Perspectiva histórica dos estudos em ética empresarial, 43
Evolução do conceito de ética empresarial, 43
Enfoques da ética, 45
Ética empresarial na América Latina, 48
Ética empresarial no Brasil, 49
Referências bibliográficas, 50
Webgrafia, 52

4 Ética e governança corporativa, 53
Introdução, 53
Ética e governança, 54
A boa governança, 57
Equidade, 58
Transparência, 59
Prestação de contas (*accountability*), 59
Responsabilidade corporativa, 59
Conclusão, 60

Referências bibliográficas, 61

Webgrafia, 62

5 Programas de ética e *compliance*, 63
Cultura ética empresarial, 63

Programas de ética, 64

Vantagens e desvantagens da adoção do código de ética, 66

Comitê de ética, 67

Gestor da ética, 68

Conformidade ou *compliance*, 69

Referências bibliográficas, 69

Webgrafia, 70

6 Ética da virtude e liderança, 71
Ética da virtude, 71

Ética e caráter, 73

Liderança ética, 77
> Importância da ética para a liderança empresarial, 77
>
> Ética dos diretores, 78
>
> Liderança como serviço, 79

Ética e teorias de liderança, 80

Referências bibliográficas, 81

7 Ética em marketing e propaganda, 83
Ética na pesquisa de marketing, 83

Ética na administração do produto, 84

Ética na administração do preço, 85

Ética na propaganda, 86

Ética na administração da distribuição, 88

Ética na auditoria e controle mercadológicos, 89

Ética no marketing internacional, 89

Cenários para discussão, 89

Referências bibliográficas, 90

Webgrafia, 90

8 Ética em vendas, 91

Ética na relação com o consumidor, 91
Ética em relação à concorrência, 93
Contribuição da propaganda ética, 94
Venda ética em face do consumismo, 94
Ética do profissional de vendas, 95
Ética no marketing direto, 96
Vendas em contexto de país em desenvolvimento, 97
Cenários para discussão, 98
Referências bibliográficas, 98
Webgrafia, 98

9 Ética na relação empresa-consumidor, 99

Ética do produtor, 99
Propaganda na relação empresa-consumidor, 99
Perfil ético dos serviços de atendimento ao consumidor, 100
Ética do consumo, 101
Ética e defesa do consumidor, 103
Cenários para discussão, 105
Referências bibliográficas, 106
Webgrafia, 106

10 Ética em finanças, 107

Virtudes pessoais na atividade financeira, 108
Virtudes para a atividade financeira, 109
    Liberalidade e magnificência, 109
    Prudência, 109
    Veracidade, 110
    Austeridade, 110
Ética na administração financeira, 111
    Informação correta e imparcial, 111
    Restaurar a confiança, 111
    Gestão de riscos, 112
    Concepção dos objetivos de finanças, 112

Sentido ético geral da sociedade, 112
Ética no mercado de capitais e governança corporativa, 113
  Ética econômica no mercado de capitais, 115
  Tráfico de informação privilegiada, 115
  Especulação, 116
  Pseudoespeculação e ágio, 116
  Arbitragem, especulação e ágio, 116
Cenários para discussão, 117
Referências bibliográficas, 118
Webgrafia, 118

11 Ética na gestão de pessoas, 119
Ética no relacionamento com colaboradores, 119
  Ética na contratação de colaboradores, 120
  Ética e permanência dos colaboradores/empregados, 121
  Ética no desligamento de colaboradores, 123
Ética no relacionamento com estagiários e *trainees*, 124
  Ética por parte da empresa, 124
  Formação do perfil ético, 126
  Teste de integridade no trabalho. De que lado você está?, 127
  Contribuição da Universidade Corporativa para a empresa ética, 128
  Profissional à procura da empresa ética, 129
Referências bibliográficas, 130

12 Ética em negócios internacionais, 131
Conceito de cultura, 132
Simbiose ética-cultura nos mercados globalizados, 133
Comunicação e linguagem, 133
Crenças e atitudes, 134
Percepção de si e do espaço, 135
Consciência de tempo, 135
Educação e processo mental, 136
Prêmios e recompensas, 136
Estética, vestuário e apresentação, 137

Comida e hábitos de alimentação, 138
Fontes de conhecimento cultural, 138
Análise ética e cultural em negócios internacionais, 138
Efeito das culturas sobre as organizações, 139
Convergência e dualismo, 140
Referências bibliográficas, 140

Parte III – Ética na atividade econômica, 143

13 Ética e economia, 145
O que é ética?, 145
    A finalidade das coisas, 146
    Finalidade do homem e liberdade, 147
O que é economia?, 148
Relação entre ética e economia, 149
    A finalidade essencial do ser humano, 149
    A economia como ciência e os aspectos éticos, 150
Referências bibliográficas, 152

14 Ética e inflação, 153
Quem ganha e quem perde com a inflação?, 154
Referências bibliográficas, 156

15 Ética e capital humano, 157
Trabalho e capital humano, 157
Capital humano e desenvolvimento econômico, 158
Breve história da teoria do capital humano, 160
Referências bibliográficas, 161

16 Ética e crescimento econômico, 163
Crescimento econômico e pobreza, 164
Diferenças de renda entre países, 165
Crescimento e distribuição de renda entre pessoas, 167
Educação, distribuição de renda e crescimento econômico, 170

Motor de qualquer transformação econômica é o fator humano, 171

    O desafio que persiste: pobreza e distribuição de renda, 172

Referências bibliográficas, 173

17 Ética e microcrédito, 175

  O banco que ajuda apenas os pobres, 176

  Referências bibliográficas, 180

Parte IV – Desafios éticos no início do milênio, 181

18 Ética na era da informação, 183

  Referências bibliográficas, 190

19 Dimensões da globalização: comunicações, economia, política e ética, 191

  Introdução, 191

  Revolução nas comunicações, 193

  Globalização econômica, 195

  Crescimento econômico do início do século XX até 1980, 196

  Globalização econômica de 1980 em diante: crescimento, pobreza e distribuição de renda, 197

    À guisa de resumo, 200

    Valores que presidem o processo de globalização, 201

  Globalização política, 201

  Globalização e ética, 204

    Ética da convicção e ética da responsabilidade, 205

    A ética não é relativa, 206

    A justiça e a solidariedade, 206

  Referências bibliográficas, 207

20 Ética nas relações internacionais: desafios da globalização, 209

  Introdução, 209

  Ética e relações internacionais, 210

  Fundamentos da ética nas relações internacionais, 210

  Cidadão *versus* estadista, 212

Ética e globalização, 214
    Realismo, 215
    Moralismo, 215
    Cosmopolitismo, 215
    Um olhar sobre os estrangeiros, 215
Conclusão, 216
Referências bibliográficas, 217

21 Ética, responsabilidade social e sustentabilidade, 219

Ética e responsabilidade social, 219
Engajamento de *stakeholders*, 220
Felicidade no ambiente de trabalho, 222
Ações sociais, 223
Normas voluntárias, 224
    AccountAbility 1000 – AA 1000, 224
    Social Accountability 8000 – SA 8000, 225
    O Pacto Global, 226
    ISO 26000 de Responsabilidade Social, 228
    Felicidade Interna Bruta (FIB) – Butão, 228
    Well Being Brazil Index (WBB), 229
Ética e sustentabilidade, 230
Movimentos em prol da sustentabilidade, 233
    Global Reporting Initiative (GRI), 233
    Metas do Milênio, 234
    Índice de Sustentabilidade Empresarial (ISE), 235
    Mercados Éticos, 235
    17 Objetivos de Desenvolvimento Sustentável (ODS), 237
    Indicador Viver Melhor (*Well Being Index*) da OCDE, 238
    Visão 2050, 239
Referências bibliográficas, 240
Webgrafia, 242

Bibliografia, 245

Webgrafia, 261

Apresentação[1]

É um grande prazer recomendar a 5ª edição deste livro *Fundamentos de ética empresarial e econômica* aos leitores do Brasil e de outros países. Ele testemunha o crescente interesse e as atividades de ética nas organizações e na economia que vêm surgindo em anos recentes na América do Sul. Como relatado no terceiro capítulo, sérios esforços vêm sendo adotados com sucesso, para reunir pessoas da empresa e da área acadêmica e para investigar as bases de uma cooperação frutífera e eficaz. Durante muito tempo, a empresa e a ética eram mantidas bastante separadas, como se não houvesse nada em comum entre ambas. Felizmente, essa situação está agora mudando nessa e em outras partes do mundo, graças ao aumento da conscientização de questões éticas múltiplas, proporcionado pela globalização e pela busca do bem-estar, tanto na arena doméstica, quanto na internacional. Se ignorarmos essas questões e deixarmos de tratá-las como desafios que devem ser enfrentados, os perdedores da globalização – e também seus vencedores a curto prazo – pagarão alto preço.

Para solucionar esses desafios e enfrentar com sucesso o movimento da ética empresarial, três pontos parecem ser particularmente importantes para mim: o objeto de pesquisa deve ser o mais concreto possível; a organização e a economia devem ser abordadas "por dentro" e não vistas "de fora para dentro"; e as empresas devem balancear entre suas responsabilidades econômicas, sociais e ambientais. Os três pontos são característicos de uma nova abordagem para a ética empresarial, contrastando com a velha ética que assumia uma separação clara da ética e da vida empresarial diária e que impunha seus padrões, principalmente, "de fora para dentro" da empresa e da economia, entendendo a empresa como uma organização meramente econômica.

Para tornar a ética eficaz, é crucial a forma como o relacionamento entre as demandas éticas e a prática empresarial real é percebido. Um modo de ver isso é manter a "ética" e a

---

[1] Tradução da 1ª edição por Ailton B. Brandão.

"empresa" em dois mundos separados. Por um lado, os princípios, as normas e os valores éticos exaltados são postulados e admirados; por outro, a vida empresarial prática toma seu curso sem ser afetada ou desafiada por esses ideais éticos. De fato, tal visão dicotômica envolve uma noção abstrata contrária à ética e uma noção claramente pragmática da empresa. A ética já não tem a ver com a questão fundamental de como devo fazer e o que devemos concretamente fazer. Ao contrário, na melhor situação, está apenas preocupada em entender e sustentar os princípios éticos sem consequências para o comportamento individual e empresarial. Quando, devido a certas tradições culturais e religiosas, as exigências éticas e a vida empresarial prática estão tão enfaticamente separadas, a ética empresarial torna-se impossível. Para isso, ou ela se esforça para tornar-se concreta, ou não existe. Parece ser difícil concordar com a ética e não manifestar isso sem se tornar hipócrita, provocar cinismo e obter o oposto do pretendido. Assim, a primeira exigência é superar essa dicotomia extensivamente disseminada. De outro modo, o movimento da ética empresarial não decolará.

O segundo ponto significa que as competências práticas e teóricas na organização e na economia devem ser reconhecidas e levadas a sério, ao se lidar com questões éticas na empresa. Sem essas competências, a ética empresarial permanece uma abordagem totalmente externa, inábil para demonstrar como, mais especificamente, a ética e a organização podem e devem andar lado a lado. O comportamento e o pensamento empresarial podem apenas reagir às normas e aos valores éticos externos ao segui-los ou ao rejeitá-los. Compreensivelmente, se a ética for vivenciada como algo que vem apenas do lado de fora e imposto por outros, a motivação para o comportamento ético não é muito forte, ainda mais se as competências próprias de alguém forem negligenciadas por aqueles que desejam impor esses valores e normas. Consequentemente, o movimento da ética empresarial necessita de empresas éticas e bem-sucedidas e de líderes empresariais, além dos acadêmicos (como o ganhador do prêmio Nobel Amartya Sen) que foram bem-sucedidos em integrar as dimensões ética e empresarial/econômica na prática e na teoria.

O terceiro ponto relaciona-se ao entendimento da empresa em que a integração das dimensões empresariais e éticas é particularmente importante. Se a empresa for concebida como uma organização puramente econômica ou, ainda mais estritamente, como um mecanismo de maximização do lucro, tudo o mais, como o cumprimento da lei, o respeito à dignidade dos empregados e a proteção ambiental, são apenas meios de atingir a meta corporativa estritamente definida. A orientação ética pode vir apenas "do lado de fora" (mediante pressão social, regulamentações etc.), e, tão logo os meios não mais conduzam a essa meta, devem ser eliminados. Em contraste, um entendimento mais realista define a empresa como uma organização de múltiplos propósitos, com responsabilidades econômicas, sociais e ambientais, que deseja obter não apenas progresso econômico, mas também desenvolvimento social e melhoria ambiental. Ou, como o Royal Dutch/Shell

Group coloca, tal empresa está igualmente preocupada com "Pessoas, Planeta e Lucro". Portanto, o desafio da ética corporativa é desenvolver estratégias empresariais que possam, ao mesmo tempo, atender a responsabilidades econômicas, sociais e ambientais, com vistas à sustentabilidade; em outras palavras, que possam "matar dois coelhos com um golpe" ou atingir situações ganha-ganha para a empresa e a sociedade (e o meio ambiente). A busca de tais situações ganha-ganha pode demorar muito, muito mais do que tendemos a acreditar. Sem dúvida, pode-se chegar a um ponto em que uma situação ganha-ganha torna-se uma situação perde-ganha. Então, é necessário negociar e compartilhar essas responsabilidades com clareza e justiça entre os diferentes participantes.

Como essas poucas observações indicam, a ética empresarial e econômica enfrenta desafios interessantes e importantes. Muito mais é discutido neste livro, ao qual desejo muito sucesso. Espero que possa obter ampla receptividade dos leitores, das empresas, do mundo acadêmico, das organizações governamentais e não governamentais e que venha contribuir para fortalecer o movimento da ética empresarial no Brasil e na América do Sul.

Georges Enderle
Ex-Presidente da International Society of Business,
Economics, and Ethics (ISBEE)
University of Notre Dame, Indiana, USA
30 de junho de 2017

Prefácio

As empresas precisam de ética. A economia precisa da ética. A sociedade precisa da ética. Espera-se que o século XXI seja o *século da ética*. Com entusiasmo acadêmico, após quinze anos do lançamento deste livro, entregamos na presente data sua quinta edição ampliada e revisada, que – entendemos – será uma contribuição para muitas pessoas, sobretudo jovens universitários. Que possam, com este material, conhecer um pouco mais a ética e vibrar ao vivê-la em sua vida pessoal e profissional. Vale a pena!

Com este livro, não temos a pretensão de abarcar todos os aspectos discutidos na ética empresarial e econômica, mas apresentar de modo acessível, não superficial, os fundamentos teóricos da ética e algumas de suas aplicações práticas em áreas da Administração, Economia, Negócios e Relações Internacionais, Governança Corporativa e Sustentabilidade.

Por essa razão, o livro foi dividido em quatro partes.

Na Parte I resumimos algumas correntes filosóficas que dão suporte teórico à ética, e a definimos sob o enfoque do realismo filosófico, linha adotada pelos autores.

Na Parte II, dedicada à ética empresarial, foi apresentado um histórico da disciplina e foram analisados os programas de ética e *compliance*, enfatizando o *código de ética* e a necessidade de mecanismos de *compliance*. Vários aspectos da ética dentro da organização foram discutidos com mais minúcia: ética na governança corporativa, na liderança, em marketing e propaganda, em vendas, na relação empresa-cliente, em finanças, na gestão de pessoas e nos negócios internacionais.

O enfoque econômico foi abordado na Parte III, relembrando inicialmente os conceitos de ética para logo relacioná-la com a Economia, levantando questões éticas ligadas à inflação, ao capital humano, ao crescimento e desenvolvimento econômico e ao microcrédito.

Os desafios éticos no início do milênio são muitos. Mudanças sérias têm sido provocadas pelo rápido e intenso processo de globalização e de inovação tecnológica. Constituem a Parte IV do livro capítulos específicos para analisar desafios mais relevantes como são os da ética na era da informação, da globalização e da sustentabilidade.

O livro foi dirigido principalmente para estudantes de graduação em Administração, Economia e Negócios e Relações Internacionais, embora seu conteúdo possa ser de interesse para profissionais dessas ou de outras áreas, em organizações privadas ou públicas.

Sugerimos aos leitores que, à medida que tomem conhecimento do conteúdo do livro, procurem relacionar os conceitos aqui apresentados aos fatos que diariamente chegam até nós pelo trabalho e pelos meios de comunicação.

Os autores
30 de junho de 2017

PARTE I

Conceitos de ética

Perspectivas filosóficas das correntes éticas

Pensando em ética...

As circunstâncias mais prosaicas da vida revelam que a ética é condição necessária para a sobrevivência humana.

Dois colegas de trabalho acabam de almoçar e caminham pensativos pelo jardim do restaurante. Nada parece alterar o silêncio até que um deles expressa em voz alta suas reflexões:[1]

– Todas as vezes que preciso pensar em algo importante, saio para dar uma volta no jardim junto ao restaurante.

O amigo limita-se a escutar.

– Há sempre distrações por aqui!

Comenta, enquanto examina o tronco de uma árvore. E prossegue:

– Eu não acredito mais na ética. Por mim, acho que os fins justificam os meios.

E, como consequência:

– Aproveite o que puder enquanto levar vantagens. É o que eu digo, o poder é o que dita as regras. São os vencedores os que escrevem os livros de história. É um mundo cão. Vou fazer tudo que achar necessário e deixar que os outros fiquem se perguntando o que é certo e o que é errado!

---

[1] Este diálogo é adaptação de uma charge publicada por *O Globo*, de autoria de Bill Watterson.

Nessa altura, o acompanhante, que até esse momento só ouvia o amigo falar, resolveu dar um empurrãozinho no colega. Cambaleante, o tagarela perdeu o equilíbrio, tropeçou e foi de cabeça para uma poça de lama. Indignado gritou:

– Por que você fez isso?
– Você estava no meu caminho e agora não está mais. Você não acabou de dizer que os fins justificam os meios?
– Mas não para todos, seu burro, só para mim.

O silencioso amigo afastou-se emitindo uma simples interjeição:

– Ah!

A ética não é somente uma questão de conveniência, mas também uma condição necessária para a sobrevivência da sociedade.

As notícias de escândalos, corrupção, nepotismo, fraudes, subornos estão sempre presentes nos noticiários transmitidos pelos meios de comunicação. Jornais, telejornais e revistas são pródigos em exemplos.

Na arena política, sem entrar agora na descrição dos detalhes técnicos, são frequentes as notícias de superfaturamento de compras, de liberação irregular de recursos, de intermediação de negócios por meio de empresas de amigos, de licitações irregulares, de liberação de licenças de exportação...

Os casos noticiados espalham-se pelo tecido social, afetando tanto a administração pública quanto a empresa privada. Aliás, o fenômeno não é de hoje, nem é exclusivo de um único país ou hemisfério.

Um artigo relata a indignação de um empresário a quem pediam uma comissão de 35% para a aprovação de uma obra. Um médico conta a frustração profissional, que arruinou suas economias, por não ter recebido um empréstimo de um organismo de financiamento, porque para sua liberação era exigida uma taxa *por fora*.

Os casos acumulam-se e do seio da sociedade emerge o consenso de que o que está faltando é ética. Recomenda-se uma volta aos padrões éticos: ética nas relações econômicas, empresariais, no trabalho, nas relações familiares, sociais e consigo mesmo. Para que o barco não afunde, é imperiosa a defesa da ética como valor a ser preservado.

A ausência de valores morais – grita a situação atual – é o pior dos males que podem afligir o tecido social. Como o câncer que se espalha pelo organismo, a amoralidade destrói o clima de confiança que deve presidir o relacionamento social, tornando insustentável o convívio na sociedade. A partir de certo ponto, a lei da selva passa a ser a única regra possível do relacionamento econômico e social.

Dos muitos caminhos possíveis para descobrir a importância dos valores éticos, o mais amargo é o da experiência.

No clima criado pela subversão dos valores éticos, alguém pode exprimir sua insatisfação com a frase pichada nos muros de São Paulo, durante uma campanha eleitoral: *Ou nos locupletamos todos ou instaura-se a moralidade*. Sem dúvida, é motivo de reclamação que só alguns se *locupletem*, mas cabe indagar:

Será que a moralidade é só questão de que cheguemos a um acordo? Ou ela responde, diferentemente, a exigências mais profundas do ser humano? E, também, quais os fatores que influenciam os padrões éticos observados?

Essas perguntas levam-nos ao exame de dois tipos de questões:

1. Que fatores influenciam os padrões éticos e – em um nível mais profundo – a raiz do questionamento ético?
2. Quais são os fundamentos da ética?

Em relação aos fundamentos da ética, a questão é filosófica e, por essa razão, será analisada mais adiante. Aristóteles oferece uma resposta satisfatória para os fundamentos da ética, quando afirma que todos atuamos procurando um bem, que o maior bem é a felicidade e, por último, que a felicidade está na vida virtuosa.[2]

E com relação aos fatores que influenciam os padrões éticos da sociedade? Para responder a essa questão, é necessário ter presente que o comportamento ético é sempre individual. As estruturas, as instituições e a sociedade não são éticas ou antiéticas. Somente a ação humana individual é suscetível de valoração moral.

O ambiente moral em que se vive é resultado das ações individuais. Nesse sentido, o clima moral reinante na sociedade, as práticas, as ações individuais, ajudam e incentivam ou são um empecilho e desestímulo ao comportamento ético.

Uma mudança de mentalidade individual sem dúvida vem ajudando a elevar os padrões éticos. Está-se tornando realidade a solução proposta pelo então Diretor do Departamento Nacional de Defesa do Consumidor, mostrando a necessidade de conscientizar o brasileiro de seus direitos. Declarava em entrevista:

---

[2] ARISTÓTELES. *Ética nicomaquea*. Madri: Gredos, 1995. 1099*b*, 5.

"Culturalmente, o brasileiro ainda tem muito que mudar. É aquela velha posição do Jeca Tatu, que bem apontava Monteiro Lobato de que nada paga a pena. O brasileiro diz: 'eu não vou reclamar, porque não vai adiantar, ou é muito pouquinho o que eu perdi [...].' Brasileiro, deixe de ser meramente um habitante do país para se tornar um cidadão."[3]

Aspecto de grande importância, também, é o da regulamentação governamental. De duas maneiras a legislação pode contribuir para a elevação dos padrões éticos: primeiro, com uma legislação clara e objetiva e, em segundo lugar, fazendo com que a lei seja cumprida.

Os fatores negativos não precisam de explicação: a decadência social da sociedade permissiva, hedonista e materialista; a busca do sucesso econômico a qualquer título e, por último, a corrupção política estão presentes no dia a dia do cidadão comum.

Correntes éticas

A ética diferencia *aquilo que se pode fazer fisicamente e aquilo que se pode fazer eticamente*. Nessas duas expressões, a palavra *pode* tem significados distintos. Daí deriva um axioma ético muito simples: nem tudo o que se pode fazer fisicamente é ético. Ou mais brevemente: nem tudo o que é possível é ético.[4]

Em termos mais positivos, pode ser questionado: de tudo aquilo que se pode fazer, o que se deve fazer? Isto é, o que é válido eticamente falando? O que faz crescer o bem do homem? Indagações como essas ou semelhantes vêm sendo respondidas pelos filósofos desde mais de 25 séculos. Com frequência, foram repetidas as mesmas respostas. A seguir, são apresentadas, em síntese, algumas correntes éticas, sem a pretensão de mencionar todas.

Ética na Grécia Clássica

Sócrates (470-399 a.C.)

Nasceu em Atenas, filho de Sofronisco (escultor) e Fenérates (parteira). Tomou parte nas Guerras do Peloponeso (431-404 a.C.) como soldado hoplita e participou das batalhas de Delium (424) e Anfípolis (421). Formou parte do Conselho dos Quinhentos. Foi condenado à morte injustamente em 399 a.C.

---

[3] PUGLIESI, Márcio. Entrevista. *Jornal do Brasil*, 21 jul. 1992.
[4] GÓMEZ PÉREZ, Rafael. *Ética empresarial*. Madri: Rialp, 1990. Parte das doutrinas apresentadas foi baseada no Capítulo 2 desta obra.

Sócrates não deixou nada escrito. Tudo o que sabemos de sua concepção filosófica e ética é conhecido por meio de seus discípulos. Fez da filosofia sua profissão e andava pelas ruas indagando as pessoas, jovens e velhos, a respeito da vida, da ética e da virtude.

Não chegou a formar uma escola propriamente. Seu discípulo mais conhecido foi Platão, que, em seu primeiro escrito, *Apologia de Sócrates*,[5] faz uma defesa do mestre, ao ser condenado à morte injustamente pelo senado ateniense.

Foi considerado o homem mais sábio da Grécia pelo oráculo de Delfos. Utilizava o método da maiêutica para conversar com as pessoas sobre filosofia, isto é, com perguntas e respostas.[6] No diálogo de Platão, *Teeteto*, o próprio Sócrates explica o seu método:

"Sócrates: Não ouviu falar que sou filho de uma excelente e vigorosa parteira chamada Fenérates?
Teeteto: Sim, ouvi dizer.
Sócrates: E não sabe que pratico a mesma arte?
Teeteto: Não, não sabia.
Sócrates: Pois bem, garanto que é assim [...] Minha arte maiêutica tem certamente o mesmo alcance... mas é dirigida a provocar o parto nas almas e não nos corpos" (PLATÃO, 1988, p. 897).

Para conhecer a vida e o caráter de Sócrates há duas fontes importantes. A primeira são diálogos de Platão e, em segundo lugar, o escrito de Xenofonte, *Ditos e feitos memoráveis de Sócrates*. Em relação aos diálogos, três deles narram sequencialmente os últimos dias de Sócrates: a *Apologia de Sócrates*, o *Críton* e o *Fédon*. A *Apologia de Sócrates* trata da acusação e defesa de Sócrates, que culminou com a sua injusta condenação à morte, acusado de corromper a juventude ateniense e de não acreditar nos deuses gregos. O diálogo *Críton* descreve a conversa de Sócrates com o seu velho amigo. Na véspera do dia em que seria executada a sentença, Críton tenta convencê-lo a fugir ou subornar os guardas para evitar a sua morte. *Fédon* narra a conversa com seus amigos e a despedida da esposa Xantipa e dos filhos, no dia da sua morte.

Na *Apologia de Sócrates*, o filósofo grego coloca a justiça e a verdade em primeiro lugar. Indagado sobre a sua situação, comenta Sócrates:

"Alguém, talvez, pergunte: 'Não te envergonhas, ó Sócrates, de te haveres dedicado a uma ocupação que te põe agora em risco de morrer?' Eu lhe daria esta resposta justa: 'Estás enganado, homem, se pensas que um varão de algum préstimo

---

[5] PLATÃO. *Apologia de Sócrates*. São Paulo: Abril Cultural, 1985.
[6] JAEGER, Werner. *Paideia*: a formação do homem grego. São Paulo: Herder, 1936.

deve pesar as possibilidades de vida e morte em vez de considerar apenas seus atos: se o que faz é justo ou injusto'" (PLATÃO, 1985, p. 14).

Com relação à sua missão na sociedade ateniense, o próprio Sócrates explica qual foi a motivação do seu atuar e os ideais que nortearam toda a sua vida:

"Outra coisa não faço senão andar por aí persuadindo-vos, moços e velhos, a não cuidar tão aferradamente do corpo e das riquezas, como de melhorar o mais possível a alma, dizendo-vos que dos haveres não vem a virtude para os homens, mas da virtude vêm os haveres e todos os outros bens particulares e públicos" (PLATÃO, 1985, p. 15).

Com a condenação, quem sairia perdendo seriam os próprios atenienses. Como comenta Sócrates, em primeiro lugar estariam cometendo uma injustiça, ao condenar uma pessoa inocente, e, em segundo lugar, com a sua morte perderiam alguém que tinha uma dedicação total à cidade, sem cobrar nada, e acreditava estar cumprindo uma missão dividida ao procurar tornar os atenienses melhores cidadãos. Sua missão era despertar, persuadir e repreender os cidadãos de Atenas. O ressentimento de alguns atenienses, incomodados por Sócrates, provocou e motivou as falsas acusações e a sua condenação à morte.

No diálogo *Críton*, é oferecida a Sócrates a possibilidade de fuga ou suborno daqueles que o custodiavam, para evitar a morte. Sócrates argumenta que pela idade a morte já não estaria muito distante dele e, caso fugisse, estaria dando a razão aos seus acusadores. Por essa razão ele deve cumprir seu dever, que é submeter-se àquilo que foi julgado. Sócrates foi acusado injustamente, mas reconhece a importância da lei e da obediência àquilo que foi julgado. Nas próprias palavras de Sócrates, simulando um diálogo entre o próprio Sócrates e as leis, tal como narradas por Platão em *Críton*:

"[...]você [Sócrates], irá agora para o Hades, vítima de uma injustiça – ocasionada pelos homens, não por nós, as leis – mas se escapa da cidade, devolvendo injustiça por injustiça [...] as leis da morada do Hades *não acolherão você com benevolência*" (PLATÃO, 1988, p. 232).

No diálogo *Críton*, Sócrates afirma que não se deve devolver mal com mal, nem injustiça com injustiça. De acordo com o pensamento socrático, a injustiça tem piores consequências éticas para aqueles que a praticam do que para aqueles que são vítimas da injustiça alheia, uma vez que a alma carrega as marcas das suas ações, e será julgada por elas após a morte, no Hades.

O juízo após a morte é o tema central do diálogo *Fédon*, que conta como foi o último dia da vida de Sócrates, antes de tomar o veneno que o afastaria definitivamente do convívio dos homens. O diálogo se inicia com Fédon sendo indagado por Equécrates a respeito do último dia do mestre. Nascido em Elis, de família nobre, Equécrates foi levado como prisioneiro a Atenas e resgatado por intervenção de Sócrates.

Fédon narra então como Sócrates passou seu último dia na terra, começando por manifestar a sua surpresa diante da tranquilidade do mestre em face da sua morte próxima:

"Aconteceu algo estranho. Não tomou conta de mim a compaixão ao saber que assistia à morte de um amigo... Tão tranquilamente morria que pensei que não descia ao Hades sem certa assistência divina, e que ao chegar lá iria ter uma felicidade como nunca teve nenhum outro" (PLATÃO, 1988, p. 611).

A tranquilidade de Sócrates decorria da sua convicção de que a alma é imortal e não morria com o corpo. Após a morte, seria julgada e receberia o prêmio ou castigo merecido pelas suas obras:

Em palavras do próprio Sócrates:

"Pois bem, amigos – continuou Sócrates – se a alma é imortal, exige cuidado não em atenção a este tempo que chamamos vida, mas pensando em todo o tempo. E o perigo parece ser terrível, se alguém descuidasse dela. Se a morte fosse uma libertação de tudo, seria uma grande sorte para aqueles que agiram mal, uma vez que com a morte se libertam do corpo e da sua própria maldade junto com a alma. Mas como nossa alma é imortal, não há outra salvação e remédio de males do que se torne o melhor e o mais sensata possível. A alma vai para o Hades sem levar consigo outra coisa que sua educação e virtude, coisas que, segundo se diz, são as que mais ajudam ou prejudicam o finado, desde o início da sua viagem para lá. [...] – ... E uma vez que chega onde estão as demais, à alma impura e que cometeu um crime, como um homicídio injusto, ou outros delitos deste tipo, ninguém quer ser seu companheiro de caminho nem servir de guia, mas anda errante, sumida na maior indigência até que chega na residência que lhe corresponde. E, pelo contrário, a alma que passou a vida de modo puro e comedido alcança como companheiros e guias de viagem aos deuses, e habita no lugar que merece" (PLATÃO, 1988, p. 646).

Posteriormente Sócrates narra como é o mito da vida após a morte:

"Sendo assim a natureza destas paragens, os finados são julgados, tanto os que viveram bem como os que não. Aqueles que viveram no termo médio – nem bons nem maus – são encaminhados ao rio Aqueronte. Sobem nas barcas e, conduzidos por elas, chegam em uma laguna, onde moram purificando-se; e através da expiação dos seus delitos são absolvidos, recebendo cada um a recompensa das suas boas ações, conforme o mérito.

Aqueles que, pelo contrário, pela gravidade dos seus erros, não têm remédio, porque cometeram muitos e grandes roubos sacrílegos ou homicídios injustos e ilegais em grande número, esses são lançados no Tártaro para nunca mais sair de lá. Por último, aqueles que se distinguiram pelo seu piedoso viver são os que, libertados do interior da terra, e escapando como de uma prisão, chegam nos lugares superiores e se estabelecem sobre a terra. E, entre estes, aqueles que, purificados de modo suficiente pela filosofia, vivem completamente para toda a eternidade e chegam a moradas mais belas do que estas, que não é fácil descrever, nem há tempo bastante no momento para falar delas" (PLATÃO, 1988, p. 649-650).

Por essa razão, conclui Sócrates:

"Por todos estes motivos deve mostrar-se com ânimo com relação à própria alma todo homem que durante a sua vida tenha-se desprendido dos prazeres e vestidos do corpo, com a ideia de que era algo alheio a ele, com a convicção de que produzem mais mal do que bem; e todo homem que tenha ficado preocupado com os prazeres que versam sobre o aprender e enfeitado sua alma não com galas alheias, mas com as que lhe são próprias: a moderação, a justiça, a valentia, a liberdade, a verdade; e em tal disposição espera ir no caminho do Hades" (PLATÃO, 1988, p. 650).

A ética socrática não era teoria sem vida. A tranquilidade com que enfrentava a morte decorria da força das convicções com que abraçava a sua filosofia de vida. Em Sócrates, tal como em Platão e em Aristóteles, a filosofia não era apenas uma elucubração teórica, mas uma procura de viver uma vida que valesse a pena ser vivida, uma vida virtuosa.

O testemunho de Xenofonte, na sua obra *Ditos e feitos memoráveis de Sócrates*, mostra-nos que a vida de Sócrates foi coerente com a ética que sempre defendeu. A atuação de Sócrates era conhecida de todos:

"Sócrates sempre viveu à luz pública. Pela manhã saía a passeio e aos ginásios, mostrava-se na ágora à hora em que regurgitava de gente, e passava o resto do dia nos locais de maior concorrência, o mais das vezes falava, e podia ouvi-lo quem quisesse" (XENOFONTE, 1985, p. 34).

De acordo com Xenofonte, Sócrates era o mais moderado dos mortais no que se refere aos prazeres dos sentidos e da mesa, firme quando o clima era frio ou caloroso, assim como nas fadigas e de uma sobriedade exemplar. A virtude que recomendava a todos não era uma teoria:

"Não comia sem necessidade, [...] o apetite lhe servia de condimento. Toda bebida lhe sabia agradavelmente, porque jamais bebia sem ter sede.[...]Se convidado a um banquete [...] não se cometia excessos. [...] São os excessos os que causam mal ao estômago, cabeça e espírito" (XENOFONTE, 1985, p. 46).

A felicidade, ensinava Sócrates, não se encontra na posse de bens materiais, mas em imitar a divindade:

"De mim, penso que de nada necessita a divindade. Que quanto menos necessidade se tenha, mais nos aproximamos dela. E como a divindade é a própria perfeição, quem mais se avizinhar da divindade, mais próximo estará da perfeição [...] ao passo que outros gostam de possuir um bom cavalo, um cão, um pássaro, gosto eu, e muito mais, de ter bons amigos. Ensino-lhes tudo o que sei do bom, aditando tudo o que os possa ajudar a se tornarem virtuosos. Os tesouros que nos legaram os antigos sábios em seus livros, percorro-os na conversa com os meus amigos" (XENOFONTE, 1985, p. 56).

A ética como uma conquista das virtudes na vida pessoal e como uma descoberta na filosofia emoldurou a existência de Sócrates. Platão continuará o legado do mestre e ampliará os temas desenvolvidos por Sócrates. Em Platão a ética está intimamente relacionada com a descoberta e a prática do bem.

Platão (427-347 a.C.)

Nasceu em Atenas, no seio de uma família aristocrática. Parecia destinado, por causa da família, à política, mas declinou do convite de parentes – Crítias e Carmides – para participar do governo de Atenas. O nome verdadeiro era Aristóbulo.

Foi discípulo de Sócrates e mestre de Aristóteles. Ao morrer o mestre, Platão foge de Atenas, para evitar possíveis represálias, e volta anos depois para fundar a Academia de Atenas.

Escrevia em forma de diálogos, destacados em três fases: diálogos da juventude, diálogos da maturidade e diálogos da velhice. Sócrates é o interlocutor que mais aparece nos diálogos.

No idealismo platônico, o mundo sensível em que nos movimentamos é uma cópia, uma participação do verdadeiro mundo: o das Ideias. Do mundo ideal provém o homem, por meio de sua alma, e a ele deve retornar, utilizando suas forças: a inteligência, a vontade, o entusiasmo. Agir bem, moralmente, é perceber que a autêntica realidade é a ideal. Comportar-se eticamente é agir de acordo com o *logos*, ou melhor, com retidão de consciência. A inteligência, corretamente utilizada, conduz ao Bem, que é *aquilo que é amado primeiro*. E com o Bem estão o Belo e o Justo.

Todo esse mundo é ideal, algo para que tudo deve dirigir-se, mesmo que nunca se alcance. Na prática, porém, os homens atuam de forma grosseira, sem inteligência ou virtude. O fato de que isso aconteça não significa, entretanto, que essa atuação represente o ideal. O autêntico sábio procura agir sempre buscando o ideal; e, se erra, retifica.

Em apertada síntese, o idealismo platônico enxerga o mundo e a ética da seguinte maneira:

- o mundo sensível é uma cópia do mundo ideal;
- atuar eticamente é procurar atingir o ideal;
- a inteligência bem utilizada conduz ao bem;
- o autêntico sábio procura o ideal e retifica quando erra.[7]

Além de escrever em forma de diálogo, Platão utilizava mitos para explicar suas ideias. No diálogo *Fédon*, como foi comentado, Platão recorre ao mito para ilustrar o que acontece com a alma após a morte do corpo. Esse mito também é descrito, com certas semelhanças, no final dos diálogos *Górgias* e *A República*. Também é conhecido o mito do auriga, narrado no diálogo *Fedro*, em que descreve a alma assemelhando-a a uma força natural que mantém unidos um carro e seu auriga. Um dos mais célebres mitos platônicos, intimamente relacionado com a sua ética, é o Mito da Caverna, que está narrado no Livro VII da sua obra *A República*. No Mito da Caverna, Platão discorre sobre o estado da natureza humana com relação à educação.

O mito é particularmente significativo para a ética porque a ideia mais importante para o filósofo é a ideia do bem. O filósofo, liberto das correntes que o mantinham preso na caverna, ascende ao mundo inteligível:

"Este é meu pensamento. Só Deus sabe se é verdadeiro [...] No mundo inteligível a ideia do bem é a última a ser apreendida, mas é ela a causa de tudo o que de reto e belo existe em todas as coisas. No mundo visível criou a luz e o sol, no inteligível, a verdade e o puro conhecimento" (PLATÃO, 1988, p. 779-780).

A aplicação da alegoria da caverna é que o filósofo, como o prisioneiro libertado, após ascender ao mundo inteligível e captar o bem, deve retornar à caverna para expli-

---

[7] COPLESTON, Frederick. *A history of philosophy*. New York: Doubleday, 1993. Capítulo XXII: Plato moral theory, p. 216-222.

car e orientar aqueles que não tiveram a iluminação que ele teve. O filósofo, o educador, deve conduzir aqueles que ficaram encerrados das trevas para a luz, da ignorância para a sabedoria.

De acordo com Josef Pieper,[8] Platão aceita os mitos como uma forma de verdade e não apenas como uma explicação fantasiosa, imaginária, da realidade. Por essa razão, Platão considera os mitos contados por Hesíodo e Homero como enganosos e falsos.

"É preciso corrigir a representação habitual que separa de modo cortante conceitos filosóficos de verdade mítica. Platão compreendeu a incorporação da tradição sagrada do mito como um elemento e talvez como um ato supremo da tarefa filosófica. Tanto no *Górgias* como em *A República* o mito escatológico é empregado como o argumento supremo e decisivo, quando a pura especulação filosófica atingiu seu próprio limite" (PIEPER, 1998, p. 67).

Os diálogos de Platão são de uma extraordinária riqueza intelectual e têm uma atualidade permanente, na medida em que tratam de pontos essenciais da experiência humana. Os conceitos e questões éticas vão surgindo nas conversas de Sócrates de modo natural e espontâneo. Diferentemente de Aristóteles, que é um pensador sistemático, Platão, mesmo quando o diálogo tem um eixo temático, não fica circunscrito a um único tema. Ao longo do texto vão surgindo ideias e luzes que iluminam a compreensão do homem e do mundo. Temas como a retórica, a verdade, a beleza, o bem, a amizade, a justiça desfilam nas páginas dos diálogos.

O diálogo *Alcibíades* ou *Da natureza do homem*, por exemplo, aprofunda na questão do conhecimento próprio, ao examinar a inscrição do templo de Apolo em Delfos: "Conhece-te a ti mesmo", mas também é uma referência para a ética na política e a preparação intelectual dos políticos para o exercício de tão importante profissão.

Um diálogo particularmente importante para a questão ética é o *Górgias*. Nesse diálogo Platão afirma que cometer uma injustiça é pior do que sofrê-la e que uma pessoa injusta não conseguirá ser feliz. O autor de uma injustiça deve querer o castigo para ficar livre do mal que cometeu.

"Na minha opinião, pelo contrário, amigo Polo, o autor de uma injustiça é por inteiro um desgraçado. Mais desgraçado se não é julgado e condenado pelos seus delitos. Menos desgraçado se for castigado pelos deuses e pelos homens" (PLATÃO, 1988, p. 375).

A honestidade é uma condição necessária para a verdadeira felicidade:

---

[8] PIEPER, Josef. *Sobre los mitos platónicos*. Barcelona: Herder, 1998.

"Suponhamos que um homem comete uma injustiça [...] Deverá recorrer espontaneamente o mais cedo possível para acusar-se diante de um juiz, como quem pressuroso recorre ao médico, para evitar que a doença da injustiça se torne crônica e corrompa a alma" (PLATÃO, 1988, p. 375).

O diálogo também é particularmente importante pela distinção entre prazer e bem. De acordo com Sócrates, é necessário perseguir o bem e não o prazer. Assim como há remédios amargos que produzem o bem para o corpo, também na alma sucede o mesmo. Quem procura apenas o prazer poderá poupar-se à dor e ao sofrimento, mas não se tornará uma pessoa boa.

Em palavras do próprio Sócrates, no diálogo *Górgias*:

"Prazer e bem são a mesma coisa? Não. O prazer deve ser realizado em função de um bem. Prazer é aquilo cuja presença nos produz um gozo e bem é aquilo com cuja presença somos bons" (PLATÃO, 1988, p. 380).

O *Timeu ou Da natureza* foi o último diálogo escrito por Platão. Ao longo dele, Platão indaga a respeito da origem do Universo (Cosmos), da criação do corpo humano, da natureza física humana e da saúde dos corpos. A concepção física de Platão foi completamente ultrapassada pela ciência moderna, mas não assim suas recomendações sobre a excelência humana:

"Se um homem se abandona à concupiscência e aos maus costumes e exercitou esses vícios, todos seus pensamentos se tornam mortais. Pelo contrário, um homem que cultivou em si o amor à ciência e aos pensamentos verdadeiros, e que se exercitou na capacidade de pensar nas coisas mortais e divinas, chega a alcançar a verdade, e na medida em que a natureza pode participar da imortalidade, goza também dela [...] Presta assim culto à divindade, conserva em bom estado o Deus que habita nele e é, pois necessário que seja particularmente feliz" (PLATÃO, 1988, p. 1177).

Aristóteles[9] (384-322 a.C.)

Tutor de Alexandre Magno, Aristóteles utilizava o método peripatético para ensinar.

---

[9] Para estudo mais aprofundado de Aristóteles, sugere-se a leitura das seguintes obras:
ARISTÓTELES. *Ética a Nicômaco*. São Paulo: Abril Cultural, 1973. COPLESTON, Frederick. *A history of philosophy*. New York: Doubleday, 1993. Capítulo XXXI: Aristotle's Ethics, p. 332-350. The Epicurean Ethic, p. 406-412. JAEGER, Werner. *Aristóteles*. México: Fondo de Cultura Económica, 1997.

No realismo aristotélico, a ética é a ciência de praticar o bem. O bem de cada coisa está definido em sua natureza: esse bem é uma meta a alcançar. Portanto, do bem depende a autorrealização do agente, isto é, sua felicidade. O bem do homem é viver uma vida virtuosa, e a virtude mais importante é a sabedoria.

Toda ação livre tem como finalidade um bem. O bem é o objeto de nossas aspirações. Qual é o bem supremo do homem? A felicidade.

Qual é a essência da felicidade?

Para essa questão são oferecidas três respostas.[10] Em primeiro lugar, a essência da felicidade consistiria no prazer e no gozo proporcionados pela riqueza: escravos que escolhem uma vida de brutos. Em segundo lugar, a essência da felicidade estaria associada à glória e honra da vida pública: *honra pertence a quem a dispensa e não a quem a recebe, por isso não é algo pessoal*. Por último, a essência da felicidade reside na vida contemplativa e intelectual: *a felicidade está na virtude*.

Para Aristóteles, a felicidade consiste na atividade da alma de acordo com a virtude. Os demais bens – exteriores e do corpo – são necessários ou úteis apenas como meios. Há três tipos de bens: exteriores, do corpo e da alma: *Os bens da alma são os mais importantes e são os bens por excelência*. Aristóteles formulou sua ética na obra *Ética a Nicômaco*, dedicada ao filho. Nela, trata da felicidade e do sentido ético da vida humana.

Algumas ideias serão úteis para a compreensão de conceitos que serão estudados mais adiante.

Toda atividade humana tem um fim

Toda arte e toda pesquisa, assim como toda ação e escolha livre, parecem tender a algum bem; por isso foi dito que o bem é o objeto de todas as aspirações do homem.[11] O fim da pessoa humana é a felicidade.

Qual é o objeto da política e qual o bem supremo entre todos os que podem realizar-se? A palavra que designa o bem supremo é aceita por todo o mundo; o povo e as pessoas ilustres chamam a este bem supremo *felicidade*. Viver bem é sinônimo de felicidade.[12]

---

[10] ARISTÓTELES. *Ética nicomaquea*. Madri: Gredos, 1995. 1095*b*, 15-30; 1096*a*, 5-10.
[11] ARISTÓTELES. Op. cit. 1094*a*.
[12] Idem, ibidem. 1095*a*.

Dividem-se as opiniões sobre a natureza e a essência da felicidade. Uns a colocam nas coisas visíveis e que aparecem aos olhos, como o prazer, a riqueza ou as honras; outros, em valores distintos. A própria pessoa muda de opinião: o doente acredita que a felicidade está na saúde; o pobre, que está na riqueza...

As naturezas vulgares e grosseiras acreditam que a felicidade está no prazer, e só amam a vida dos gozos materiais.

Os principais modos de vida são três: a vida (na forma acima explicada), a vida política e a vida contemplativa.[13]

A maior parte dos homens, se julgados tal como se mostram, são verdadeiros escravos que escolhem por gosto uma vida de brutos... Espíritos refinados e verdadeiramente ativos põem a felicidade na glória, por ser o fim mais habitual na vida política. No entanto, a glória e as honras pertencem mais àqueles que as dispensam do que a quem as recebe, enquanto o bem que se proclama é completamente pessoal e dificilmente pode ser arrancado de quem o possui. Daqui se conclui que a virtude é mais importante que a glória. Como consequência, a virtude é o verdadeiro fim do homem.

O terceiro gênero de vida é o contemplativo e intelectual. A vida dos negócios, que visa a riqueza, gera violência. Não é, porém, a riqueza o bem que se procura, a riqueza é apenas algo útil a que se aspira com outra finalidade que não ela própria.[14]

A respeito da ideia geral da felicidade

Convém conhecer a noção de bem em sua acepção universal. O bem pode apresentar-se sob tantas acepções quanto o próprio ser. O bem na categoria da substância é constituído por Deus e a inteligência; na categoria da qualidade, é a virtude; na da quantidade, é a medida; na da relação, é o útil; na do tempo, é a ocasião; na do lugar, é a posição regular, e o mesmo acontece com as demais categorias.[15]

O bem de cada coisa é o fim pelo qual tudo o mais é feito

O bem parece ser diferente em cada atividade e em cada arte.[16] Como os fins são variados e alguns são escolhidos por causa de outros, como a riqueza, as flautas e, de modo geral, os instrumentos, é evidente que nem todos são perfeitos. Portanto, se há

---

[13] Idem, ibidem. 1095*b*.
[14] Idem, ibidem. 1096*a*.
[15] Idem, ibidem. 1096*a*.
[16] Idem, ibidem. 1097*a*, 15.

um só bem perfeito, esse será o que se procura e, se há vários, o mais perfeito deles.[17] Perfeito é aquele que se escolhe por si próprio e não por outra coisa.[18]

Dizer que a felicidade é o melhor para o homem parece ser algo unanimemente reconhecido, porém é desejável expor com mais clareza o que é. Isso seria conseguido, caso fosse possível captar a função do homem.[19]

Qual seria essa função? Em linguagem atual, Aristóteles explica que a função do homem é uma certa vida, ou seja, uma atividade da alma. Cada um se realiza de acordo com a virtude. Se Aristóteles falasse nos dias de hoje, essa função do homem seria viver e se realizar de acordo com a virtude, buscando, entre tantas, as que mais tendem à perfeição. Isso durante a vida inteira, não apenas em momentos específicos. Assim como uma andorinha não faz verão em um só dia, não basta para o homem se tornar feliz e satisfeito um único dia ou um só instante.[20]

A felicidade é uma atividade em conformidade com a virtude

Se todos os bens forem divididos em três classes, os chamados exteriores, os da alma e os do corpo, pode-se dizer que os da alma são os mais importantes e são os bens por excelência.[21]

No entanto, é evidente que a felicidade precisa dos bens exteriores, pois é impossível fazer o bem, ou não é fácil fazer o bem, quando faltam recursos.[22]

Se a felicidade precisa de certa prosperidade, fica difícil perceber se a felicidade é algo que se pode adquirir pelo estudo ou pelo costume... ou se vem por algum destino divino ou por sorte. A resposta é evidente a partir da definição: foi dito que a felicidade é uma certa atividade da alma de acordo com a virtude. Com respeito aos demais bens, uns são necessários, outros são – por natureza – auxiliares e úteis como instrumentos.

Se a felicidade é uma atividade da alma de acordo com a virtude perfeita, convém ocupar-se da virtude e assim estudar melhor o que se refere à felicidade.[23]

---

[17] Idem, ibidem. 1097*a*, 25.
[18] Idem, ibidem. 1097*a*, 35.
[19] Idem, ibidem. 1097*b*, 25.
[20] Idem, ibidem. 1098*a*, 12.
[21] Idem, ibidem. 1098*b*, 13.
[22] Idem, ibidem. 1099*b*.
[23] Idem, ibidem. 1102*a*.

Ética estoica e epicurista[24]

Ética estoica[25]

Tem início no século IV a. C., tendo-se destacado os filósofos: Zenon, Sêneca e Marco Aurélio. Os estoicos dominam um setor importante – às vezes o setor dominante – da cultura greco-romana e, de alguma forma, sobrevivem até hoje. A máxima estoica é: *nada te inquiete, nada te perturbe*.

Para o estoico, a vida feliz é a vida virtuosa, isto é, viver conforme a Natureza, que é viver conforme a razão. O essencial é uma retidão, uma adequação à ordem intrínseca do mundo, a uma lei natural, lei divina – em um sentido provavelmente panteísta – que mede o que é justo e o que é injusto. Para viver retamente, é preciso lutar contra as paixões, contra as boas e as más, de forma que se cumpra a máxima: nada inquiete, nada perturbe. Como cantava Horácio, intérprete do estoicismo, "se o mundo, quebrado, caísse feito pedaços, impávido morreria eu entre suas ruínas". Sem mexer um único músculo, estoicamente.

A ética estoica não é uma ética de conquista, mas de compreensão intelectual. É também típico do cosmopolitismo estoico seu sentido da igualdade de todos os homens, com uma forte dimensão pessoal. "Todas as coisas nos são alheias: somente o tempo é nosso" (Sêneca).

Ética epicurista[26]

Epicuro (341-270 a.C.) foi o fundador dessa corrente ética. De forma semelhante ao estoicismo – seu inimigo histórico –, o epicurismo é do século IV a.C., sendo considerado precursor do hedonismo ou do utilitarismo. É a antítese do estoicismo, difunde a ética do prazer. Epicuro é frequentemente mal interpretado: a felicidade não está na procura do prazer, mas na ausência de dores e preocupações.

Em carta a Meneceu, Epicuro explica:

> "Quando dizemos que o prazer é o soberano bem, não falamos dos prazeres dos pervertidos e dos crápulas, como pretendem alguns ignorantes que nos atacam e desfiguram o nosso pensamento. Falamos de ausência de sofrimento para o corpo e da ausência de inquietação para a alma."

---

[24] MARITAIN, Jacques. *A filosofia moral*. Rio de Janeiro: Agir, 1973. p. 73-92.
[25] CÍCERO; SÊNECA; MARCO AURÉLIO. *Os pensadores*. São Paulo: Abril Cultural, 1973. Capítulo 6.
[26] EPICURO. *Os pensadores*. São Paulo: Abril Cultural, 1973. Capítulo 5.

Epicuro distingue três tipos de prazeres: (a) naturais necessários, ligados diretamente à conservação da vida, tais como comer, beber e repousar; (b) naturais não necessários: variações supérfluas dos prazeres naturais, como beber licores refinados, vestir com ostentação; e (c) aqueles que não são naturais nem necessários, como por exemplo o desejo de riquezas, de poder ou de honra.

De acordo com Epicuro, a melhor relação com os prazeres consiste em satisfazer aos prazeres naturais necessários, limitar os naturais não necessários e evitar aqueles que não são nem naturais nem necessários.

O que deve fazer o homem? Aquilo de que mais gosta: e aquilo de que mais gosta é o agradável, o prazer. Mas a apresentação de Epicuro como um vulgar hedonista é falsa. Epicuro considera que o homem está composto de corpo e alma – embora a alma também seja material, uma matéria finíssima –; os prazeres da alma – o gozo – são superiores aos do corpo. A procura do prazer deve estar regida pela prudência, e a prudência deve encaminhar-se para a tranquilidade interior. Para isso, mais do que desejar muito, é preferível diminuir os desejos. Não é questão, portanto, de ter mais, mas de desejar menos. O essencial é a autossuficiência, não preocupar-se com nada, suportar tudo com tranquilidade.

"Quando dizemos que o prazer é o bem supremo da vida, não entendemos os prazeres dos dissolutos ou os prazeres sensuais, como acreditam alguns que desconhecem, ou não aceitam, ou interpretam mal nossa doutrina, mas o de não ter dor no corpo, nem turbação na alma" (Epicuro).

Na prática, entretanto, o epicurismo conduziu sempre a esta simples conclusão: é lícito tudo aquilo que produz prazer. Essa seria a conclusão da ética. A única advertência é que essa procura de prazer deve fazer-se sem intranquilidade, com domínio de si mesmo, sem turbação. O epicurismo histórico foi também bastante antissocial, e esse é o aspecto que corrige o utilitarismo moderno.

Ética kantiana: Ética do dever[27]

Enquanto Sócrates, Platão e Aristóteles tinham propostas éticas fundamentadas na ideia do bem, para Kant o fundamento da ética era o dever. Enquanto os gregos clássicos observavam a realidade para buscar as causas das coisas, Kant dispensava o processo de observação da realidade. Na ética kantiana, a ciência consiste no dever pelo dever, o que é difícil de compreender em outras abordagens éticas.

---

[27] KANT, Immanuel. *Fundamentação da metafísica dos costumes*. Lisboa: Edições 70, 1997; MARITAIN. Op. cit. p. 114-139; VERNEAUX, R. Crítica de la razón práctica. In: *Historia de la filosofía moderna*. Barcelona: Herder, 1984.

De acordo com Kant (1724-1804): aspirar ao bem é egoísmo, e o egoísmo não pode fundamentar os valores morais. A única atitude não egoísta – bem sem restrição – é a boa vontade, isto é, agir por obrigação, por cumprir um dever. A moralidade, portanto, não deve depender do bem, mas da intenção.

Assim como para Aristóteles a ética consiste na excelência, na virtude, na prática do bem, para Kant, que declara que aspirar ao bem é egoísmo, a ética só pode ter um caráter formal, fundamentada no dever que é fruto da razão.

É célebre a primeira frase de sua obra *Fundamentos da metafísica dos costumes*. Kant afirma uma espécie de axioma evidente: "de tudo quanto é possível conceber no mundo, e mesmo fora do mundo, não há nada que possa ser considerado sem restrição alguma como bom, a não ser a boa vontade". A boa vontade tem a bondade em si mesma. Fundamenta-se na retidão, na intenção de agir por obrigação, por cumprir um dever. Para que um ato seja bom, não basta que seja legal, mas que seja *feito por dever*. Caso contrário, não terá valor moral. Isso não significa que a pessoa não deva procurar a felicidade: "porque o fato de não estar satisfeito com a própria situação, de ver-se carregado de preocupações e desejos não satisfeitos, poderia representar uma forte tentação de infringir o dever".

O rigorismo de Kant não é absoluto. Reduz-se à afirmação de que a ação só é boa uma vez que é realizada por puro respeito ao dever, excluindo os motivos retirados da natureza ou da sensibilidade. Por essa razão, não é possível ter certeza de haver realizado alguma vez um ato perfeito.

O fundamento da moralidade, portanto, é o dever. O que é o dever?

O *dever* corresponde à *lei* que provém da razão e se impõe a todo ser racional. É uma espécie de *fato* que não pode ser deduzido de um princípio superior. Traduz-se na consciência pelo *imperativo categórico*.

O *imperativo categórico*, diferentemente do *imperativo hipotético* condicional – se quer isto, faça aquilo – *declara a ação objetivamente necessária em si mesma, sem relação a nenhuma finalidade*. É um mandato.

A fórmula do *imperativo categórico* é: *age sempre de acordo com uma máxima que possas erigir em lei universal*. Uma máxima que possa ser erigida em lei universal é racional e objetiva; aquela que não pode sê-lo permanece subjetiva e empírica. Veja-se um exemplo: roubar não é ético, porque o homem não pode querer que esta ação – o roubo – se converta em lei universal. Kant é contra qualquer prêmio. O prêmio de uma ação deve ser a própria ação. "*Não atues para procurar algo, por utilidade, mas de tal modo que o valor de tua conduta possa atrair a pura liberdade humana.*" De acordo com Kant, não basta atuar conforme o dever – por exemplo, um comerciante atua honestamente, de acordo com o dever –, é preciso agir *por dever*. Agir por dever é a necessidade de cumprir uma ação por respeito à lei.

Dessa fórmula, deduz Kant outras três máximas:

1. *Age sempre como se a máxima da tua ação tivesse que ser erigida em lei universal da natureza*, ou seja, as leis da razão constituem a natureza.
2. *Age sempre de tal maneira que trates o humano, em ti ou em outro, como um fim e nunca como um meio*. A ideia de fim aqui é expressão do dever, não de seu fundamento. A pessoa deve submeter sua ação à razão, pois é a razão que torna humano o homem.
3. *Age sempre como se fosses ao mesmo tempo legislador e súdito na república das vontades livres e racionais*. Os homens que vivem moralmente formam uma sociedade perfeita em que o princípio é a razão, da qual todos participam.

O dever não se impõe exteriormente: provém da razão que constitui o homem. Submeter-se a uma lei estranha é incompatível com a dignidade da pessoa humana. Entretanto, todas as éticas anteriores subordinavam a vontade a algum objeto. Quando, porém, a vontade se submete ao dever, é indeterminada com relação a todo e qualquer objeto. É lei de si própria. Nisso consiste sua liberdade.

Qual a questão que fica sem explicação em Kant? A questão da liberdade.

Ser livre é agir sem estar determinado por causas estranhas, mas determinando cada um a lei de sua própria ação. Liberdade e ética, então, são idênticas. O homem é razão e sensibilidade. Se fosse somente razão, seria sempre ético. Caso fosse somente sensibilidade, suas ações estariam sujeitas à heteronomia. Por ser razão e sensibilidade, a necessidade racional impõe-se a ele como um dever a cumprir.

Na questão da liberdade está o limite da filosofia prática. Não faz sentido indagar como é possível a liberdade, uma vez que isso significa que a liberdade tem condições. Por essa razão, a liberdade, de acordo com Kant, é inexplicável e incompreensível: "compreendemos a sua incompreensibilidade, e é quanto pode ser exigido de uma filosofia que se esforça por alcançar os limites da razão humana".

A obra de Kant. Crítica da razão prática. Crítica da razão pura

Como o dever é um absoluto que se impõe por si próprio a todo ser racional, serve de fundamento para certas teses metafísicas que a razão é incapaz de demonstrar. Essas teses são *os postulados da razão prática*.

As teses da razão prática são uma condição da vida moral e não têm justificação teórica. A crítica da razão pura afirma que o espírito humano não pode saber nada a respeito das realidades que transcendem os fenômenos. A realidade em si deve ser afirmada.

Qual é o bem supremo do ponto de vista moral? Em primeiro lugar, a conformidade perfeita de nossas intenções com o dever. A felicidade, de acordo com Kant, é "o estado de um ser racional a quem tudo acontece conforme o desejo da sua vontade". O homem, porém, faz parte do mundo e depende das leis da natureza, e por suas próprias forças não pode fazer com que a natureza siga as exigências da moral. A consciência, por essa razão, postula a exigência de uma causa da natureza, distinta dela própria, que harmonize felicidade e moralidade. Essa causa é Deus.

Como o bem supremo somente é possível se Deus existe, e como temos obrigação de realizá-lo, estamos moralmente obrigados a afirmar a existência de Deus.

A doutrina kantiana com relação à ética é de uma grandeza inegável, entretanto sua profunda debilidade foi mostrada muitas vezes: tudo é reduzido ao imperativo categórico que, por sua vez, se apoia, circularmente, nele próprio, isto é, em uma afirmação categórica. Não seria difícil prever que o rigorismo formal kantiano – a pura ética do dever pelo dever – iria acomodando-se a uma espécie de subjetivismo sociológico: o homem considera dever coisas que mudam, em função das circunstâncias e dos tempos. Kant não é culpável dessa degeneração, mas é um exemplo de como a ética, baseada exclusivamente em uma afirmação voluntarista do homem, pode acabar sendo qualquer coisa.

Ética da simpatia ou psicologismo[28]

Adam Smith (1723-1790), criador da economia política e pai do liberalismo, defende a ideia de que a simpatia é *a condição necessária e suficiente para fundamentar a moral*. O juízo moral explica-se pela simpatia, pois julgar é aprovar ou desaprovar, e isso nada mais é do que uma demonstração da presença ou da ausência de simpatia. Adam Smith diz algo assim como "atue de tal modo que o observador imparcial possa simpatizar com a sua conduta".

O sentido de simpatia é, em Adam Smith, algo naturalmente altruísta, mas que não vai além de um sentimento considerado como algo afetivo. Se é algo simplesmente afetivo, mede-se por si próprio, sem prestar atenção a uma lei moral.

---

[28] GÓMEZ PÉREZ, Rafael. *Ética empresarial*. Madri: Rialp, 1990.

Adam Smith espera que o homem tenha sempre o bom gosto de simpatizar com aquilo que realmente vale a pena, mas é muito duvidoso que em sua concepção ética haja lugar para um valor objetivo da moral. Na realidade, deu-se um passo para trás em relação a Kant. Desse modo, por exemplo, o outro já não é considerado como um fim em si mesmo, mas como alguém que vale desde que fique dentro do âmbito da simpatia.

Utilitarismo[29]

O fundador do utilitarismo foi Jeremy Bentham[30] (1748-1832), e o grande difusor dessa doutrina foi John Stuart Mill (1806-1873). Mill atualiza o epicurismo, unindo-o à doutrina ética que havia defendido Jeremy Bentham: o objetivo da ética é a maior felicidade para o maior número de pessoas. Por felicidade, explica Mill, é preciso entender a presença do prazer e a ausência da dor. Todavia, como fazia Epicuro, é preciso aspirar aos prazeres superiores, isto é, aos prazeres do espírito.

Não há norma superior nem, portanto, critério para saber o que deve ser considerado ético a cada momento. Mill, tal como Bentham, é relativista. Os conteúdos éticos mudam com o tempo. Mill não considera que o dever moral tenha sido assinalado em outro lugar, fora do homem, nem que seja algo inato, nem que possa ser lido em seu interior. No entanto, na hora de fundamentar a ética em algo diferente da simpatia, diz:

> "Esta base firme é constituída pelos sentimentos sociais da humanidade, o desejo de estar unidos com os nossos semelhantes, que é já um poderoso princípio da natureza humana e, afortunadamente, um dos que tendem a robustecer-se inclusive sem que seja expressamente inculcado, dada a influência do progresso da civilização" (John Stuart Mill).

O *utilitarismo* ou *princípio da maior felicidade*[31] afirma que as ações são justas, se promovem a felicidade (prazer e ausência de dor), e injustas (dor e ausência de prazer), enquanto produzem o contrário da felicidade.

---

29 GÓMEZ PÉREZ, ibidem.
   MILL, J. S. *Autobiografia*. Madri: Alianza, 1986. p. 82-101. Capítulos III e V. Última etapa de educação.
   Idem. *El utilitarismo*. Buenos Aires: Aguilar, 1955.
   TERMES, Rafael. *Antropología del capitalismo*. Barcelona: Plaza & Janés, 1992. p. 133-169. Capítulo V. John Stuart Mill.
   SEN, Amartya; WILLIAMS, Bernard. *Introduction*: utilitarism and beyond. Cambridge: Cambridge University Press, 1982.
   SEN, Amartya. *Sobre ética e economia*. São Paulo: Companhia das Letras, 1999.
30 BENTHAM, Jeremy. *An Introduction to the principles of morals and legislation*. Londres: Athlone Press, 1970. (ORIGINAL DE 1789.)
31 MILL, J. S. *Autobiografia*. Madri: Alianza, 1986. p. 82-101. Capítulos III e V: Última etapa de educação.
   Idem. *El utilitarismo*. Buenos Aires: Aguilar, 1955. (Tradução do original de 1863.)
   TERMES, Rafael. *Antropología del capitalismo*. Barcelona: Plaza & Janés, 1992. p. 133-169. Capítulo V: John Stuart Mill.
   SEN, Amartya. *Sobre ética e economia*. Op. cit.

"Interrogar-se a respeito dos fins é indagar que coisas são desejáveis. A doutrina utilitarista estabelece que a felicidade é desejável, e que é a única coisa desejável como fim; todas as outras coisas são desejáveis somente como meios para esse fim."[32]

Princípio utilitarista

O critério utilitarista *"não é a maior felicidade do próprio agente, mas a maior quantidade de felicidade geral"*.

De acordo com o *princípio da maior felicidade*, o fim último é uma existência isenta de dor e pródiga em gozos, no maior grau possível, tanto quantitativa como qualitativamente.

Na *Autobiografia* de Stuart Mill, há uma contradição entre aquilo que afirma no livro *O utilitarismo* e o que experimentou na própria vida.

Educado pelo pai nos rígidos princípios utilitaristas, na juventude sofreu um período de profunda depressão em que repensou, com base na própria experiência vital, o conceito de felicidade.

"As experiências deste período tiveram marcantes efeitos nas minhas opiniões e no meu caráter. Levaram-me a adotar uma teoria de vida muito diferente daquela que antes tinha colocado em prática. A nova perspectiva tinha a ver com a teoria da renúncia a si próprio: 'é só aceitando a renúncia, quando, propriamente, pode dizer-se que começa a vida'.

Somente são felizes aqueles que têm a mente fixa em algum objetivo que não seja a própria felicidade: a felicidade dos outros, a melhoria da sociedade ou, inclusive, alguma arte ou projeto que não se persiga como um meio, mas como uma meta ideal em si mesma."[33]

Correntes éticas por meio de um exemplo[34]

Para melhor compreender a ética empresarial, foi importante conhecer ou relembrar algumas correntes éticas, especialmente aquelas que se relacionam com o realismo filosófico, seja porque lhe servem de supedâneo, seja porque a ele se contrapõem. Como se verá, o realismo filosófico é a corrente adotada pelos autores deste livro. Ressalte-se

---

[32] MILL, John Stuart. *El utilitarismo*... Op. cit. p. 74.
[33] Idem. *Autobiografia*. Madri: Alianza, 1986. p. 82-101. Capítulos III e V: Última etapa de educação.
Idem. *El utilitarismo*... Op. cit.
[34] GÓMEZ PÉREZ, Rafael. *Ética empresarial*. Madri: Rialp, 1990. Parte das correntes apresentadas foi baseada no Capítulo 2 desta obra.

que, por impossibilidade de abarcar todo o universo das correntes éticas, deixou-se de mencionar, entre outras, a ética integradora do contrato social,[35] a ética comunitarista,[36] o consequencialismo,[37] o personalismo...[38]

Um exemplo concreto pode ser ilustrativo para se fixarem alguns conceitos principais.

Um empresário A, acionista majoritário de uma companhia em ascensão, tem acesso a uma informação segundo a qual uma empresa concorrente B, embora menor e em pior situação financeira, será incorporada a uma terceira empresa C, também concorrente. A informação foi fornecida pelo filho mais velho do maior acionista da empresa B. Este rapaz (filho) falou claramente que odeia seu pai, em conversa com o empresário A, para que este pudesse comprar em Bolsa as ações da companhia B, certo de que subirão de preço, quando for divulgada a absorção de B pela outra empresa mais bem-sucedida. Trata-se então de organizar uma operação financeira cujos benefícios serão distribuídos entre o empresário A e o filho delator. A empresa B, depois da operação, desaparecerá.

A questão é: pode o empresário A aceitar esta operação, eticamente falando? Em termos físicos pode, é lógico. Em outras palavras: fazer essa operação é bom ou é mau? Ainda: por que está certo ou por que está errado?

A maior parte das correntes éticas concorda com o fato de que o filho delator agiu mal e de que o empresário A, se aceitar essa proposta, também agirá mal. Isto é, a proposta é qualificada negativamente.

Entretanto, as explicações de cada doutrina são diferentes:

- um platônico observaria no fato um afastamento do Bem;

---

[35] FONTRODONA FELIP, Joan; GUILLÉN PARRA, Manuel; RODRIGUEZ SEDANO, Alfredo. *La ética que necesita la empresa*. Madri: Unión Editorial, 1998. p. 67-71.
DONALDSON, Thomas. Social contracts and corporations: a reply to Hodapp. *Journal of Business Ethics*, v. 9, nº 2, p. 133-137, 1990.
DUNFEE, T. W. Business ethics and extant social contracts. *Business Ethics Quarterly*, v. 1, nº 1, p. 23-51, Jan. 1991.
MELÉ CARNÉ, Domènec; SISON, Alejo. Corporations and the social contracts: a reply to Prof. Thomas Donaldson. Research Paper nº 249. Barcelona: IESE, June 1993.

[36] FONTRODONA FELIP, Joan; GUILLÉN PARRA, Manuel; RODRIGUEZ SEDANO, Alfredo. Op. cit. p. 72-79.
RAWLS, John. *A theory of justice*. Cambridge: Harvard University Press, 1971.
MACINTYRE, Alasdair. *After virtue*: a study in moral theory. 2. ed. Notre Dame, Indiana: University of Notre Dame Press, 1984.
Idem. *Whose justice? Which rationality?* Notre Dame, Indiana: University of Notre Dame Press, 1988.

[37] FONTRODONA FELIP, Joan; GUILLÉN PARRA, Manuel; RODRIGUEZ SEDANO, Alfredo. Op. cit. p. 67-71.

[38] BURGOS, Juan Manuel. *El personalismo*. Madri: Palabra, 2000.

- um aristotélico veria uma ausência de virtudes como a fidelidade, no filho, e a justiça, no empresário. Como é preciso procurar o bem do homem, que se realiza por uma conduta virtuosa, essas ações estão erradas;
- um estoico assinalaria que toda a operação é suficientemente suja e turbulenta, mostrando que se afasta do bem do homem;
- um epicurista não consideraria bem, no filho, o prazer da vingança; nem no empresário, o prazer da autoafirmação;
- Kant claramente diria que essa conduta não pode erigir-se em lei universal e, portanto, é imoral;
- Adam Smith, sem outras justificativas, argumentaria que não há nessa atitude nenhuma mostra de simpatia.

Observe-se isto: somente o utilitarismo poderia aceitar esse modo de atuar se, somados todos os aspectos, no fim resultasse em maior bem para um número maior de pessoas. Em outras palavras, tudo isso seria bom, se as consequências fossem boas. Ainda, em outros termos: o fim justificaria os meios.

Esta colocação é controvertida e pode levar a muitas condutas antiéticas.

Referências bibliográficas

ARISTÓTELES. *Ética nicomaquea. Ética Eudemia*. Madri: Gredos, 1995.

_____. *Ética a Nicômaco*. São Paulo: Abril Cultural, 1973.

BENTHAM, Jeremy. *An introduction to the principles of morals and legislation*. Londres: Athlone Press, 1970. (original de 1789.)

BURGOS, Juan Manuel. *El personalismo*. Madri: Palabra, 2000.

CÍCERO; SÊNECA; MARCO AURÉLIO. *Os pensadores*. São Paulo: Abril Cultural, 1973. Capítulo 6.

COPLESTON, Frederick. *A history of philosophy*. New York: Doubleday, 1993.

DONALDSON, Thomas. Social contracts and corporations: a reply to Hodapp. *Journal of Business Ethics*, v. 9, nº 2, p. 133-137, 1990.

_____ ; WERHANE, Patricia H. *Ethical issues in business: a philosophical approach*. 3. ed. Englewood Cliffs, NJ: Prentice Hall, 1988.

DUNFEE, Thomas W. Business ethics and extant social contracts. *Business Ethics Quarterly*, v. 1, nº 1, p. 23-51, jan. 1991.

EPICURO. *Os Pensadores*. São Paulo: Abril Cultural, 1973. Capítulo 5.

FONTRODONA FELIP, Joan; GUILLÉN PARRA, Manuel; RODRIGUEZ SEDANO, Alfredo. *La ética que necesita la empresa*. Madri: Unión Editorial, 1998.

GÓMEZ PÉREZ, Rafael. *Ética empresarial*. Madri: Rialp, 1990.

JAEGER, Werner. *Aristóteles*. *México*: Fondo de Cultura Económica, 1997.

_____. *Paideia*: a formação do homem grego. São Paulo: Herder, 1936.

KANT, Immanuel. *Fundamentação da metafísica dos costumes*. Lisboa: Edições 70, 1997.

MACINTYRE, Alasdair. *After virtue*: a study in moral theory. 2. ed. Notre Dame, Indiana: University of Notre Dame Press, 1984.

_____. *Whose justice? Which rationality?* Notre Dame, Indiana: University of Notre Dame Press, 1988.

MARITAIN, Jacques. *A filosofia moral*. Rio de Janeiro: Agir, 1973.

MELÉ CARNÉ, Domènec; SISON, Alejo. *Corporations and the social contracts*: a reply to Prof. Thomas Donaldson. Research Paper nº 249. Barcelona: Iese, June 1993.

MILL, John Stuart. *Autobiografia*. Madri: Alianza, 1986.

_____. *El utilitarismo*. Buenos Aires: Aguilar, 1955.

PIEPER, Josef. *Sobre los mitos platónicos*. Barcelona: Herder, 1998.

PLATÃO. *Apologia de Sócrates*. São Paulo: Abril Cultural, 1985.

_____. *Obras completas*. Madri: Aguilar, 1988.

RAWLS, John. *A theory of justice*. Cambridge, Mass.: Harvard University Press, 1971.

RHONHEIMER, Martin. *La perspectiva de la moral*: fundamentos de la ética filosófica. Madri: Rialp, 2000.

SEN, Amartya. *Sobre ética e economia*. São Paulo: Companhia das Letras, 1999.

_____; WILLIAMS, Bernard. *Introduction*: utilitarism and beyond. Cambridge: Cambridge University Press, 1982.

SOLOMON, Robert C. *A melhor maneira de fazer negócios*: como a integridade pessoal leva ao sucesso corporativo. São Paulo: Negócio, 2000.

TERMES, Rafael. *Antropología del capitalismo*. Barcelona: Plaza & Janés, 1992.

VERNEAUX, Roger. Crítica de la razón práctica. In: *Historia de la filosofía moderna*. Barcelona: Herder, 1984.

XENOFONTE. Ditos e feitos memoráveis de Sócrates. In: *Sócrates*. São Paulo: Abril Cultural, 1985.

Sugestão de uso de audiovisual

Sócrates – DVD do filme dirigido por Roberto Rossellini que mantém a sua atualidade em função da atemporalidade do tema. O filme procura ser fiel aos diálogos platônicos que narram os últimos dias da vida de Sócrates, particularmente a *Apologia de Sócrates, Críton e Fédon*.

Definição de ética 2

Etimologia

O termo *ética*, proveniente do vocábulo grego *ethos*, significa *costume*, maneira habitual de agir, índole. Sentido semelhante é atribuído à expressão latina *mos, moris*, da qual deriva a palavra *moral*. Sem entrar na discussão semântica que levaria a matizes diferenciais inexpressivos, em ambos os casos a Ética pode ser entendida como a ciência voltada para o estudo filosófico da ação e conduta humana, considerada em conformidade ou não com a reta razão.[1]

Embora com certa frequência se atribua à palavra *moral* uma dimensão religiosa, quando se fala, por exemplo, de filosofia moral, ciência moral etc., neste livro não se dará esta conotação. Aqui, *ética* e *moral* serão tratadas com um mesmo sentido, substancialmente idêntico, como ciência prática que tende a procurar pura e simplesmente o bem do homem.

As ciências humanas estudam, sob diferentes ângulos, o homem e suas ações. A psicologia, por exemplo, analisa a natureza do entendimento e do conhecimento, e a da vontade ou apetência humana; a natureza da alma, seu modo de ser e de agir. A sociologia ocupa-se do coletivo, como um aspecto da vida individual; a ação humana interindividual, realizada por um eu em relação com os outros indivíduos, de acordo ou não com os padrões e normas sociais. A lógica estuda os princípios da razão humana, ordenando a vontade e corrigindo a forma dos atos cognoscitivos.

---

[1] GER – Gran Enciclopedia Rialp. Madri: Rialp, 1979. t. IX, p. 433.
ARRUDA, Maria Cecilia Coutinho de. *Ética na administração de marketing*: um estudo exploratório no campo da comunicação e conceito de produtos, serviços e ideias. 1986. Tese (Doutorado) – Faculdade de Economia e Administração. São Paulo: Universidade de São Paulo. p. 7.

Definição

A *Ética* é a parte da filosofia que estuda a *moralidade* dos atos humanos, enquanto livres e ordenados a seu fim último. De modo natural, a inteligência adverte a bondade ou malícia dos atos livres, haja vista o remorso ou satisfação que se experimenta por ações livremente realizadas. Cabe sempre a dúvida, no entanto, sobre o que são o bem e o mal, ou por que tal ação é boa ou má. A resposta a tais questões conduz a um estudo científico dos atos humanos enquanto bons ou maus.

> *"Ética é a parte da filosofia que estuda a moralidade do agir humano; quer dizer, considera os atos humanos enquanto são bons ou maus."*[2]

Cabe uma diferença entre os *atos humanos,* objeto da ética, que são as ações livres em que o homem decide fazer ou omitir, da forma que queira, porque procedem da vontade livre e deliberada (amar, desejar, falar, trabalhar), e os *atos do homem,* que são ações não livres, seja por falta de conhecimento ou voluntariedade (como são os atos de um deficiente mental, por exemplo), seja porque escapem ao domínio direto da vontade (crescimento, digestão, circulação do sangue).[3]

Voltada para a retidão moral dos atos humanos, a *Ética* é uma ciência prática, de caráter filosófico. Sob esse prisma sabe-se que o conhecer não tem sentido em si, mas sim por se dirigir à ação, buscando o bem do homem. Assim, a atividade humana pode ser encarada como um *fazer* uma obra (filosofia da arte), ou *agir* (moral ou ética), no caso em que as ações realizadas pelo homem orientam-no para atingir seu bem absoluto e supremo.

A filosofia da arte, apenas sob o aspecto da *especificação das ciências,* por seu objeto formal, entraria evidentemente na filosofia natural. Considerando-se o ponto de vista do *fim* como mais apropriado, aqui, juntam-se (ao mesmo tempo que distinguem-se) as filosofias do fazer e do agir.[4]

Ética como ciência

A filosofia prática visa definir o bem do homem. Abarca, portanto, a obra a produzir e a ação a realizar, constituindo esta o objeto da moral.

---

[2] RODRIGUEZ LUÑO, Angel. *Ética.* Pamplona: Ediciones Universidad de Navarra, 1982. p. 17. ARRUDA. Op. cit. p. 8.
[3] PUELLES, Antonio Millan. *Fundamentos de filosofía.* 8. ed. Madri: Rialp, 1972. p. 610.
[4] MARITAIN, Jacques. *Introduction générale à la philosophie.* n° 1. Paris: P. Téqui, [s. d.]. p. 198. ARRUDA. Op. cit. p. 9.

Observe-se que a Ética é uma ciência prática, embora não essencialmente prática. Ela é especulativa, no que diz respeito a seu método e objeto, porém não abrange aí o ato concreto de produção de uma obra. No entanto, a Ética passa à categoria de arte, uma vez que seu fim reside na definição das regras gerais da ação, mas não em sua aplicação, a qual é de domínio das artes essencialmente práticas.[5]

Assim, como ciência prática, a Ética não se detém no conhecimento da verdade em si, mas em sua aplicação na conduta livre do homem, fornecendo-lhe as normas necessárias para o reto agir. É, por esse aspecto, uma ciência normativa.[6]

Aristóteles já dizia que não se estuda Ética *para saber o que é a virtude, mas para aprender a tornar-se virtuoso e bom; de outra maneira, seria um estudo completamente inútil*.[7]

Sabendo que o homem é social por natureza e dirige-se para seu fim último em união com os outros homens, entende-se que a Ética, ou a Filosofia Moral, seja estudada em dois aspectos: *Moral Geral*, que analisa os princípios básicos da moralidade dos atos humanos (o fim último, a lei moral, a consciência, as virtudes), e a *Moral Especial ou Social*, que aplica tais princípios à vida do homem na sociedade (família, bem comum da sociedade, autoridade e governo, leis civis, a ordem moral da economia e das organizações).[8]

Fontes e métodos da ética

Pode-se dizer que a principal fonte da ética é a realidade humana, na qual a razão encontra e conhece os princípios morais, universais e certos. Deles derivam os princípios da ética, cumprindo a função de explicar, justificar e manifestar a experiência moral do homem. Como fontes secundárias, estão a Psicologia, a Sociologia, a História, uma vez que a própria experiência moral, interna e individual, ou externa e social, desenvolve-se na sociedade e na história. Como ciência teórica-prática, a Ética segue o método empírico especulativo, tomando por ponto de partida a experiência moral. Baseia-se no que efetivamente ocorre na consciência e na sociedade, em termos dos atos humanos, valores e ideais do homem, seu sentido do dever, e procura chegar ao sentido e explicação última de tal experiência ou ato, recorrendo aos princípios universais e certos que a razão humana descobre.[9]

---

[5] JOLIVET, Régis. *Tratado de filosofia I*: lógica e cosmologia. Buenos Aires: Carlos Lohlé, 1960. p. 30-31.
[6] RODRIGUEZ LUÑO. Op. cit. p. 19-20.
[7] ARISTÓTELES. *Ética a Nicômaco*. Livro 2, Cap. II, 1103B.
[8] RODRIGUEZ LUÑO. Op. cit. p. 22.
[9] GER. Op. cit. p. 436.

A Ética contempla a natureza, as condições universais da atividade moral, seu conteúdo (Ética Geral), para então aplicar estes princípios aos diversos campos em que a atividade do homem se realiza e concretiza (Ética Especial).[10]

Antropologia

Pode-se chamar *lei* a tudo que regule um ato ou operação, seja qual for sua espécie. Assim, é possível falar-se de leis físicas, técnicas ou morais. Enquanto a lei física determina o comportamento de um agente puramente natural (lei da gravidade, por exemplo), a lei técnica ordena um ato humano para um fim restrito, não o fim último (constituem exemplos todas as regras das artes). A lei moral, no entanto, regula os atos humanos enquanto humanos, ou seja, de acordo com seu valor absoluto, realizados por um fim último, e não segundo um valor relativo.[11]

A lei se encontra no ser que a estabelece e que, mediante ela, ordena ou orienta os atos humanos. Como a ordem da natureza humana foi disposta por seu Criador, pode-se dizer que, de um modo *participado*, a lei encontra-se naquele que é regido por ela. Constituindo uma inclinação impressa em sua natureza, todo homem conhece em si a existência de tal ordem, denominada por isso *lei natural*.

Diferença entre lei natural e lei civil

Puelles traça um diferencial entre a lei natural e a lei civil. Em primeiro lugar, pode-se provar a existência da lei natural pela experiência, pois nos é dado conhecer nossas inclinações naturais, no plano da atividade propriamente humana. Além disso, porém, por nossa natureza racional, devemos conhecer nosso próprio ser, suas tendências e inclinações impressas na razão pelo Criador de toda a natureza e ordenadas para seu fim último. A ordem dos preceitos dessa lei pode ser conhecida pelo homem, seguindo a ordem de tais inclinações.

A lei civil origina-se na necessidade de organizar a sociedade em que o homem vive, pois a isso ele está destinado em função da própria lei natural. A lei civil é, portanto, uma determinação, uma concretização dessa exigência de organizar a sociedade, porém é elaborada livremente pelo homem. Atribuir à lei civil apenas um caráter político, desvinculado da lei natural, é contrariar a ética. Essa exigência natural de uma ordem que favoreça a convivência social implica a subordinação da lei civil à lei natural.

---

[10] ARRUDA. Op. cit. p. 10
[11] PUELLES. Op. cit. p. 627; ARRUDA. Op. cit. p. 14-15.

Uma lei civil que contrarie a ordem natural é moralmente ilícita, desobrigando, por isso, qualquer cidadão de seu cumprimento.[12]

Natureza humana

Deduzir a lei natural com base na natureza humana é proceder em conformidade com os mesmos princípios de investigação da realidade e da experiência que outras ciências empregam para estabelecer suas leis. Assim, a lei da natureza humana é o modo de agir da pessoa humana, de acordo com o que sua plena realização exige, ou seja, a perfeição essencial de sua vida e sua felicidade.

Cardona afirma que não é fácil definir o *bem*, pois sua noção é das mais simples e primárias. Para qualificar alguma coisa boa, no entanto, é possível e conveniente que se analisem as razões que levam a isso; que princípios a tornam apetecível a *todos*; qual a sua perfeição.[13]

É fato da experiência diária, própria e alheia, que o homem age no sentido de alcançar determinado fim. Há diversos tipos de fins e uns estão subordinados a outros de acordo com uma hierarquia de valores. É bastante completa a finalidade do agir humano, pois o homem almeja fins múltiplos, guardando entre si uma ordem. Quais são, então, os bens que as pessoas almejam? O homem, consciente do que ele é por natureza, busca a felicidade perfeita. A perfeição não é somente o bem, mas o bem do próprio homem, isto é, o bem conhecido, amado e degustado com plena consciência da sua conveniência para com o fim de sua natureza.[14] Essa ideia completa-se com a conhecida formulação de Leibniz: *a felicidade é para as pessoas o que a perfeição é para os seres*.[15]

Inteligência, vontade e consciência

Em outras palavras, considerando-se as potências da inteligência e vontade, temos que a primeira tende para a verdade, e a última, para o bem. Quanto mais o homem conseguir atingir essas realidades, a verdade e o bem, tanto mais próximo estará de sua realização plena e, portanto, mais perto de alcançar a felicidade. Em termos simples, a inteligência, iluminada pela verdade, considera todas as circunstâncias que envolvem a ação. A consciência julga a validade moral dessa ação. A liberdade confe-

---

[12] PUELLES. Op. cit. p. 620-631.
[13] CARDONA, Carlos. *La metafísica del bien común*. Madri: Rialp, 1966. p. 13-14; ARRUDA. Op. cit. p. 16.
[14] JOLIVET, Régis. *Tratado de filosofia moral*. Rio de Janeiro: Agir, 1966. p. 54.
[15] LEIBNIZ, G. W. *Discours de métaphysique*. Paris: Lestienne, 1929. p. 92. § XXXVI.

re ao homem a capacidade de escolha. A vontade – livre – adere à ação, praticando-a se for boa (ética) ou desprezando-a, se for má (antiética). Se não houvesse liberdade, o homem não poderia fazer esta opção pelo bem ou pelo mal. Por essa razão, a ação que não se revista de liberdade está destituída de um dos componentes essenciais das ações éticas. O homem será tanto mais livre quanto mais sua escolha aproximar-se de seus fins existenciais.

Verifica-se, com isso, que o bem está associado à natureza das coisas ou dos seres. De fato, a felicidade é procurada por todos os homens, é uma tendência instintiva, representa seu fim último subjetivo. Outros bens concretos são apenas fontes de felicidade para o homem.

Ao se questionar o motivo de determinada ação ser moralmente má, o homem necessita aprofundar seus conhecimentos na esfera da lei natural moral. Aristóteles resumiu todos os bens essenciais da natureza humana em um: a felicidade.[16] Como a tendência à felicidade pode ser satisfeita com diferentes formas de amor que têm por objeto bens específicos em cada caso (pessoa, dinheiro, poder, beleza, fama, diversões), é importante que o homem tenha o exato conhecimento da escolha dos bens, a *reta razão*, para acionar a força de sua vontade no sentido do verdadeiro bem.[17]

Se a vontade é a sede do instinto fundamental do homem, a *boa vontade* é a que se dirige habitualmente para o bem, é a virtude, a ordem do amor, a ordem objetiva dos fins. A vontade busca os fins que, subjetivamente, definem a *intenção* da conduta do homem. A *boa vontade*, ou a reta intenção moral, procura que os fins subjetivos e objetivos coincidam, para que haja moralidade na conduta humana. Se os fins forem objetivamente maus, os atos humanos serão maus. Dessa relação recíproca entre fins objetivos e subjetivos, conclui-se que os fins não podem justificar os meios.[18]

Fatores que dificultam a adesão da vontade ao bem

Por aí se vê que, se a ação humana não estiver informada pela reta vontade, que lhe confere orientação para o sumo bem, a ação poderá ser má. Com efeito, podem-se resumir em três os fatores que dificultam a adesão da vontade ao bem: a ignorância, a debilidade e a malícia. Se os aspectos natural e racional da lei moral não forem devidamente

---

[16] ARISTÓTELES. Op. cit. Livro I, 1097*a* e *b*.
[17] ARRUDA. Op. cit. p. 17.
[18] MESSNER, Johannes. *Ética social política y económica a la luz del derecho natural*. Madri: Rialp, 1967. p. 74-77. (Versão espanhola do original alemão: *Das Naturrecht.*)

conjugados, é possível que ela não chegue a ser entendida. Por isso, o conhecimento moral sofre forte influência da ordem ou desordem da liberdade do homem, no que tange a seus fins naturais. Uma vida moral desordenada indica que a vontade decidiu livremente afastar-se do bem, levando a um necessário obscurecimento das verdades que se referem ao fim último das pessoas, as da lei moral. Persistir em uma conduta má dificulta o conhecimento moral concreto, chegando a um embotamento da consciência. Assim, em um afã de se autojustificar, em face de suas más ações, o homem tende a corromper a própria ciência moral, considerando-se autor de uma nova norma, na realidade subjetiva, que abrange toda sua vida.[19] Nasce daí a obrigação de todo ser humano de esclarecer toda e qualquer dúvida a respeito de aplicações da lei natural em situações concretas, muitas vezes complexas, evitando uma ignorância culpável que o levaria a atuar sem liberdade.

A lei natural orienta a conduta humana para a *ordem do amor*, fazendo com que os fins subjetivos correspondam aos fins existenciais objetivos, de forma que a natureza humana atinja sua plenitude. A atuação humana, apoiada na razão e com vontade livre, dirige-se para um fim. *O específico da pessoa humana é agir consciente e livremente por um fim.*[20]

Dotado, por natureza, de inteligência e vontade, o homem busca, de modo consciente e livre, sua perfeição e os bens necessários a sua própria atuação. Sua conduta, portanto, não é fruto de simples instinto ou coação de outrem, mas se orienta para o bem. A vontade humana procura o que a razão lhe indica como sendo bom, ainda que isso constitua apenas um *meio* para atingir um *fim* maior.[21] Dessa forma, o lucro e a formação profissional são meios para alcançar o fim de determinado empreendimento.

Pessoa ética

Assim, a pessoa ética é aquela que, livremente, com a consciência bem formada e reta intenção, aplica a inteligência na procura da verdade e a vontade na busca do bem, em todas as circunstâncias.[22]

---

[19] ARRUDA. Op. cit. p. 26.
[20] RODRIGUEZ LUÑO. Op. cit. p. 59.
[21] ARRUDA. Op. cit. p. 27.
[22] WHITAKER, Maria do Carmo. Por que as empresas estão implantando códigos de ética? In WHITAKER, Maria do Carmo (Coord.). *Ética na vida das empresas*: depoimentos e experiências. São Paulo: DVS, 2007. p. 204-205.

Critérios de eticidade

Determina-se a moralidade ou eticidade dos atos humanos com base na consideração de seu objeto, das circunstâncias e da finalidade.[23] Naturalmente, é fundamental conhecer o *objeto*, a realidade perseguida pelo ato. Há, porém, diversos fatores ou modificações que afetam o ato humano, as circunstâncias: quem age, onde, como, por que, quando, com que meios. Dependendo das circunstâncias, pode-se agravar ou atenuar a moralidade de um ato. A finalidade ou fim é a intenção que move o agente a realizar o ato.

Para que um ato seja ético devem ser bons o objeto e o fim. As circunstâncias não modificam essencialmente nem o objeto, nem o fim da ação, mas imprimem a ela maior ou menor gravidade. Se o objeto ou o fim forem caracterizados como maus, o ato também será mau. O roubo de dinheiro do caixa da empresa, feito com a *boa* intenção de dar o dinheiro para os pobres, configura um ato não ético, uma vez que o fim é bom, mas o objeto – a ação de roubar – é mau. Da mesma forma, se um vendedor vende bebidas alcoólicas para adultos estará executando seu trabalho, sem nenhuma infração ética. Se, entretanto, vende bebida alcoólica para um cliente notoriamente alcoólatra porque deseja fazer-lhe mal, não estará comportando-se eticamente, ainda que a ação em si – vender bebidas alcoólicas para adultos – não seja má. É preferível, no entanto, que se pratique uma ação boa, ainda que com intenção pouco reta, do que realizar uma ação má com boa intenção. Isso significa, de um lado, que a intenção é fundamental para caracterizar a ação ética, e, de outro, que o fim não justifica os meios.[24]

O critério de moralidade permite definir uma hierarquia de fins, apoiada na ordem essencial da própria natureza humana, em que é atribuído um lugar a cada fim existencial concreto.[25] Todos os fins orientam-se para o fim último do homem, que é a posse do bem supremo, sua plena realização como ser humano.

Para se compreender as inter-relações que se estabelecem entre os indivíduos e os grupos sociais, é mister pensar na sociedade como tal, e na ordem social em si. Toda sociedade depende dos homens que a integram e dos fatores que lhe dão vida e que causam sua atividade. A teoria da sociedade e a Ética Social permitem compreender a natureza, o fim e a ordem da vida social. Esta é a razão do estudo da filosofia e da con-

---

[23] GÓMEZ PÉREZ, Rafael. *Problemas morais da existência humana*. Lisboa: Editora CAS, 1983, p. 25 (Tradução do original espanhol de 1980).
ARRUDA. Op. cit. p. 26-27.

[24] Para uma análise mais detalhada desta questão ver o texto de MELÉ CARNÉ, Domènec. *Ética en la dirección de empresas*. Barcelona: Folio, 1997. p. 117-122.

[25] ARRUDA, Op. cit. p. 28.

duta humana, pela Ética, já que as empresas, as organizações ou instituições são agentes da sociedade que dependem de homens de caráter bem formado, livres, inteligentes, competentes e eficazes.

Cenários para discussão

O amianto, ou asbesto, foi um dos minerais mais utilizados pela indústria durante o século passado. Está em caixas d'água, lonas e pastilhas de freio dos carros, telhas e pisos, tintas e tecidos antichama. Tão resistente quanto o aço, é imune ao fogo. Contudo, o mineral, cancerígeno, foi banido de 21 países. No Brasil, quarto produtor mundial, está proibido em várias cidades, e o Ministério do Meio Ambiente chegou a anunciar que até 2003 a fibra seria proibida em todo o território nacional, porém, a decisão foi transferida para o Congresso Nacional. Os interesses em jogo movem tanto empresários do setor quanto políticos, como é o caso do governo de Goiás, que abriga a única mina de amianto da América Latina. O presidente de uma grande indústria de produtos à base de amianto afirma: "Nossa posição é determinada pela legislação vigente e nosso objetivo sempre foi assegurar o bem-estar e a vida dos funcionários. Não vamos nos omitir, a empresa caminha dentro da lei, e tem sido o mais ética possível. O que oferecemos é uma ajuda financeira, não uma indenização." O presidente de outra grande indústria orgulha-se do pioneirismo da companhia na oferta de instrumento de compensação aos ex-trabalhadores: "Reconhecemos que existem doentes, mas são casos antigos. Hoje, a empresa trabalha dentro das normas de segurança vigentes. Nossa produção com amianto não vai acabar enquanto existir demanda e a legislação permitir" (*Época*, nº152, 16 abr. 2001). Tudo que é legal é ético?

Em São Paulo, na sala do cafezinho da filial de uma das maiores empresas do mundo nos ramos de alimentação e limpeza, o pessoal do escritório tem uma televisão sintonizada o tempo todo num *reality show*. As estrelas são os integrantes de uma família de classe média, com destaque para a dona de casa em seus afazeres: lavar, passar e cozinhar. Câmeras instaladas pela empresa na casa de uma consumidora transmitem ao vivo essa programação. Há outras residências em que o mesmo tipo de vigilância é exercido cara a cara por um funcionário de um grande grupo de supermercados que acompanha a família do café da manhã ao futebol pela TV, à noite, anotando cada item consumido, toda referência a algum produto, a emissora de rádio sintonizada, qualquer movimento que se relacione com compras. Essas bisbilhotices – com o consentimento dos bisbilhotados – são duas das técnicas coordenadas pelos departamentos de marketing de grandes empresas na tentativa de mapear os hábitos do consumidor, para depois ter ideias sobre como vender com maior eficiência. Discuta os critérios de eticidade dessas ações.

O engenheiro Pedro Silva saiu de uma empresa estatal de energia elétrica em janeiro de 2007 e, no mês seguinte, já era diretor de uma empresa responsável por investimentos do grupo no setor elétrico. Outro engenheiro, Paulo Souza, fez algo parecido. Deixou a presidência de sua empresa estatal do ramo de telefonia em agosto e, em setembro, já era o principal executivo de uma grande empresa privada internacional do mesmo setor. Trocou um salário de 10 mil reais mensais no governo por uma bolada, estima o mercado, de 1,2 milhão de reais por ano. "Não vejo problema em alguém ser presidente de uma estatal e passar à iniciativa privada", afirma o engenheiro Paulo. "Apenas mudei de patrão", completa. Discuta os critérios de eticidade dessas ações.

Sugestão de uso de audiovisual

Documentário da TV Cultura: *Ética, alguém viu por aí?*.

Discutir em cada situação o que impede os personagens de adotarem posturas éticas: ignorância, debilidade ou malícia.

Quadro 2.1 Teste de Honestidade.

Teste de Honestidade
1. Ao sair de um supermercado, você percebe que a caixa lhe deu R$ 50 a mais de troco. Você volta e devolve o dinheiro? ○ Sim ○ Não
2. Você bebeu demais em uma festa e suspeita que está acima do limite legal para dirigir. Você volta dirigindo para casa? ○ Sim ○ Não
3. Você encontrou uma brecha para sonegar imposto de renda, escondendo parte do seu rendimento. Você faz isso? ○ Sim ○ Não
4. O estacionamento do *shopping* está lotado – exceto pelas vagas reservadas a deficientes físicos. Você estaciona o carro numa dessas vagas? ○ Sim ○ Não
5. Você descobre que é possível fazer um "gato" da sua TV por assinatura pagando apenas um ponto. Você faz isso? ○ Sim ○ Não

6. Você precisa de envelopes e canetas em casa. Você os pega na empresa em que trabalha?

○ Sim   ○ Não

7. Você encontra uma carteira na rua com R$ 100, sem endereço do dono. Você entrega a carteira numa delegacia?

○ Sim   ○ Não

8. Você vê o marido/a mulher de sua melhor amiga/seu melhor amigo andando de mãos dadas com um estranho. Você se sente obrigado a contar a seu(sua) amigo(a)?

○ Sim   ○ Não

9. As toalhas do banheiro do hotel em que você está hospedado são muito bonitas e de boa qualidade. Você coloca uma delas na mala e a leva para casa?

○ Sim   ○ Não

10. Está chovendo e você espera pelo ônibus numa longa fila. Quando o ônibus chega, você percebe que não há lugar para todos e você não vai conseguir entrar se não passar à frente das pessoas. Você fura a fila?

○ Sim   ○ Não

11. Você está dirigindo, voltando para casa, às 9 horas da noite e a rua está quase vazia. Você excede no limite de velocidade em 20 km/h para chegar em casa mais rápido?

○ Sim   ○ Não

12. Um amigo oferece a você, de graça, uma cópia ilegal de um caro *software* de computador. Você o aceita e o instala no seu computador?

○ Sim   ○ Não

Fonte: AXT, Barbara, Klar, Renata. Você passaria no teste de honestidade? *Seleções Reader's Digest*, p. 38-9, ago. 2005.

Referências bibliográficas

ARISTÓTELES. *Ética a Nicômaco*. São Paulo: Abril Cultural, 1973.

ARRUDA, Maria Cecilia Coutinho de. *Ética na administração de marketing*: um estudo exploratório no campo da comunicação e conceito de produtos, serviços e ideias. 1986. Tese (Doutorado) – Faculdade de Economia e Administração, Universidade de São Paulo, São Paulo.

AXT, Barbara; KLAR, Renata. Você passaria no teste de honestidade? *Seleções Reader's Digest*, p. 38-39, ago. 2005.

CARDONA, Carlos. *La metafísica del bien comun*. Madri: Rialp, 1966.

GER – Gran Enciclopedia Rialp. Madri: Rialp, 1979. t. IX.

GÓMEZ PÉREZ, Rafael. *Problemas morais da existência humana*. Lisboa: Editora CAS, 1983. p. 25. (Tradução do original espanhol de 1980.)

_____. *Problemas morales de la existencia humana*. 6. ed. Madri: Casals, 1993.

JOLIVET, Régis. *Tratado de filosofia*: lógica e cosmologia. Buenos Aires: Carlos Lohlé. 1960. v. 1.

_____. *Tratado de filosofia moral*. Rio de Janeiro: Agir, 1966. v. 4.

LEIBNIZ, G. W. *Discours de métaphysique*. Paris: Lestienne, 1929.

MACINTYRE, Alasdair. *After virtue*: a study in moral theory. 2. ed. Notre Dame, Indiana: University of Notre Dame Press, 1984.

MARITAIN, Jacques. *Introdución générale à la philosophie*. nº 1. Paris: P. Téqui, [s. d.]

MELÉ CARNÉ, Domènec. *Ética en la dirección de empresas*. Barcelona: Folio, 1997.

MESSNER, Johannes. *Ética social*. São Paulo: Quadrante/USP, [s. d.]. (Versão direta da 4. ed. austríaca de 1960.)

_____. *Ética social política y económica a la luz del derecho natural*. Madri: Rialp, 1967. (Versão espanhola do original alemão: *Das Naturrecht*.)

POLO Barrena, Leonardo. *Ética*: hacia una versión moderna de los temas clásicos. Madri: Aedos, 1996.

PUELLES, Antonio Millan. *Fundamentos de filosofía*. 8. ed. Madri: Rialp, 1972.

RODRIGUEZ LUÑO, Angel. *Ética*. Pamplona: Ediciones Universidad de Navarra, 1982.

RHONHEIMER, Martin. *La perspectiva de la moral*: fundamentos de la ética filosófica. Madri: Rialp, 2000.

PARTE II

Ética nas empresas

Perspectiva histórica dos estudos em ética empresarial 3

Evolução do conceito de ética empresarial

Uma das primeiras preocupações éticas no âmbito empresarial de que se tem conhecimento revela-se pelos debates ocorridos especialmente nos países de origem alemã, na década de 60. Pretendeu-se elevar o trabalhador à condição de participante dos conselhos de administração das organizações.

O ensino da Ética em faculdades de Administração e Negócios tomou impulso nas décadas de 60 e 70, principalmente nos Estados Unidos, quando alguns filósofos vieram trazer sua contribuição. Ao complementar sua formação com a vivência empresarial, aplicando os conceitos de ética à realidade dos negócios, uma nova dimensão surgiu: a Ética Empresarial.

Nos anos 70 tornou-se notória a pesquisa realizada nos Estados Unidos pelo Prof. Baumhart, sobre ética nos negócios, junto a empresários.[1] Nessa época, o enfoque dado à Ética nos Negócios residia na conduta ética pessoal e profissional.

Nesse mesmo período, ocorreu a expansão das empresas multinacionais oriundas principalmente dos Estados Unidos e da Europa, com a abertura de subsidiárias em todos os continentes. Nos novos países em que passaram a operar, choques culturais e outras formas de fazer negócios conflitavam por vezes com os padrões de ética das matrizes dessas companhias, fato que incentivou a criação de códigos de ética corporativos.

Durante a década de 80, notou-se, ainda, tanto nos Estados Unidos quanto na Europa, esforços isolados, principalmente de professores universitários, que se dedicaram ao ensino da Ética nos Negócios em faculdades de Administração, e em programas de MBA – *Master of Business Administration*.

---

[1] BAUMHART, Raymond. *Ethics in business*. New York: Holt, Rinehart and Winston, 1968.

Surgiram publicações sobre o tema, destacando-se a criação da primeira revista científica específica na área de Administração: *Journal of Business Ethics*.

No início da década de 90, redes acadêmicas foram formadas: a *Society for Business Ethics* nos EUA, e a EBEN – *European Business Ethics Network* (Europa), originando outras revistas especializadas, a *Business Ethics Quarterly* (1991) e a *Business Ethics: a European Review* (1992). As reuniões anuais destas associações permitiram avançar no estudo da Ética, tanto conceitualmente quanto em sua aplicação às empresas. Daí emergiu a publicação de duas enciclopédias, uma nos Estados Unidos e outra na Alemanha: *Encyclopedic Dictionary of Business Ethics*[2] e *Lexikon der Wirtschaftsethik*.[3]

Os anos 1990 caracterizaram-se por uma ampliação do escopo da Ética Empresarial, universalizando o conceito. Visando à formação de um fórum adequado para essa discussão, foi criada a *International Society of Business, Economics, and Ethics* (ISBEE).[4] O Prof. Georges Enderle, então na Universidade de St. Gallen, na Suíça, iniciou a elaboração da primeira pesquisa em âmbito global, apresentada no 1º Congresso Mundial da ISBEE, no Japão, em 1996.[5] Desde então, a cada quatro anos, um congresso se realiza com a contribuição de todos os continentes, regiões ou países (Brasil, 2000; Austrália, 2004; África do Sul, 2008; Polônia, 2012; e China, 2016). Tais eventos dão origem a publicações esclarecedoras, informativas e de profundidade científica.[6]

O VI Congresso Mundial da ISBEE, realizado em Xangai, China, foi marcado por temas de grande preocupação mundial. A inovação mostra mudanças dramáticas em muitos setores de negócios e na própria sociedade. Este fascínio não está contemplado nas sérias discussões sobre a perspectiva ética de tais mudanças e das demandas do bem-estar social. Em termos da ética, tornaram-se relevantes questões como: identificação dos agentes responsáveis, nos planos individual, organizacional e sistêmico; consideração das múltiplas formas de inovação e os recursos empregados no ambiente de trabalho, no tratamento dispensado aos produtos e serviços; desafios especiais nos diferentes setores da economia, tais como a tecnologia da informação e os serviços financeiros; foco nos problemas ambientais e na pobreza global; contribuição da inova-

---

[2] WERHANE, Patricia H.; FREEMAN, R. (Ed.). *Encyclopedic dictionary of business ethics*. Malden, MA/Oxford: Blackwell, 1997.
[3] ENDERLE, Georges; HOMANN, K.; HONECKER, M.; KERBER, W.; STEINMANN, H. (Ed.). *Lexikon der Wirtschaftsethik*. Freiburg/Basel/Wien: Herder, 1993. (Tradução para o português: *Dicionário de ética econômica*. São Leopoldo: Editora da Universidade do Vale do Rio dos Sinos, 1977.
[4] Disponível em: <www.isbee.org>.
[5] ENDERLE, Georges. A worldwide survey of business ethics in the 1990s. *Journal of Business Ethics*, v. 16, nº 14, p. 1475-1883, Oct. 1997.
[6] Idem. *International business ethics*. Notre Dame, IN: The University of Notre Dame Press, 1999.

ção para o bem-estar social; avaliação crítica, com proposta de formas inovadoras de negócios e de sistemas de gestão.[7]

Enfoques da ética

Com base em sua ampla experiência internacional, Enderle e outros procuraram sistematizar os vários enfoques perseguidos nos estudos de ética nos negócios nos cinco continentes, e sintetizaram uma forma de tratar a ética nos negócios, para facilitar os estudos acadêmicos e empresariais. Ressaltaram a existência de três modos inter-relacionados de abordagem: a semântica, a teoria e a prática. No âmbito de empresas, a ética depende, para seu desenvolvimento, do esforço conjunto de professores universitários e executivos[8] (Figura 3.1)

Semântica
(Falar sobre Ética)

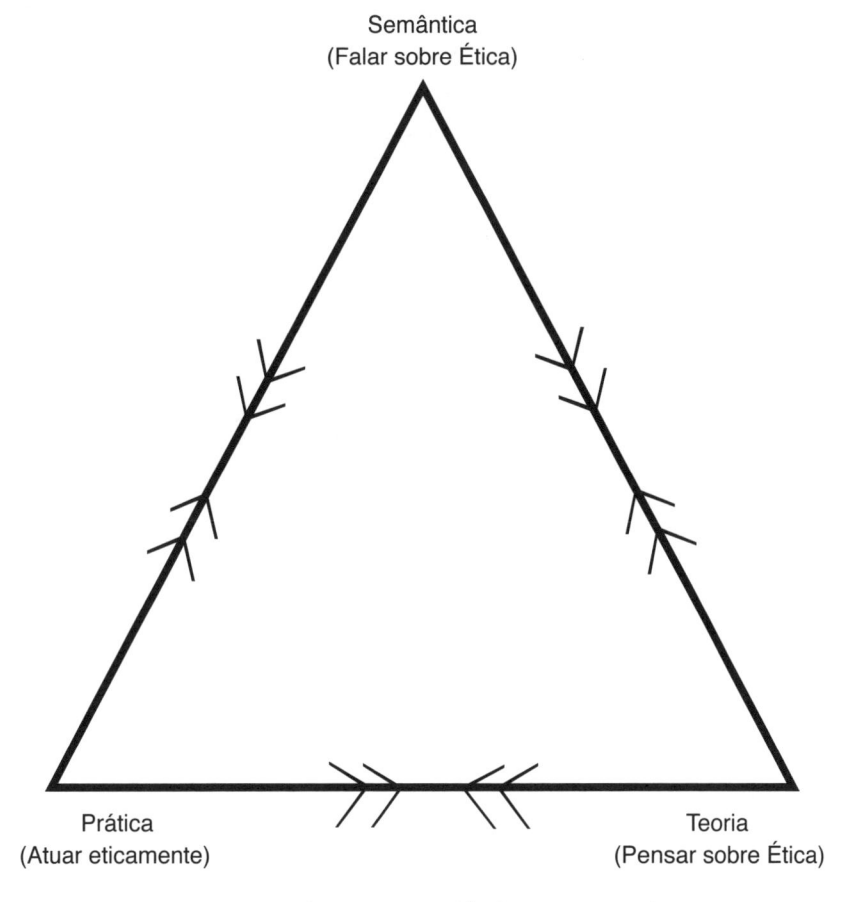

Prática
(Atuar eticamente)

Teoria
(Pensar sobre Ética)

Figura 3.1 Desenvolvimento da ética por acadêmicos e executivos.

---

[7] ISBEE. Disponível em: <http://isbee.org/world-congress-2016/theme-summary/>. Acesso em: 18 ago. 2016.
[8] ENDERLE, Georges. *Approaches to business ethics in different parts of the world*. Discurso de abertura. I Congresso de Ética, Negócios e Economia na América Latina, FGV-EAESP, 28 jul. 1998.

Ao final da década de 90, alguns desafios puderam ser identificados. A ética deve ser vivida numa enorme variedade de ambientes empresariais, em que a importância do clima moral pode diferir de país para país.[9] Além disso, abordagens não ocidentais demandam forma apropriada de aplicação da ética.

Alguns temas específicos de Ética Empresarial se delinearam, como um foco de preocupação internacional, nesse fim de década e de século: a corrupção, a liderança e as responsabilidades corporativas.[10]

Sendo o sistema econômico a mola mestra das empresas, naturalmente seu desenvolvimento, em vários aspectos, coincide com os sistemas político e sociocultural, em que estão inseridas as organizações. Ora, ampliando a atividade econômica, a intersecção das duas esferas aumenta. Fica patente, assim, que a contribuição da empresa à sociedade e ao governo cresce, à medida que aumentam, por exemplo, seus rendimentos, suas linhas de produtos e a qualidade desses produtos (Figura 3.2).

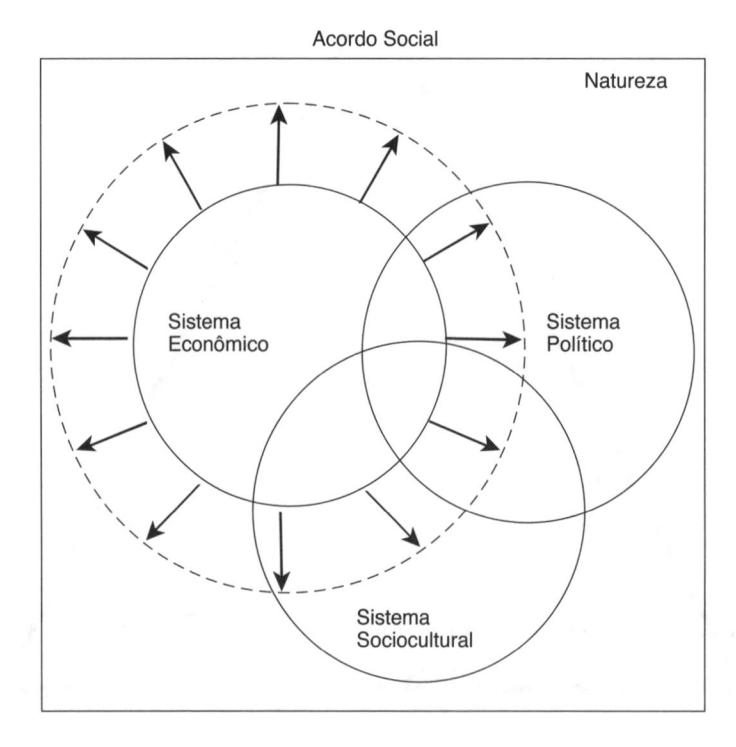

Figura 3.2 Contribuição da empresa à sociedade e ao governo.

---

[9] Os princípios morais básicos são perenes. O que varia são as formas de aplicação desses princípios, dadas as diferenças de costumes nos vários países.

[10] ENDERLE. Op. cit. SOLOMON, Robert C. Os negócios sob uma visão "aristotélica". *Interprensa – análise*. A 32/2001, jan./fev. 2001, p. 1-2.

Observou-se, então, a criação de muitas Organizações Não Governamentais (ONGs), com um papel importante no desenvolvimento econômico, social e cultural de todos e cada um dos países. Certamente o novo século verá como prioridade, no estudo e na aplicação da ética nos negócios, o desempenho das ONGs.

Mais recentemente, a abordagem aristotélica dos negócios vem sendo recuperada. A boa empresa não é apenas aquela que apresenta lucro, mas a que também oferece um ambiente moralmente gratificante, em que as pessoas boas podem desenvolver seus conhecimentos especializados e também suas virtudes.

Um grande número de instituições,[11] em todo o mundo, dedica-se a diversos aspectos da ética e sua importância para as tendências atuais nos campos da governança corporativa,[12] responsabilidade social e ambiental e desenvolvimento sustentável. Algumas normas e índices internacionais foram criados, com objetivos específicos de incentivar as empresas a elevarem seus padrões nessas diferentes áreas. São exemplos a SA 8000,[13] AA 1000,[14] a Global Reporting Initiative (GRI)[15], a ISO 26000[16] e os novos 17 Objetivos de Sustentabilidade da ONU[17].

Dentre as tendências atuais, a ideia da sustentabilidade tem adquirido especial projeção nas definições estratégicas das empresas. O conceito de desenvolvimento sustentável foi lançado em 1987, pelo Relatório da Comissão Brundtland das Nações Unidas, como: "desenvolvimento que atende às necessidades do presente, sem comprometer a possibilidade das gerações futuras de atenderem às suas próprias necessidades".[18] Decorridos mais de vinte anos, apenas agora parece vir à consciência dos cidadãos e legisladores a preocupação mais concreta com o desenvolvimento sustentável, em seus aspectos econômicos e socioambientais. Há de se convir que a ética deve nortear todos os projetos, políticas e ações nesse movimento, para evitar o perigo do modismo.

A Encíclica *Laudato Si*, escrita por uma das figuras mais reconhecidas do século XXI, o Papa Francisco, teve a sensibilidade de conclamar as diversas comunidades do mundo inteiro, cristãs ou não, aglutinando-as para uma reflexão profunda sobre o cuidado da casa comum (Planeta Terra).

---

[11] Algumas dessas instituições podem ser acessadas campo "Conexões de Interesse", do *website*: <www.eticaempresarial.com.br>.
[12] Disponível em: <www.oecd.org>.
[13] Disponível em: <http://www.sa-intl.org>.
[14] Disponível em: <http://www.accountability.org/standards/>.
[15] Disponível em: <http://www.globalreporting.org>.
[16] Disponível em: <http://www.iso.org/iso/home/standards/iso26000.htm>.
[17] Disponível em: <https://nacoesunidas.org/conheca-os-novos-17-objetivos-de-desenvolvimento-sustentavel-da-onu/>.
[18] Disponível em: <http://www.un.org/documents/ga/res/42/ares42-187.htm>.

Ética empresarial na América Latina

Esforços isolados foram empreendidos por pesquisadores e professores universitários, ao lado de subsidiárias de empresas multinacionais em toda a América Latina, quando o Brasil foi palco do I Congresso Latino-Americano de Ética, Negócios e Economia, em julho de 1998. Nessa ocasião, foi possível conhecer as iniciativas no campo da ética nos negócios, semelhanças e diferenças entre os vários países, especialmente da América do Sul.

Da troca de experiências acadêmicas e empresariais, da identificação criada entre os vários representantes de países latinos presentes, da perspectiva de se dar continuidade aos contatos para aprofundamento de pesquisas e sedimentação dos conhecimentos específicos da região em matéria de ética empresarial e econômica, emergiu a ideia de formação de uma rede, então fundada: a Associação Latino-americana de Ética, Negócios e Economia (ALENE).

Especialmente para os países de língua espanhola, uma efetiva contribuição para a ética nas organizações veio do Peru, onde os dois primeiros livros na área foram publicados em 1993 e 1995.[19]

Em Buenos Aires (Argentina), o Instituto para el Desarrollo de Empresarios en la Argentina (IDEA) desenvolveu, na década de 1980, atividades de formação em ética para executivos: cursos, seminários, publicações, consultoria e treinamento. Foi criado, também, o Instituto de Altos Estudios Empresariales (IAE), da Universidad Austral. Destacou-se, à época, pelo ensino da ética a estudantes universitários de Administração, a Universidad Argentina de la Empresa (UADE).

O Instituto de Estudios Superiores de Administración (IESA), em Caracas, Venezuela, estabeleceu uma cátedra de Ética Gerencial, e pesquisas de vulto foram desenvolvidas, especialmente no campo da corrupção.[20]

Com sólida formação filosófica, a equipe de professores do Centro de Ética y Humanidades, da Universidad Adolfo Ibañez, em Viña del Mar, Chile, contribuiu com o ensino e publicações,[21] além de assessoria a empresas. A partir do ano 2000, novas iniciativas surgiram no Chile, como a cátedra de Ética e Responsabilidade Empresarial, da Escola de Negócios ESE, da Universidad de los Andes.

---

[19] SCHMIDT, Eduardo. *Moralización a fondo*. 2. ed. Lima: Universidad del Pacífico, 1996.
Idem. *Etica y negocios para América Latina*. 3. ed. Lima: Universidad del Pacífico, 2000.

[20] PÉREZ PERDOMO, Rogelio (coord.). *Esclavos del dinero?*: sobre crisis de valores y ética de negocios en Venezuela. Caracas: IESA, 1998.

[21] INTUS-LEGERE: Anuario de Filosofia, Historia y Letras. Instituto de Humanidades, Universidad Adolfo Ibañez (desde 1998).

No México, o Centro de Ética y Valores do Instituto Tecnológico y de Estudios Superiores de Monterrey (ITESM) desenvolveu material para cursos de ética para todos os estudantes da área de administração, em mais de quinze *campi* universitários do ITESM, em todo o país. Na Cidade do México, o Instituto Panamericano de Alta Dirección de Empresa (IPADE) tem primado pelo ensino da ética em seus cursos, e publicado rica bibliografia para orientação de executivos.[22]

No Peru, acadêmicos e políticos direcionaram seus esforços para a ética, com foco no combate à corrupção e na questão ambiental, principalmente nos problemas vinculados às condições de trabalho. A Escuela Superior de Administración de Negócios (ESAN) desempenhou um papel de liderança em pesquisa e publicações nessas áreas.

O Banco Mundial se dispôs a cooperar com o Instituto de Estudios en Ética Profesional, da Universidad Católica Boliviana, localizada em La Paz (Bolívia), para desenvolver um projeto de orientação às organizações para a elaboração de códigos de ética na América Latina.

No Equador, o Instituto de Desarrollo Empresarial (IDE) elevou a ética à condição de matéria obrigatória em todos os cursos ministrados para executivos. A oportunidade de os participantes trabalharem de forma interativa nas aulas tem, por vezes, provocado mudanças radicais na forma de conduzir as respectivas organizações, com resultados eficazes, inclusive do ponto de vista econômico.

Ética empresarial no Brasil

Em São Paulo, a Escola Superior de Administração de Negócios (ESAN), primeira faculdade de administração do país, fundada em 1941, privilegiou o ensino da ética nos cursos de graduação desde seu início.

Em 1992, o Ministério da Educação (MEC) sugeriu formalmente que todos os cursos de Administração, em nível de graduação e pós-graduação, incluíssem em seu currículo a disciplina de Ética. Nessa ocasião, o Conselho Regional de Administração (CRA) e a Fundação Fides reuniram em São Paulo mais de cem representantes de faculdades de Administração, que se comprometeram a seguir a instrução do MEC.

---

[22] LLANO CIFUENTES, Carlos. *El empresario y su acción*. México: McGraw-Hill/Interamericana de México, 1990.
Idem. *El empresario y su mundo*: tópicos de la empresa. México: McGraw-Hill/Interamericana de México, 1991.
Idem. *El empresario ante la motivación y la responsabilidad*. México: McGraw-Hill/Interamericana de México, 1991.

Em 1992, a Fundação Fides desenvolveu uma sólida pesquisa sobre a Ética nas Empresas Brasileiras, cujos resultados foram publicados no mesmo ano e apresentados no I Seminário Internacional sobre Ética Empresarial. Em 1999, a Fundação Fides repetiu a mesma pesquisa e publicou os resultados cotejando os dois períodos.[23]

Também, em 1992, a Fundação Getulio Vargas, em São Paulo, criou o Centro de Estudos de Ética nos Negócios (CENE), posteriormente denominado Centro de Estudos de Ética nas Organizações (GVcene). Desenvolveu vários projetos de pesquisa com empresas, com profissionais e com estudantes, até o ano 2008.

O CENE-FGV-EAESP foi um polo de irradiação da ética empresarial, por suas intensas realizações no Brasil e no exterior: ensino, pesquisas, publicações e eventos. Foi sua iniciativa, por exemplo, a organização do I Congresso Latino-Americano de Ética, Negócios e Economia, em 1998, e do II Congresso Mundial da International Society of Business, Economics, and Ethics (ISBEE), única instituição internacional que congrega professores, economistas e profissionais de empresas dedicados ou interessados em ética.

Trabalho de grande projeção foi desenvolvido pelo Instituto Ethos de Empresas e Responsabilidade Social,[24] criado em São Paulo, em 1998, e que conta com o apoio de muitas empresas brasileiras comprometidas com o incremento da responsabilidade social e desenvolvimento sustentável. Sua contribuição está em incentivar profissionais, instituições públicas e privadas a iniciarem esforços organizados para o combate à corrupção, pobreza e injustiça social.

O Instituto Brasileiro de Ética nos Negócios, fundado em 2003, tem como objetivo fomentar princípios, valores e práticas éticas entre crianças, jovens e adolescentes, que serão os futuros empresários, executivos e colaboradores das empresas.[25]

Referências bibliográficas

ARRUDA, Maria Cecilia Coutinho de; NAVRAN, Frank. Indicadores de clima ético nas empresas. *RAE – Revista de Administração de Empresas*, v. 40, nº 3, p. 26-35, jul./set. 2000.

BAUMHART, Raymond. *Ethics in business*. New York: Holt, Rinehart and Winston, 1968.

ENDERLE, Georges. A worldwide survey of business ethics in the 1990s. *Journal of Business Ethics*, v. 16, nº 14, p. 1475-1883, Oct. 1997.

---

[23] ÉTICA NA ATIVIDADE EMPRESARIAL. Pesquisa 1999 – Documentos Fides 2. São Paulo: Fundação Fides, 2000.
[24] Disponível em: <http://www3.ethos.org.br/>.
[25] Disponível em: <www.eticanosnegocios.org.br>.

ENDERLE, Georges. (Ed.). *International business ethics*. Notre Dame, IN: The University of Notre Dame Press, 1999.

_____. Approaches to business ethics in different parts of the world. Discurso de abertura. In: *I Congresso de Ética, Negócios e Economia na América Latina*, FGV-EAESP, São Paulo, 28 jul. 1998.

_____; HOMANN, K.; HONECKER, M.; KER-BER, W.; STEINMANN, H. (Ed.). *Lexikon der Wirtschaftsethik*. Freiburg/Basel/Wien: Herder, 1993. *Dicionário de ética econômica*. São Leopoldo: Editora da Universidade do Vale do Rio dos Sinos, 1977 (Tradução para o português).

_____ (Ed.). *Lexikoin der Wirtschaftsethik*. Freiburg/Basel/Wien: Herder, 1993.

ÉTICA NA ATIVIDADE EMPRESARIAL. Pesquisa 1999 – Documentos Fides. São Paulo: Fundação Fides, 2000.

FERRELL, O. C.; FRAEDRICH, John; FERRELL, Linda. *Business ethics*: ethical decision making and cases. Boston: Houghton Mifflin, 2000.

INTUS-LEGERE: Anuario de Filosofía, Historia y Letras. Instituto de Humanidades, Universidad Adolfo Ibañez (desde 1998).

LLANO CIFUENTES, Carlos. *El empresario ante la motivación y la responsabilidad*. México: McGraw-Hill/Interamericana de México, 1991.

_____. *El empresario y su acción*. México: McGraw-Hill/Interamericana de México, 1990.

_____. *El empresario y su mundo*: tópicos de la empresa. México: McGraw-Hill/Interamericana de México, 1991.

NASH, Laura L. *Ética nas empresas*: boas intenções à parte. São Paulo: Makron Books, 1993. (Tradução de *Good intentions aside*. President and Fellows of Harvard College, 1990.)

PAPA FRANCISCO. *Carta Encíclica Laudato Si sobre o cuidado da casa comum* (Roma, 24 maio 2015). Coleção Voz do Papa – Doc 201. São Paulo: Paulinas, 2015.

PÉREZ PERDOMO, Rogelio (Coord.). *Esclavos del dinero?*: sobre crisis de valores y ética de negocios en Venezuela. Caracas: IESA, 1998.

SCHMIDT, Eduardo. *Etica y negocios para América Latina*. 3. ed. Lima: Universidad del Pacífico, 2000.

_____. *Moralización a fondo*. 2. ed. Lima: Universidad del Pacífico, 1996.

SOLOMON, Robert C. Os negócios sob uma visão "aristotélica". *Interprensa – análise*, A32/2001, p. 1-2, jan./fev. 2001.

TEIXEIRA, Nelson Gomes (org.). *A ética no mundo da empresa*. São Paulo: Pioneira, 1991.

WERHANE, Patricia H., FREEMAN, R. (Ed.). *Encyclopedic dictionary of business ethics*. Malden, MA/Oxford: Blackwell, 1997.

Webgrafia

<www.accountability.org/standards/>.

<www.eticaempresarial.com.br>.

<www.eticanosnegocios.org.br>.

<www.globalreporting.org>.

<www.iso.org/iso/home/standards/iso26000>.

<www.oecd.org>.

<www.sa-intl.org>.

<www3.ethos.org.br>.

<http://w2.vatican.va/content/dam/francesco/pdf/encyclicals/documents/papa-francesco_20150524_enciclica-laudato-si_po.pdf>.

Ética e governança corporativa[1]

4

Introdução

O presente trabalho tem por objetivo mostrar que, assim como o ser humano sempre almeja metas mais elevadas para se realizar, a empresa também procura se superar para sobreviver e enfrentar a concorrência.

A empresa que adota as melhores práticas de Governança Corporativa e por isso está propensa a atrair maiores investimentos e ser bem-sucedida em seu desempenho financeiro deve, também, estar preocupada com a adoção dos critérios éticos para atingir o seu fim.

Com razão, observa Lynn Paine:

> "But no longer are companies judged by financial results alone. To be considered truly outstanding, companies today must than achieve superior financial results or meet impressive production targets. They must receive high marks not only from shareholders concerned with financial returns but also from other parties with whom they interact. And to do so, as we have seen, they must satisfy a mix of economical and ethical criteria."[2]

Nesta era de globalização, em que a vida das pessoas está mudando dentro e fora das empresas, tem sido crescente a competição instalada em todos os segmentos da

---

[1] Texto de autoria de Maria do Carmo Whitaker e José Maria Rodriguez Ramos publicado na revista *Estratégica* (FAAP), v. 9 (08), p. 125-133, jun. 2010, sob o título "Ética e as linhas mestras do Código das Melhores Práticas de Governança Corporativa do IBGC – Instituto Brasileiro de Governança Corporativa".

[2] "Já não há empresas julgadas somente pelos seus resultados financeiros. Para serem consideradas realmente excepcionais hoje em dia, as companhias devem, além de obter elevados resultados financeiros, atingir metas impressionantes de produção. Elas devem receber altos conceitos não apenas dos acionistas em relação aos retornos financeiros, mas também das outras partes interessadas com as quais interagem. E, para tanto, o que se tem visto é que elas necessitam satisfazer simultaneamente uma combinação de critérios econômicos e éticos." Tradução livre dos autores. PAINE, Lynn Sharp. *Value shift*: why companies must merge social and financial imperatives to achieve superior performance. New York: McGraw-Hill, 2003. p. 116.

sociedade e a pressão sobre os indivíduos tem aumentado de modo significativo. Assim, não basta que sejam adotadas práticas de alto nível nos âmbitos contábil e financeiro das organizações, se a empresa, como um todo, não estiver sintonizada com a preocupação de permear todas as suas áreas de critérios e práticas éticas.

Em outras palavras, a conduta ética deve ser a preocupação maior da empresa porque ela tem a ver diretamente com a realização do ser humano. Quando se faz referência à empresa fala-se de um ente abstrato, mas tem-se consciência de que ela é formada por indivíduos e são esses mesmos indivíduos que fomentarão na organização as práticas dos melhores padrões de informações financeiras e contábeis e imprimirão, ou não, um caráter ético à organização.

A criação de uma cultura ética em uma empresa não é algo com que a maioria dos administradores tenha experiência. É fácil cometer erros. Infelizmente, erros éticos não podem ser desfeitos com a mesma facilidade que erros econômicos. Aguilar oferece um bom exemplo ao comentar que, enquanto "uma perda operacional de dez milhões de dólares é compensada por um ganho de dez milhões [...] o registro das falhas éticas tende a ser escrito com tinta indelével".[3]

Neste trabalho serão analisadas as linhas mestras das melhores práticas da Governança Corporativa, adotadas pelo Instituto Brasileiro de Governança Corporativa, para concluir que aliadas a outros princípios e valores éticos permitirão à empresa atingir o seu fim e deixar um rastro de imagem sólida no mercado.

Ética e governança

A ética nas organizações e o compromisso com os valores éticos dentro das empresas é um tema que vem adquirindo particular relevância e destaque nos últimos anos, tanto academicamente quanto no mundo empresarial e na sociedade como um todo. Em função do crescente espaço e da importância que têm sido atribuídos aos valores éticos, torna-se necessário estabelecer alguns parâmetros iniciais para analisar o tema.

A questão ética na empresa não passará de um modismo caso a adoção de valores éticos não esteja fundamentada em uma perspectiva filosófica que justifique o porquê e a importância de introduzir valores éticos nas empresas e na Governança Corporativa.

Os valores éticos nas organizações não deveriam ser vistos como um conjunto de regras que podem contribuir para o resultado econômico da empresa, mas como algo que representa um valor em si, independentemente do resultado econômico da empresa.

---

[3] AGUILAR, Francis J. *A ética nas empresas*. Trad. Ruy Jungmann. Rio de Janeiro: Jorge Zahar, 1996. p. 37.

A questão ética surge na Grécia clássica como uma explicação filosófica da vida feliz, da vida boa, que vale a pena ser vivida, como ilustra, por exemplo, Platão nos seus diálogos *Alcibíades*, *Fédon* e *Mênon*. O elemento econômico é um fator fundamental para a vida, porém pode não contribuir para uma vida boa e feliz caso os resultados econômicos sejam obtidos à margem dos valores éticos.

No momento em que a ética se torna um modismo nas organizações há o perigo de que seja instrumentalizada para fins econômicos. Nesse sentido, torna-se necessário assumir, como ponto de partida, que os valores éticos são fundamentais para a plena realização das pessoas como seres humanos no interior das organizações.

A inversão de valores, ou a subordinação dos valores éticos aos interesses econômicos, pode produzir melhores resultados econômicos para as empresas, porém nunca será capaz de contribuir para a realização das pessoas como seres humanos.

O desempenho econômico de uma empresa, medido em termos de lucro, participação do mercado, volume de negócios ou através de qualquer outro indicador econômico, diz respeito a um resultado fundamental e necessário para a sobrevivência e continuidade da empresa. Entretanto, em caso de conflito, os valores éticos devem prevalecer, uma vez que a perspectiva ética é mais importante, na ordem dos fins da vida humana, do que o resultado econômico.

Há muitas maneiras de traduzir os valores e princípios éticos para a vida das empresas. A discussão das diversas perspectivas éticas para as organizações é uma questão que foge ao objetivo deste trabalho sem, no entanto, poder ser deixada de lado. Uma perspectiva ética que se tem revelado particularmente frutífera para as organizações é a ética aristotélica. As obras de Tom Morris (1998) e Robert Solomon (2000) dão referências de como a ética aristotélica pode ser introduzida na vida das empresas.

De acordo com Aristóteles, a vida feliz consiste em viver conforme a virtude. Partindo da premissa de que toda atividade humana tem um fim, Aristóteles examina no Livro I da *Ética a Nicômaco*[4] qual é o fim da vida humana, concluindo que a virtude é um modo de ser pelo qual a pessoa se torna boa, realiza a sua função e é feliz.

A virtude, concretiza ainda mais Aristóteles no Livro II, é um modo de ser da reta razão que se adquire pela repetição de atos de virtude, isto é, as virtudes são adquiridas como resultado de ações exteriores. Ou seja, e resumindo o pensamento aristotélico, a vida feliz é a vida virtuosa e a vida virtuosa é alcançada pela prática constante de atos de virtude. As virtudes, portanto, são os princípios e valores que devem presidir o relacionamento e a vida humana em todos os seus âmbitos: econômico, social, político.

---

[4] ARISTÓTELES. *Ética a Nicômaco*. São Paulo: Abril Cultural, 1973.

Retorna-se, assim, ao ponto de partida de que a ética é um valor em si e de que os valores éticos devem ser preservados em todos os aspectos da vida humana, também no campo econômico.

Embora estes comentários sobre a perspectiva aristotélica possam parecer distantes do tema "Ética e Governança Corporativa", estão muito próximos ao se considerar que a Governança Corporativa está fundamentada em relacionamentos entre pessoas e grupos de pessoas que representam os interesses das organizações. As virtudes devem presidir esses relacionamentos. No caso do Código das Melhores Práticas da Governança Corporativa do Instituto Brasileiro de Governança Corporativa (IBGC), as virtudes que merecem especial destaque são: a equidade, a transparência e a prestação de contas. Esta última pode ser analisada como uma consequência da responsabilidade.

Para se entender como a ética, através das virtudes, está presente na Governança Corporativa, é preciso em primeiro lugar definir bem os termos e conceitos envolvidos.

Governança Corporativa consiste nas práticas e nos relacionamentos entre os Acionistas ou Cotistas, Conselho de Administração, Diretoria, Auditoria Independente e Conselho Fiscal, com a finalidade de otimizar o desempenho da empresa e facilitar o acesso ao capital. Para João Bosco Lodi, "é um novo nome que identifica o sistema de relacionamento entre esse público".[5]

A expressão Governança Corporativa é designada para abranger os assuntos relativos ao poder de controle e direção de uma empresa, bem como as diferentes formas e esferas de seu exercício e os diversos interesses que, de alguma maneira, estão ligados à vida das sociedades comerciais.

Governança Corporativa é valor, apesar de, por si só, não criá-lo. Isto somente ocorre quando ao lado de uma boa governança tem-se também um negócio de qualidade, lucrativo, bem administrado e permeado de princípios éticos. Neste caso, a boa governança permitirá uma administração ainda melhor, em benefício de todos os acionistas e daqueles que lidam com a empresa. O movimento de governança corporativa ganhou força nos últimos dez anos, tendo nascido e crescido, originalmente, nos Estados Unidos e na Inglaterra e, a seguir, se espalhando por muitos outros países.[6]

---

[5] LODI, João Bosco. *Governança corporativa*: o governo da empresa e o conselho de administração. São Paulo: Campus, 2000. p. 9.
[6] Disponível em: <www.ibgc.org.br>. Acesso em: maio 2003.

No Brasil, os conselheiros profissionais e independentes começaram a surgir basicamente em resposta à necessidade de atraírem capitais e fontes de financiamento para a atividade empresarial, o que foi acelerado pelo processo de globalização e pelas privatizações de empresas estatais no país.

Hoje, o mercado de capitais, as empresas, os investidores e a mídia especializada já se utilizam habitualmente da expressão *governança corporativa*, mencionam e consideram as boas práticas de governança em sua estratégia de negócios. Um dos principais responsáveis por essa nova realidade é o IBGC.

Atualmente, diversos organismos e instituições internacionais priorizam a Governança Corporativa, relacionando-a com um ambiente institucional equilibrado, com a política macroeconômica de boa qualidade e, assim, estimulando sua adoção em nível internacional.

"Deve haver uma divisão de esforços entre diretores executivos e outros líderes, no processo de liderar e dirigir o trabalho e desempenho efetivo de uma corporação ou organização."[7]

A boa governança

A boa governança sugere que na gestão da empresa haja separação entre participação acionária e controle.

Na teoria econômica tradicional, a Governança Corporativa surge para procurar superar o chamado "conflito de agência", presente a partir do fenômeno da separação entre a propriedade e a gestão empresarial. O "principal", titular da propriedade, delega ao "agente" o poder de decisão sobre essa propriedade. A partir daí surgem os chamados conflitos de agência, pois os interesses daqueles que administram a propriedade nem sempre estão alinhados com os de seu titular.

Sob a perspectiva da teoria da agência, a preocupação maior é criar mecanismos eficientes (sistemas de monitoramento e incentivos) para garantir que o comportamento dos executivos esteja alinhado com o interesse dos acionistas.[8]

A boa Governança Corporativa proporciona aos proprietários (acionistas ou cotistas) a gestão estratégica de sua empresa e a efetiva monitoração da direção executiva. As

---

[7] BRANDÃO FILHO, Ewerton José de Castro; RIBEIRO DE ALMEIDA, Felipe; VITA, Fernando; e SANTOS, Guilherme Moraes Farah. *Governança corporativa*: seus impactos no mercado acionário. 2001. TCC. FAAP, São Paulo, p. 57.
[8] Disponível em: <www.ibgc.org.br>. Acesso em: maio 2003.

principais ferramentas que asseguram o controle da propriedade sobre a gestão são os Conselhos de Administração, a Auditoria Independente e o Conselho Fiscal.[9]

Outra contribuição à aplicabilidade das práticas de Governança partiu da Bolsa de Valores de São Paulo, ao criar segmentos especiais de listagem destinados a empresas com padrões superiores de Governança Corporativa. Além do mercado tradicional, passaram a existir três segmentos diferenciados de Governança: Nível 1, Nível 2 e Novo Mercado. O objetivo foi o de estimular o interesse dos investidores e a valorização das empresas listadas.

Basicamente, o segmento de Nível 1 caracteriza-se por exigir práticas adicionais de liquidez das ações e *disclosure*, enquanto o Nível 2 tem por obrigação práticas adicionais relativas aos direitos dos acionistas e conselho de administração. O Novo Mercado, por fim, diferencia-se do Nível 2 pela exigência para emissão exclusiva de ações com direito a voto. Estes dois últimos apresentam como resultado esperado a redução das incertezas no processo de avaliação, investimento e de risco, o aumento de investidores interessados e, consequentemente, o fortalecimento do mercado acionário. Resultados que trazem benefícios para investidores, empresa, mercado e Brasil.[10]

O IBGC é um órgão criado com a meta principal de contribuir para otimizar o conceito de Governança Corporativa nas empresas do país. Ao assumir esta missão, o Instituto visa cooperar com o aprimoramento do padrão de governo das empresas nacionais, para seu sucesso e perpetuação. A boa Governança Corporativa assegura aos sócios: equidade, transparência, prestação de contas (*accountability*) e responsabilidade corporativa.

Equidade

Aristóteles[11] afirma que em toda espécie de ação em que há o mais e o menos também há o igual. Enquanto o injusto é iníquo, o justo é equitativo; e como o igual é um ponto intermediário, o justo será um meio-termo. E de acordo com Tomás de Aquino: "A equidade está ordenada para fazer triunfar a razão de ser da justiça e o bem comum, objeto próprio da justiça legal."[12]

Em termos de Governança Corporativa, pode-se dizer que o envolvimento entre os líderes da empresa, os integrantes do Conselho, os diretores, os auditores, membros

---

[9] Disponível em: <www.ibgc.org.br>. Acesso em: maio 2003.
[10] Disponível em: <www.ibgc.org.br>. Acesso em: 19 maio 2010.
[11] ARISTÓTELES. Op. cit. p. 324-325.
[12] TOMÁS DE AQUINO. *La justicia*: comentarios al Libro Quinto de la Ética a Nicómaco. Trad. e notas de Benito Raffo Magnasco. Buenos Aires. Cursos de Cultura Católica, 1946. p. 233.

do Conselho Fiscal e as diferentes classes de proprietários deve ser caracterizado pelo tratamento justo e equânime. Não se aceitam atitudes ou políticas discriminatórias.

Transparência

Transparente é aquilo que se deixa atravessar pela luz, é diáfano, translúcido, evidente, claro, dizem os dicionários.[13] O Código das Melhores Práticas do IBGC exige que o executivo principal (CEO) e a diretoria satisfaçam às diferentes necessidades de informação dos proprietários, do conselho de administração, da auditoria independente, do conselho fiscal, das partes interessadas (*stakeholders*) e do público em geral de modo transparente, sem ocultar nada que seja relevante para o bom andamento dos negócios. A 4ª edição do referido Código, editado em 2009, pretende basear este princípio em um clima de confiança, não somente entre o público interno das empresas, como também em suas relações com terceiros.

Prestação de contas (*accountability*)

O relatório anual é a mais importante e mais abrangente informação da companhia, e por isso mesmo não deve se limitar às informações exigidas por lei. Envolve todos os aspectos da atividade empresarial em um exercício completo, comparativamente a exercícios anteriores, ressalvados os assuntos de justificada confidencialidade, e destina-se a um público diversificado.

Os agentes de governança (sócios, administradores, conselheiros de administração e executivos/gestores, conselheiros fiscais e auditores) devem prestar contas de sua administração. E, mais, esse dever se complementar com a demonstração de sua responsabilidade ao assumir as consequências de seus atos e omissões.

Responsabilidade corporativa

A responsabilidade é uma virtude que faz com que a pessoa assuma as consequências pelos seus atos, sejam eles intencionais, resultantes, portanto, das decisões tomadas ou aceitas; ou não intencionais.[14] Assumir as consequências significa preocupar-se com a projeção desses atos em relação aos demais, isto é, se podem beneficiar ou prejudicar as pessoas.

---

[13] *Dicionário brasileiro da língua portuguesa do Jornal da Tarde*. 30. ed. São Paulo: Globo,1993. FIGUEIREDO, Cândido de. *Novo dicionário da língua portuguesa*. 13. ed. Rio de Janeiro, Brasil: W.M. Jackson, 1947.

[14] ISAACS, David. *La educación de las virtudes humanas y su evaluación*. 13. ed. Navarra: EUNSA, 2000. p. 133.

Em se tratando de empresas ou outras instituições, a responsabilidade pelos resultados deve ser mais abrangente do que, simplesmente, gerar lucros. Significa preocupar-se com a repercussão dos atos de cada um, em relação à própria empresa e aos *stakeholders*.

A 4ª edição do Código das Melhores Práticas de Governança Corporativa incluiu como responsabilidade das empresas a sustentabilidade, de modo que esta as estimula a incorporarem considerações de ordem social e ambiental na definição dos negócios e operações.

Conclusão

As empresas devem ter a preocupação de que todas as suas atividades estejam permeadas por critérios e práticas éticas. A boa Governança Corporativa assegura aos sócios: equidade, transparência, prestação de contas (*accountability*) e responsabilidade corporativa. Esses valores devem ser assegurados não somente aos sócios, mas também a todos os *stakeholders*.

A equidade, por exemplo, deve fazer prevalecer a justiça não apenas no âmbito dos acionistas e no relacionamento entre eles e a diretoria, auditoria e conselheiros. A justiça deve vigorar em todos os setores da empresa. Nenhum privilégio deve ser concedido, nenhuma informação privilegiada deve ser usada, nenhum abuso de poder deve ser praticado, nenhum ato desonesto enfim pode ser aceito nas empresas que pretendem se pautar pela ética.

A transparência e a clareza devem ser praticadas entre todos os colaboradores, clientes, fornecedores, concorrentes e não somente entre os acionistas, diretores e conselheiros. Nada que seja relevante para o bom andamento dos negócios deve ser ocultado. Ao mesmo tempo, o sigilo e a discrição deverão ser preservados em todos os âmbitos da organização.

O quadro em que se desenvolve a empresa (sua situação econômica, financeira, comercial e políticas administrativas) deve ser divulgado entre todos os interessados na sua atuação. Assim como a responsabilidade deve ser uma virtude assumida por cada integrante da empresa, cada pessoa tem um papel a cumprir e o seu desempenho terá influência sobre o desempenho dos demais. Todos e cada um são responsáveis por seus atos.

Com efeito, muitas pessoas passam grande parte do seu tempo nas empresas. É no convívio com os seus colegas de trabalho e com o público com o qual se relacionam em função deste trabalho que se processa o desenvolvimento pessoal e a realização profissional de cada um. A realidade do dia a dia é de uma riqueza incomensurável, por meio da qual a pessoa cresce, corrige os erros, tirando deles experiência, amadurece, descobre valores, exercita-se na prática desses valores.

Uma virtude, em essência, é um valor incorporado e moldado como ação.[15] As virtudes resultam de hábitos, e estes, da prática contínua dos mesmos atos. Quem adquire bons hábitos pelo exercício constante de boas práticas torna-se uma pessoa íntegra, virtuosa, e a prática das virtudes é fundamental e se encontra na base da boa Governança Corporativa.

Referências bibliográficas

AGUILAR, Francis J. *A ética nas empresas*. Trad. Ruy Jungmann. Rio de Janeiro: Jorge Zahar, 1996.

ARISTÓTELES. *Ética a Nicômaco*. São Paulo: Abril Cultural, 1973.

ARRUDA, Antonio. Conhecimento dos funcionários vale ouro. *Folha Equilíbrio*, São Paulo, 30 maio 2002.

ARRUDA, Maria Cecília Coutinho de; WHITAKER, Maria do Carmo; RAMOS, José Maria Rodriguez. *Fundamentos de ética empresarial e econômica*. 4. ed. São Paulo: Atlas, 2010.

BRANDÃO FILHO, Ewerton José de Castro; RIBEIRO DE ALMEIDA, Felipe; VITA, Fernando; SANTOS, Guilherme Moraes Farah. *Governança corporativa*: seus impactos no mercado acionário. 2001. TCC. FAAP, São Paulo.

CIFUENTES, Carlos Llano; ARREGUÍN, Héctor Zagal. *El rescate ético de la empresa y el mercado*. México: Trillas, 2001.

_____. *Dilemas éticos de la empresa contemporánea*. México: Fondo de Cultura Económica, 1998.

COSTA, John Dalla. *El imperativo ético*: por qué el liderazgo moral es un buen negocio. Tradução de Mario Aurelio Galmarini. Barcelona: Paidós, 1999.

ELEGIDO, Juan M. *Fundamentos de ética de empresa*: la perspectiva de un país en desarrollo. México: Sociedad Panamericana de Estudios Empresariales, 1998.

FERRELL, O. C.; FRAEDRICH, John; FERRELL, Linda. *Ética empresarial*: dilemas, tomadas de decisões e casos. Trad. da 4. ed. Americana por Ruy Jungmann. Rio de Janeiro: Reichmann & Affonso, 2001.

HUMBERG, Mario Ernesto. *Ética na política e na empresa*: 12 anos de reflexões. São Paulo: CLA, 2002.

ISAACS, David. *La educación de las virtudes humanas y su evaluación*. 13. ed. Navarra: EUNSA, 2000.

LODI, João Bosco. *Governança corporativa*: o governo da empresa e o conselho de administração. São Paulo: Campus, 2000.

---

[15] SOLOMON, Robert C. *A melhor maneira de fazer negócios*: como a integridade pessoal leva ao sucesso corporativo. Trad. Alípio Correa de Franca Neto. São Paulo: Negócio Editora 2000. p. 103.

MORRIS, Tom. *A nova alma do negócio*: como a filosofia pode melhorar a produtividade da sua empresa. Rio de Janeiro: Campus, 1998.

NASH, Laura L. *Ética nas empresas*: boas intenções à parte. São Paulo: Makron Books, 1993. Trad. de *Good intentions aside*. President and Fellows of Harvard College, 1990.

PAINE, Lynn Sharp. *Value shift:* why companies must merge social and financial imperatives to achieve superior performance. New York: McGraw-Hill, 2003.

SOLOMON, Robert C. *A melhor maneira de fazer negócios*: como a integridade pessoal leva ao sucesso corporativo. Trad. Alípio Correa de Franca Neto. São Paulo: Negócio Editora, 2000.

TOMÁS DE AQUINO. *La justicia:* comentários al Libro Quinto de la Ética a Nicómaco. Trad. e notas de Benito Raffo Magnasco. Buenos Aires: Cursos de Cultura Católica, 1946.

WHITAKER, Maria do Carmo. El sigilo en la empresa. n: *La ética en la gestión pública y privada*: fortalezas y debilidades. Memorias del IV Congreso Latinoamericano de Ética, Negocios y Economía. São Paulo: FGV-EAESP, 2001.

_____. RAMOS, José Maria Rodriguez. Ética e as linhas mestras do Código das Melhores Práticas de Governança Corporativa do IBGC – Instituto Brasileiro de Governança Corporativa. *Estratégica* (FAAP), v. 9 (08), p. 125-133, 2010.

Webgrafia

<www.ibgc.org.br>.

<http://estrategica.faap.br/ojs/index.php/estrategica/article/download/21/19>. Acesso em: 15 ago. 2016.

Programas de ética e *compliance* 5

As sociedades normalmente se regem por leis e costumes que asseguram a ordem na convivência entre os cidadãos.

Para estabelecer sua estratégia, uma empresa deve definir sua missão, sua visão e seus valores. A missão é a razão de ser da organização. A visão traduz a percepção de todos os integrantes da organização sobre aonde ela deseja chegar a médio e longo prazo. Os valores são bens sociais intangíveis que, se desenvolvidos conforme as convicções dos dirigentes da empresa, permitem que seja alcançada a missão.[1]

Cada organização estabelece um sistema de valores, explícito ou não, para que haja uma homogeneidade na forma de conduzir questões específicas e relativas a seus *stakeholders*, ou seja, todos os públicos que de forma direta ou indireta contribuem para o bom desempenho da empresa: acionistas ou proprietários, colaboradores, clientes, fornecedores e distribuidores, concorrentes, governantes e membros da comunidade em que está inserida a empresa.

Cultura ética empresarial

Cada pessoa, por sua formação familiar, religiosa, educacional e social, atua conforme determinados princípios. No dia a dia, os valores individuais podem coincidir ou conflitar com os valores da organização, que caracterizam a cultura empresarial. Dessa forma, é fundamental a existência de padrões e políticas uniformes para que os colaboradores possam saber, em qualquer circunstância, qual a conduta adequada e apropriada. O clima ético predominante na instituição deve acompanhar a filosofia e os princípios

---

[1] BALLVÉ, Alberto M.; DEBELJUH, Patricia. *Misión y valores*: la empresa en busca de su sentido. Buenos Aires: Gestión 2000, 2006.

definidos como básicos principalmente pelos acionistas, proprietários e diretores. Isso se materializa no *código de ética*, que nada mais é do que a declaração formal das expectativas da empresa quanto à conduta de seus executivos e demais colaboradores.

Se a consciência ética dos integrantes de uma organização, desde os altos executivos até o mais simples empregado, é um patrimônio dessa organização, há quem dispense a implantação de códigos de conduta, já que da atuação de cada um emergirá um ambiente ético.[2]

Os códigos de ética, também denominados códigos de conduta, não têm a pretensão de solucionar os dilemas éticos da organização, mas fornecer critérios ou diretrizes para que as pessoas encontrem formas éticas de se conduzir.

Programas de ética

Programas de ética são desenvolvidos por meio de um processo que envolve todos os integrantes da empresa e que passa pelas etapas de sensibilização, conscientização, motivação, capacitação e, finalmente, adoção de um código de conduta baseado em princípios e valores perenes. Cada organização deve contemplar em seu código situações e características próprias de suas operações, segundo o ramo de atuação. Essas diferenças podem ser vistas em publicações[3] e nos *websites* das respectivas empresas. Uma vez implantado o código de ética, deve ser desenvolvido um trabalho de acompanhamento e adequação às circunstâncias internas e externas da organização, fruto das contínuas mudanças inerentes ao desenrolar dos negócios.[4]

---

[2] WHITAKER, Maria do Carmo; SOUSA, Ricardo Noronha Inglez de. A conduta ética do empresariado brasileiro e os princípios propostos pelo The Conference Board. In: *Proceedings of II ISBEE World Congress – Latin America*. São Paulo: FGV-EAESP, 2000. p. 323.

[3] ARRUDA, Maria Cecilia Coutinho de. *Código de ética*: um instrumento que adiciona valor. São Paulo: Negócio Editora, 2002, p. 121 a 254. Disponível em: <www.eticaempresarial.com.br>.

[4] Note-se que as mudanças ocorrem nos acidentes, e não na substância. Os princípios e valores em que se fundamentam os códigos são reconhecidamente válidos a qualquer tempo e lugar, razão pela qual pautam a filosofia da empresa (substância). Coisa diversa são os costumes, que sofrem mutação ao longo do tempo e local (acidentes). Assim, a ética não é relativa. O que varia são as formas de viver os princípios éticos ou morais.

Quadro 5.1 Programa de ética.

Implantação de programa de ética nas organizações
• Liderança ética e comprometimento da alta administração.
• Declaração de valores e crenças.
• Elaboração e implantação de um código de ética.
• Criação de um comitê de ética.
• Treinamento em ética.
• Comunicação envolvendo a ética no trabalho.
• Auditoria em ética.
• A ética na avaliação de desempenho.
• Relatório sobre as violações éticas.

Os códigos de ética contemplam, normalmente, as relações dos colaboradores entre si e com os demais públicos da empresa, os *stakeholders*.

Da mesma forma que os códigos relativos às profissões, o código de ética das empresas deve ser regulamentador. Não deve necessariamente contemplar os ideais, a missão, a visão da empresa, embora se apoie neles, mas deve deixar claro o que é uma afirmação genérica e o que é uma afirmação de caráter regulamentador, à qual deve corresponder uma punição.

Alguns códigos de ética descem ao nível concreto dos problemas enfrentados pela organização, enquanto outros se limitam a fornecer diretrizes gerais, deixando questões pontuais para manuais de procedimentos das diversas áreas funcionais da empresa. Assim, enquanto alguns códigos de ética estabelecem que *é proibido presentear os fornecedores ou clientes,* outros vão ao pormenor: *não devem ser oferecidos presentes acima de determinado valor monetário.*

Os principais tópicos abordados na maioria dos códigos são: conflitos de interesse, conduta ilegal, segurança dos ativos da empresa, honestidade nas comunicações dos negócios da empresa, denúncias, suborno, entretenimento e viagem, propriedade de informação, contratos governamentais, responsabilidades de cada *stakeholder*, assédio profissional, assédio sexual, uso de drogas e álcool.

Vantagens e desvantagens da adoção do código de ética

O código de ética, além de possibilitar um trabalho harmonioso, deve servir também como proteção dos interesses públicos e dos profissionais que contribuem de alguma forma para a organização, os *stakeholders*. Por essa razão, diz-se que deve ser específico, factível, passível de avaliação. A liberdade de adesão provém da convicção das pessoas, o que gera uma disposição positiva, bem-humorada e agradável de vivenciar todos os seus itens. Um código de ética exposto em local de honra de uma empresa não serve para nada, se não for refletido na vida de cada pessoa que ali trabalha. É preferível não adotá-lo. Aliás, importa denunciar o mal que poderá provocar uma empresa cujos empregados, colaboradores, acionistas transmitam a imagem de que a empresa é ética pelo simples fato de ter um código de ética e, na prática, essas mesmas pessoas não o vivenciam, ou até mesmo adotam posturas antiéticas. Eis a grande desvantagem do código de ética.

Consideradas as vantagens e desvantagens da adoção do código de ética, e feita a opção por ele, é de suma importância que em sua elaboração intervenha o maior número possível de pessoas, desde a alta administração até o mais simples funcionário braçal, para assegurar que será *tailor-made*, isto é, atenderá às necessidades e peculiaridades da empresa. Murphy estudou 80 códigos, que compilou em um livro[5] em que mostra que o código resulta do clima ético de cada organização, que se retrata nas aspirações de seus elaboradores.

Quadro 5.2 Vantagens e desvantagens de se adotar um código de ética.

Vantagens	Desvantagens
Fornecer critérios ou diretrizes para que as pessoas descubram formas éticas de se conduzir.	Implantar um código de ética encomendado e engavetado.
Garantir igualdade na forma de encaminhar questões específicas.	
Estimular comprometimento de todos os colaboradores.	Atribuir ao código de ética "efeito pacote", no sentido de apenas cumprir exigências formais para operar no mercado.
Aumentar a integração entre os colaboradores da empresa.	
Proteger interesses públicos e de profissionais que contribuem para a organização.	Ocorrerem inconsistência e incoerência entre o que está disposto no código de ética e o que se vive na organização.
Agregar valor à imagem da empresa.	

---

[5] MURPHY, Patrick E. *Eighty exemplary ethics statements*. Notre Dame, Indiana: University of Notre Dame Press, 1998.

Algumas organizações enfatizam em seus códigos questões já constantes na legislação do país em que operam, sendo certo que seu descumprimento implicaria punições já previstas pelas leis. Outras empresas partem do princípio de que as leis devem ser conhecidas e cumpridas por todos os cidadãos, de modo que não deveriam constar novamente dos códigos. No Brasil, as leis estimulam a adoção de princípios éticos. Na realidade, a empresa ética acaba por consolidar sua imagem no mercado e deixa um lastro decorrente do cumprimento de sua missão e de seus compromissos. A conduta ética dessas empresas é o reflexo da conduta de seus profissionais. Tal conduta não se limita ao mero cumprimento da legislação, mesmo porque pode haver leis que sejam antiéticas ou imorais.

Comitê de ética

Uma vez que a organização adota um código de ética, é importante estabelecer um comitê de ética de alta qualidade, geralmente formado por um número ímpar de integrantes provenientes de diversos departamentos, todos reconhecidos como pessoas íntegras, por seus colegas. O comitê pode ser útil como instrumento de aconselhamento ou de tomada de decisão, podendo, também, investigar e solucionar casos, à medida que surgem dentro da empresa. O comitê garante que as soluções apontadas são fruto de opiniões de pessoas idôneas com diferentes formações e experiências, e que, em conjunto, analisaram com profundidade e sob diferentes perspectivas o problema colocado. Cabe ao comitê de ética delinear uma política a ser adotada e modernizar o código de conduta de tempos em tempos, acompanhando as mudanças e atendendo às necessidades dos *stakeholders*.

A maturidade dos membros do comitê não se prende tanto à idade cronológica de seus componentes, mas à disposição reta, compreensiva e exigente, muitas vezes resultante de formação específica para assumir uma função de tal responsabilidade. Entre os membros do comitê de ética, a tônica de toda troca de informações e das discussões provenientes do estudo de cada caso ou situação deve ser positiva e construtiva. O nível de exigência dentro do comitê deve ser o mais elevado possível, no sentido de não se rotularem pessoas, situações ou casos, o que muitas vezes causa irreparáveis prejuízos.

A autoridade conferida ao comitê de ética deve ser assegurada pela figura do vice-presidente, ou do próprio presidente da organização, que costuma dirigi-lo, revelando a importância da ética para a organização. Os membros do comitê de ética devem ter plena consciência de que, por trás das questões ou condutas analisadas, estão pessoas normais, com sentimentos, que têm compromissos familiares, profissionais ou econômicos e, apesar de suas fraquezas e dificuldades, são dotadas de valores e merecem total respeito. O que se critica é o erro de conduta, e não a pessoa, que tem o direito de se retratar. Devem ser avaliadas a gravidade da infração ética, a intenção (que é muito difícil julgar) e as circunstâncias e consequências provocadas. O comitê não pode perder de vista que são os valores e princípios que norteiam seus critérios, e não apenas a frieza das normas impressas em um documento.

Para acesso ao comitê de ética, em geral as empresas oferecem uma linha direta de telefone e *e-mail* para receber comunicações, anônimas ou identificadas, dos colaboradores, que apresentam questões que julgam importante serem analisadas, do ponto de vista da ética. O sigilo das comunicações é um ponto fundamental para o incentivo à participação dos interessados.

Gestor da ética

Muitas empresas nomeiam um *profissional de ética*, ligado diretamente à Diretoria da empresa, o que lhe confere independência de ação, para em dedicação exclusiva ou parcial coordenar os programas de ética, inclusive do comitê. O profissional deve estar alinhado com as políticas da empresa – missão, visão, valores – e ter capacidade de conquistar a confiança dos membros do comitê e dos demais colaboradores. Sua principal tarefa é manter vivo e atualizado o código de ética e promover os meios necessários para a formação contínua de todos os colaboradores da empresa neste campo específico. O caminho mais curto para que a ética passe da teoria à prática é fazer com que qualquer funcionário sinta que tem crédito, que suas opiniões não são apenas ouvidas, mas também valorizadas e aplicadas sempre que conveniente. Assim, o componente de confiabilidade gerado envolve todos os integrantes da empresa.

Importa que os executivos sejam bem formados, que os profissionais sejam treinados, pois o cerne da questão está na formação pessoal. Caso contrário, a implantação de códigos de ética ou de conduta será inócua.

Um programa de treinamento em ética predispõe a uma conduta ética e alcança melhores resultados em função de uma experiência em treinamento interativo, conseguido com análises de casos e discussão de situações relevantes aos participantes e suas áreas funcionais. A orientação de novos colaboradores, os programas de desenvolvimento gerencial e de supervisores e os de educação ética em geral podem ser esquematizados. Isso ajudará a desenvolver as habilidades de raciocínio crítico necessárias à resolução de difíceis dilemas éticos na organização.

Conformidade ou *compliance*

A empresa necessita desenvolver-se de tal forma que a ética, a conduta ética, os valores e convicções primários da organização tornem-se parte da cultura da empresa. Para que se mantenha o alto nível do clima ético, resultante do esforço de cada *stakeholder*, pode ser útil implementar um sistema de monitoramento e controle dos ambientes interno e externo da organização, para detectar pontos que podem vir a causar uma conduta antiética. Esse sistema, denominado por alguns *auditoria ética*, e por outros conformidade ou *compliance*, visa ao cumprimento do programa de ética, das normas legais e do código de conduta, certificando que houve aplicação das políticas específicas, sua compreensão e clareza por parte de todos os colaboradores. Esse trabalho de acompanhamento pode servir como subsídio para o comitê de ética e o treinamento em ética.

Neste sentido, a Lei nº 12.846/2013, conhecida por "Lei Anticorrupção", regulamentada pelo Decreto nº 8.420/2015, trata, entre outros assuntos, da responsabilização administrativa e civil de pessoas jurídicas, no seu relacionamento com a administração pública, nacional ou estrangeira. Essa lei incentiva as empresas a desenvolverem sólidos programas de ética, por considerar positiva "a existência de mecanismos e procedimentos internos de integridade, auditoria e incentivo à denúncia de irregularidades e a aplicação efetiva de códigos de ética e de conduta no âmbito da pessoa jurídica" (art. 7º, VIII, da Lei).

A conduta ética gera uma visão de perspectiva que provoca um natural desejo de antecipar-se, de ter iniciativas para atender às necessidades da empresa e das pessoas que nela convivem, como fruto de sua sensibilidade ética.

Referências bibliográficas

ARRUDA, Maria Cecilia Coutinho de. *Código de ética*: um instrumento que adiciona valor. São Paulo: Negócio Editora, 2002.

BALLVÉ, Alberto M.; DEBELJUH, Patricia. *Misión y valores*: la empresa en busca de su sentido. Buenos Aires: Gestión 2000, 2006.

BOATRIGHT, John R. *Ethics and the conduct of business*. Englewood Cliffs: Prentice Hall, 1993.

COIMBRA, Marcelo de Aguiar; MANZI, Vanessa Alessi. Manual de *compliance*: preservando a boa governança e a integridade das organizações. São Paulo: Atlas, 2010.

DE GEORGE, Richard T. *Business ethics*. 4. ed. Englewood Cliffs: Prentice Hall, 1995.

FERRELL, O. C.; FRAEDRICH, John; FERRELL, Linda. *Business ethics*: ethical decision making and cases. Boston: Houghton Mifflin, 2000.

LOZANO, Josep M. *Ética y empresa*. Madri: Trotta, 1999.

MARCUS, Alfred; KAISER, Sheryl. *Managing beyond compliance*: the ethical and legal dimensions of social corporate responsibility. Garfield Heights, OH: North Coast Publishers, 2006.

MOREIRA, Joaquim Manhães. *A ética empresarial no Brasil*. São Paulo: Pioneira, 1999.

MURPHY, Patrick E. *Eighty exemplary ethics statements*. Notre Dame, Indiana: University of Notre Dame Press, 1998.

PROCEEDINGS of II ISBEE World Congress. Latin America. São Paulo: FGV-EAESP, 2000.

THE ETHICS AND COMPLIANCE HANDBOOK: a practical guide from leading organizations. Berryville, VA: The Ethics and Compliance Officer Association Foundation, 2008.

WHITAKER, Maria do Carmo; SOUSA, Ricardo Noronha Inglez de. A conduta ética do empresariado brasileiro e os princípios propostos pelo The Conference Board. In: *Proceedings of II ISBEE World Congress*. Latin America. São Paulo: FGV-EAESP, 2000.

Webgrafia

<www.eticaempresarial.com.br>.

Ética da virtude e liderança

6

A maior parte dos teóricos anglo-saxões acredita que normas de comportamento estabelecidas em guias de conduta ou códigos de ética implantados nas empresas são importantes porque, entre outras razões, a ética é rentável, por favorecer a consolidação de uma imagem de empresa séria e responsável.

Em contrapartida, muitos autores latinos procuram enfatizar as pessoas, e não as regras, como foco da ética. Para esses autores, as organizações, assim como a economia, podem ser consideradas éticas, se os colaboradores que as compuserem, e seus executivos, forem pessoas que tentam viver de modo total a integridade das virtudes morais.

No Brasil, parece que os dois enfoques são necessários e urgentes. A ética, tanto no nível pessoal como no organizacional, ou no macro, está por impor-se. Há ainda muito por fazer, até que se atinja o nível ideal.

A empresa é constituída de seres humanos que, presume-se, buscam o bem como ideal, como fim, emanando daí a dignidade de cada pessoa. O meio para alcançar esse fim são as virtudes. Pela ética realista, que é uma ética de fins e meios, a empresa só poderá ser ética se as pessoas que a constituam forem pessoas virtuosas.

A excelência, termo de mais fácil aceitação no mercado, não pode ser conquistada pelas organizações sem o fundamento da ética empresarial. Esta, por sua vez, apoia-se no esforço de cada *stakeholder*, no sentido de manter e elevar os padrões morais de comportamento da instituição, e de toda uma sociedade que sabe valorizar a excelência.

Ética da virtude

A ética associada à excelência é mais uma tentativa de aglutinação das virtudes de cooperação e integridade. Aristóteles já acenava com a possibilidade de reunir essas duas virtudes: uma empresa boa, bem-sucedida, harmoniosa e estável, integrada por pessoas boas, satisfeitas, seguras e felizes, emerge de um trabalho conjunto de cooperação e integridade.[1]

Virtudes são qualidades que capacitam as pessoas para agir bem. Sem coação, exercitando sua liberdade, a pessoa virtuosa sempre procura escolher o que é bom, certo, correto.[2]

As virtudes e os vícios caracterizam as pessoas. As virtudes pressupõem valores que auxiliam a pessoa a alcançar a sua plenitude. Virtudes são valores transformados em ações.[3] Como o modo de agir é uma consequência do modo de ser, a pessoa que se exercita nas virtudes e tem uma unidade de vida deixa transparecer em sua atuação profissional os valores que cultiva em sua vida pessoal.

As virtudes são essencialmente hábitos bons que, para florescer, devem ser praticados. As organizações têm a responsabilidade de promover, incentivar e encorajar o comportamento ético. Caso seus colaboradores não tragam a ética do berço, deverão aprender na organização como cultivar as virtudes, engajando-se nas atividades de treinamento adequadas para este fim, além de se comprometerem a seguir o sistema de valores da empresa.

A ética da virtude ensina que o exercício contínuo de bons hábitos conduz à aquisição da virtude, mesmo que seja árduo o caminho para conquistá-la. Da mesma forma, o atleta que almeja atingir recordes necessita treinar inúmeras vezes, e por longo tempo, antes de alcançar seu intento.

Na empresa, as pessoas conscientes desse esforço ético têm maior probabilidade de tomar decisões corretas, sendo certo que, ao tomá-las, estarão crescendo na virtude almejada. Decorre daí ser a ética uma ciência também prática, e as virtudes, o resultado de ações repetidas no intuito de solucionar os dilemas.

Para Aristóteles,[4] "a virtude é a disposição que resulta dos melhores movimentos da alma, e é também a fonte das melhores ações e paixões da alma". Tem alguns aspectos agradáveis e outros penosos. É como na saúde: para melhorar ou curar uma pessoa (agradável), é preciso dar-lhe remédios ou submetê-la a tratamentos (dolorosos) que parecem ser prejudiciais, mas agem por seu efeito contrário.

---

[1] SOLOMON, Robert C. *Ethics and excellence*: cooperation and integrity in business. New York: Oxford University Press, 1992. p. 20.
[2] TERMES, Rafael. Actividad financiera y virtudes personales. In: MELÉ CARNÉ, Domènec (Coord.). *Ética en la actividad financiera*. Barañáin: Ediciones Universidad de Navarra, 1998. p. 107-119.
[3] SOLOMON, Robert C. *A melhor maneira de fazer negócios*: como a integridade pessoal leva ao sucesso corporativo. São Paulo: Negócio, 2000. p. 19-20.
[4] ARISTÓTELES. *Ética eudemia*. Livro II, 1220a.

Ética e caráter

A virtude ética diz respeito ao caráter.[5] Assim, à medida que cresce o hábito de praticar ações boas, o caráter da pessoa torna-se mais enriquecido, e ela, mais virtuosa. Embora não tivesse se referido às organizações, Aristóteles elencou inúmeras virtudes muito importantes para o administrador: prudência, justiça, moderação, liberalidade, ambição, sabedoria, amizade.[6]

Solomon, ao analisar a ética da virtude,[7] considera que as empresas que possuem culturas fortes costumam prezar virtudes como a fidelidade, justiça e o sentido de *pertencer a algo*, popularmente, *vestir a camisa*, que promove a lealdade. Construir uma cultura empresarial ética leva tempo, pois pressupõe um processo de repetição e renovação. A cultura segue regras e rituais que vão desde aspectos superficiais, como a forma de vestir ou falar, até traços mais profundos, como os valores e crenças fundamentais. Pela cultura, essas regras e valores mantêm a organização unida.

Uma cultura empresarial é ética por seus valores, pelas pessoas virtuosas que integram a organização e pelos produtos e serviços oferecidos à sociedade. Os valores incorporados pelos executivos, gerentes e colaboradores devem ser vividos, dentro das atribuições de cada um, e acabam tornando-se próprios dessas pessoas, como sua segunda natureza. O hábito de agir conscientemente, em conformidade com os valores da cultura, indica as virtudes de cada membro da empresa.

O *Catálogo das Virtudes nos Negócios* tem o mérito de apresentar de forma direta, clara e objetiva, para cada uma das 45 virtudes importantes para os negócios, o respectivo contexto, ponto principal, mito, utilidade para a própria pessoa e para os demais, e também o excesso, a deficiência e questões práticas a serem examinadas.[8]

A ética da virtude é perene. Com efeito, acabou-se de constatar que Aristóteles, que viveu de 384 a 322 a. C., já mencionava as virtudes que mais de dois milênios após estão sendo reverenciadas pelos autores modernos e aplicadas nas organizações (Quadro 6.1).

---

[5] Em grego, *êthos*, caráter, procede de *éthos*, hábito.
[6] ARISTÓTELES. *Ética a Nicômaco*. São Paulo: Abril Cultural, 1973. Livros II, IV a VI.
[7] SOLOMON. *A melhor...* Op. cit. p. 85-90.
[8] Idem. Parte III. p. 109-164.

Quadro 6.1 Ética das virtudes em mais de dois milênios.

Aristóteles (384-322 a.c.)	Solomon (1999)
Amizade	Aceitação
Agudeza	Amabilidade
Ambição	Ambição
Amabilidade	Atenção
Audácia	Autonomia
Arte	Carisma
Bom entendimento	Compaixão
Equidade	Competitividade
Intelecto	Confiança
Justiça	Cooperação
Liberalidade	Coragem
Magnanimidade	Credibilidade
Magnificência	Criatividade
Mansidão	Cuidado
Prudência	Dedicação
Pudor e vergonha	Determinação
Responsabilidade	Eloquência
Sabedoria	Espírito
Sinceridade	Espírito empreendedor
Valentia	Espiritualidade
Veracidade	Estilo
	Firmeza
	Generosidade
	Graça
	Gratidão
	Habilidade
	Heroísmo
	Honestidade
	Honradez
	Humildade
	Humor
	Imparcialidade
	Independência
	Integridade
	Justiça
	Lealdade
	Orgulho
	Paixão
	Prudência
	Responsabilidade
	Santidade
	Satisfação
	Serenidade
	Tolerância
	Vergonha

Fonte: ARISTÓTELES. *Ética eudemia*. Madrid: Gredos, 1995.

Sendo o hábito um exercício contínuo, deve ser praticado com moderação, já que seu excesso ou a falta de sua prática pode transformá-lo em vício. É no meio que se encontra a virtude. O Quadro 6.2 reproduz o estudo de Aristóteles, que salienta não se tratar de enumeração completa e sistemática das virtudes.

Quadro 6.2 Virtude, excesso e falta (Aristóteles).

Falta de virtude	Virtude	Excesso
Irascibilidade	Mansidão	Indolência
Temeridade	Virilidade	Covardia
Desvergonha	Pudor	Timidez
Intemperança	Moderação	Insensibilidade
Inveja	(Justa) Indignação	(sem nome)
Ganância	Justiça	Perda
Prodigalidade	Liberalidade	Tacanhice
Jactância	Sinceridade	Dissimulação
Adulação	Amabilidade	Aspereza
Servilismo/Obsequiosidade	Dignidade	Antipatia
Frouxidão	Firmeza	Padecimento
Vaidade	Magnanimidade	Pusilanimidade
Ostentação	Magnificência	Mesquinhez
Malícia	Prudência	Simpleza

Fonte: ARISTÓTELES. *Ética eudemia*. Livro II, 1221a.

As virtudes dos integrantes de uma organização definem seu clima ético, componente fundamental da cultura empresarial. Os *stakeholders* acabam por solidificar sua confiança na empresa, pela percepção que têm de sua cultura. Eles esperam encontrar, por exemplo, muita dedicação aos clientes, cooperação com a comunidade, respeito às pessoas, trabalho em equipe, espírito empreendedor e integridade nos profissionais de todos os níveis hierárquicos.

Analogamente, o Quadro 6.3 foi elaborado com base nos dados contidos no estudo de Solomon.

Quadro 6.3 Virtude, excesso e falta (Solomon).

Falta de virtude	Virtude	Excesso
Frustração contínua	Aceitação	Fácil desistência
Indiferença	Amabilidade	Intromissão
Apatia	Ambição	Ambição desmedida
Leviandade	Atenção	Atitude compulsiva
Falta de autenticidade	Autonomia	Rebeldia, hipocrisia
Ineficácia	Carisma	Fascismo, cultismo
Crueldade, insensibilidade	Compaixão	Sentimentalismo, pieguice
Ineficácia (ser perdedor)	Competitividade	Pouco espírito esportivo
Desconfiança	Confiança	Confiança cega e tola
Criação de obstáculos mútuos	Cooperação	Falta de autonomia
Covardia	Coragem	Impetuosidade
Falta de credibilidade	Credibilidade	(Não existe)
Estagnação	Criatividade	Fantasia excessiva
Insensibilidade	Cuidado	Paternalismo
"Só faço o meu trabalho"	Dedicação	Fanatismo
Resignação fácil	Determinação	Obstinação, teimosia
Indefinição	Eloquência	Pretensão, falar demais
Vulgaridade	Espírito (Espiritualidade)	Hipocrisia, preconceito
Falta de criatividade, visão	Espírito empreendedor	Atrevimento
Levar tudo muito a sério	Espirituosidade	Nenhum senso de seriedade
Desmazelo	Estilo	Afetação, narcisismo
Fraqueza, passividade	Firmeza	Crueldade, obstinação
Avareza	Generosidade	Distribuir o estoque
Grosseria, arrogância	Graça	Artificialismo, meticulosidade
(Ver humildade)	Gratidão	(Ver humildade)
Incompetência	Habilidade	Arrogância
Precaução excessiva	Heroísmo	Imprudência
Mentira	Honestidade	Falar a verdade inoportunamente
Falta de escrúpulo	Honradez	Esnobismo, obstinação
Arrogância, atrevimento	Humildade	Autoflagelo, humilhação
Nenhum senso de humor	Humor	Falta de seriedade
Favoritismo	Imparcialidade	Insistir (erradamente) na igualdade
Seguir o rebanho	Independência	Destruição organizacional
Falta de virtude essencial	Integridade	(Não existe)
Injustiça	Justiça	Impossibilidade de compadecer
Traição, insídia	Lealdade	Fanatismo
(Ver honradez)	Orgulho	(Ver honradez)
Apatia, indiferença	Paixão	Insanidade, inconveniência
Imprudência, impulsividade	Prudência	Timidez, compulsividade
Assumir poucas coisas	Responsabilidade	Assumir coisas demais
Defeitos e vícios	Santidade	Não ser deste mundo
Insatisfação	Satisfação	Complacência, preguiça
Descontrole	Serenidade	Insensibilidade, frieza
Mediocridade, hostilidade	Tolerância	Falta de agudeza crítica
Falta de vergonha, escrúpulo	Vergonha	Culpa patológica

Fonte: SOLOMON, R. *A melhor...* Op. cit.

Nada disso pode ser alcançado, é claro, sem o contínuo esforço de *fazer bem* todas as coisas, de atuar bem, no pequeno e no grande, sempre. Como resultado, a empresa passa a ser vista como uma instituição ética, íntegra, de valor. É a chave para sua sobrevivência.

Liderança ética

Algumas pessoas exercem influência ética sobre outras, orientam sua conduta, são capazes de conduzi-las. São os líderes.

Ao dirigir pessoas em uma organização, a liderança revela-se importante e, até mesmo, necessária, para amalgamar vontades e conseguir que se alcancem metas comuns.

Para que a liderança se exerça com ética, é preciso conhecer bem as pessoas a serem lideradas, saber onde se quer chegar, de que modo, com que fins e objetivos. Seguro de que tudo isso é bom, certo e correto, resta ainda uma atitude que exige extremada prudência: a intervenção quando conveniente.

O líder ético faz que seus seguidores o sigam com liberdade e bom senso, e não por medo. Dada a fragilidade da natureza humana, quando uma pessoa que o segue manifesta um defeito que prejudique sua própria personalidade, impedindo até mesmo de alcançar as metas da organização, espera-se do líder uma intervenção. Com muita habilidade, sem um mínimo de despotismo, o líder deve interferir sem insistência nem omissão, na medida justa. É uma arte – a de tratar as pessoas – e uma técnica que implica contínuos conhecimentos profissionais.

Uma primeira abordagem ética explica a liderança como o esforço por conjugar a razão e o sentimento visando ao bem e à justiça. Conseguir que outros o sigam apenas faz sentido se a direção indicada for para o bem. Líderes houve e há, no mundo moderno: Gandhi, Getúlio Vargas, Hitler, Mandela, Papa Francisco, Roosevelt, São João Paulo II, entre outros. Resta avaliar se seus seguidores eram levados a buscar o verdadeiro bem, com intenção reta e em circunstâncias certas. Se esses três critérios forem bons, o líder pode ser considerado ético.

Deduz-se que o bom líder vê sua atuação como um serviço, algo que ajude e melhore os demais seres humanos. Para isso, deve pôr em ação virtudes e valores.

Importância da ética para a liderança empresarial

No início do século XXI, três razões pragmáticas são apontadas para que a liderança empresarial seja ética.[9]

---

[9] CIULLA, Joanne. Por que la ética es importante en el liderazgo empresarial? In: MELÉ CARNÉ, Domènec (Coord.). *Raíces éticas del liderazgo*. Barañáin: Ediciones Universidad de Navarra, 2000. p. 42-43.

Em primeiro lugar, porque os líderes necessitam conquistar a boa vontade dos colaboradores, de modo que eles ponham seus talentos a serviço dos objetivos da empresa. Para isso, os funcionários devem ser tratados com respeito.

Segundo, os trabalhadores atualmente possuem mais conhecimentos, detêm mais informação e poder. A ética do líder, nesse sentido, influencia diretamente, e muito, a ética dos colaboradores.

Uma terceira razão é que a sociedade em geral não aceita mais o uso coercitivo ou manipulador do poder, de forma que as pessoas não respeitam os líderes, ou não confiam neles apenas por seu cargo ou função, mas pelo poder exercido com dignidade e responsabilidade. Com isso, os seguidores aderem ao líder com voluntariedade. Nota-se que a questão ética centra-se primordialmente no poder dos líderes.

Se o poder é a chave da questão ética, duas vertentes podem ser mencionadas: a ética dos diretores (líderes com poder) e o sentido de serviço dos líderes.

Ética dos diretores

A ética do comportamento dos diretores é fundamental, pois eles são exemplos para os demais colaboradores da organização. Sua conduta e estilo tendem a ser copiados, servem de referência e solidificam a cultura da organização.

Os objetivos da empresa normalmente implicam desafios, de modo que o estilo dos diretores pode ensinar aos colaboradores o sentido de compromisso assumido e o empenho para cumpri-lo.[10]

A imagem ética dos diretores molda-se na mente dos colaboradores por aquilo que é visível: sua forma de falar, de ponderar com objetividade, profissionalismo e respeito às pessoas, de decidir, de relacionar-se sempre com boas maneiras e transparência.

Ninguém gosta de estar sendo observado. Naturalmente, porém, isso ocorre com a alta administração de uma empresa. É mais fácil que os colaboradores aprendam algo ao ver os diretores *fazendo* do que se, muitas vezes, a mesma conduta fosse ensinada com palavras. Isso aumenta, de certa forma, a responsabilidade dos membros da diretoria da organização.

---

[10] JIMÉNEZ, Alfonso. Etica y gestión de personas. In: MELÉ CARNÉ, Domènec (Coord.). Op. cit. p. 345-346.

Liderança como serviço

As grandes mudanças que o avanço tecnológico, as comunicações, a globalização e outros fenômenos vêm acarretando com certeza têm impacto negativo, numa perspectiva ética, sobre o trabalho, a economia e as empresas. Como parte integrante desse processo, as pessoas não estão à margem do turbilhão de ideias, conceitos e movimentos novos que aparecem com intensidade a sua volta. Seu interesse pela informação, por conhecer e saber é o mais válido possível. Apenas a rapidez com que as novidades surgem talvez não esteja possibilitando às pessoas considerar a implicação ética ou moral de cada nova ideia ou conceito.

Um risco dessa avalanche é que, por trás de ideias novas, um sem-número de filosofias e ideologias vão sendo absorvidas sem tempo suficiente para a necessária meditação. Como consequência, nota-se um número cada vez maior de pessoas com ideias relativistas admitindo que a ciência busca verdades, porém excluindo e considerando não científica a questão da própria verdade. É nesse aspecto que se torna assustador verificar a perda do sentido de consciência, quando as certezas objetivas que sempre norteavam tais pessoas deram lugar a um caráter subjetivo, em que o próprio eu se torna absoluto no domínio das coisas, sempre visando ao proveito próprio, sem admitir qualquer instância superior.[11]

Dentro desse *caos* intelectual e moral em que muitas comunidades vivem e em que estão inseridas as organizações, um líder ou diretor de empresa, quando se senta à mesa de trabalho, se não possuir um caráter muito bem formado, tenderá facilmente à racionalidade dos pressupostos mecanicistas vigentes no mercado. O surgimento de alguns líderes globais, como os que fomentam o sentido internacional de responsabilidade social,[12] vem acordar os diretores de empresa para aquilo que está a seu alcance realizar.

O empresário líder, ciente da realidade do mundo, dispõe-se a modificar o rumo daquilo que muitos consideram imutável, motivando seus colaboradores a segui-lo, incentivando outros líderes – empresários ou diretores – a tomar decisões visando ao bem comum, mostrando-se mais flexível e menos doutrinário. Pôr em jogo os valores mais importantes do homem – a liberdade e o amor – a *serviço* do bem faz entender o novo conceito de *liderança como serviço*, apregoado por Greenleaf.[13]

Na liderança como serviço, é fundamental respeitar e querer bem aos demais, servindo-os, ajudando-os e procurando que melhorem em seu trabalho. O líder diretor pas-

---

[11] SENDAGORTA, Enrique. Hablar de liderazgo es hablar de servicio. In: MELÉ CARNÉ, Domènec (Coord.). Op. cit. p. 233-234.
[12] KISSINGER, Henri. Crecimiento económico e imaginación política. *ABC*, Madri, 2 jan. 2000. p. 61.
[13] GREENLEAF, Robert K. *Servant leadership*. Mahwah: Paulist, 1977.

sa a enxergar o sentido de serviço como único caminho para seu bom relacionamento com colaboradores, clientes, fornecedores, governo e o público em geral. Se essa mentalidade for sincera e profunda, o líder logo será visto como alguém que trabalha pelo bem comum, e não com finalidade de auferir benefícios ou vantagens para si próprio.

O líder que trabalha pelo bem de todos, que faz com que os outros se desenvolvam humanamente e que procura fazer as coisas bem conquista a confiança de seus seguidores. Só assim conseguirá liderar, intuir, antecipar, persuadir e mover seus liderados a colaborar com ele para alcançar os objetivos da organização. A capacidade e a atitude de serviço do líder fomenta em seus seguidores o desenvolvimento do apreço à verdade e de virtudes como a justiça e amor ao bem. Quando os liderados compreenderem sua capacidade de serviço, o líder terá iniciado sua tarefa de formar novos líderes.

Ética e teorias de liderança[14]

Já em 1938, Chesner Barnard ressaltava a importância da qualidade ética dos dirigentes de empresas, para que a liderança fosse eficaz.[15] Esse enfoque caiu em desuso e há poucos anos vem sendo recuperado, sob o nome de ética na liderança.

Na década de 1940, a psicologia e a sociologia começaram a oferecer contribuições eficazes à ética empresarial, enfatizando o papel e a capacidade do líder para fazer a empresa – com seus *stakeholders* – adaptar-se ao meio ambiente. Os instrumentos teóricos e práticos das ciências humanas tornaram-se disponíveis aos líderes para que, com ética, fossem usados para alimentar os diferentes interesses de pessoas e grupos, orientando-os para os objetivos da organização.[16]

Ao lado do instrumental científico e da experiência acumulada nas organizações, o próprio conceito de liderança sofreu mudanças ao longo da segunda metade do século XX. A nova relação de influência, na qual o líder e o seguidor exercem influência mútua, de forma dinâmica, corresponde à motivação do seguidor, fazendo com que o resultado de seus esforços seja maior do que se não houvesse bom relacionamento com o líder.[17] Daí a importância de o líder entender e praticar modelos de comportamento e valores que estimulem seus seguidores, sempre no sentido de criar e reforçar a atitude de busca de maior resultado.

---

[14] VÉLAZ, J. Ignacio. La ética en las teorías del liderazgo: la contribución de Pérez López. In: MELÉ CARNÉ, Domènec (Coord.). Op. cit. p. 123-145.

[15] BARNARD, Chesner I. *The functions of the executive*. Edição de 30º aniversário. Cambridge, MA: Harvard Business University Press, 1968.

[16] CHINCHILLA, Maria Nuria; CAPARAS Maria Victoria. Las teorías institucional y antropológica del liderazgo: salvando un vacío de 40 años. In: MELÉ CARNÉ, Domènec (Coord.). Op. cit. p. 147-161.

[17] CARDONA, Pablo. Liderazgo relacional. In: MELÉ CARNÉ, Domènec (Coord.). Op cit. p. 163-177.

Aristóteles já observava que a ação humana tem uma vertente técnica, que a orienta para os resultados – eficácia –, e outra que lhe atribui valor – ética. Ponto fundamental para que a liderança se exerça eficazmente é a preocupação com a motivação dos liderados. Cada um deve ter consciência do sentido que dá à sua vida e às suas ações. Isto ajudará a pessoa a trabalhar para a empresa, e não contra ela.

Além de eficaz e ético, espera-se que líder das organizações do século XXI seja visionário. É imprescindível uma visão de futuro, de planejamento, parcerias e solidariedade, na busca de negócios sustentáveis.

Referências bibliográficas

ARISTÓTELES. *Ética nicomaquea*. *Ética eudemia*. Madrid: Gredos, 1995.

BARNARD, Chesner I. *The functions of the executive*. Edição de 30º aniversário. Cambridge: Harvard Business University Press, 1968.

BENNETT, Mark D.; GIBSON, Joan McIver. A field guide to good decisions: values in action. Westport, CT: Praeger, 2006.

BENNIS, Warren. Cambio y liderazgo: una vida inventada. Bilbao: Deusto, 1993.

CARDONA, Pablo. Liderazgo relacional. In: MELÉ CARNÉ, Domènec (Coord.). *Raíces éticas del liderazgo*. Barañáin: Ediciones Universidad de Navarra, 2000.

CHINCHILLA, Maria Nuria; CAPARAS, Maria Victoria. Las teorías institucional y antropológica del liderazgo: salvando un vacío de 40 años. In: MELÉ CARNÉ, Domènec (Coord.). *Raíces éticas del liderazgo*. Barañáin: Ediciones Universidad de Navarra, 2000.

CIULLA, Joanne. *Ethics*: the heart of leadership. Westport, CN, USA: Praeger, 2004.

_____. Information and the ethics of business leaders. In: ENDERLE, Georges (Ed.). *International business ethics*: challenges and approaches. Notre Dame, Indiana: University of Notre Dame Press, 1999.

_____. Por que la ética es importante en el liderazgo empresarial? In: MELÉ CARNÉ, Domènec (Coord.). *Raíces éticas del liderazgo*. Barañáin: Ediciones Universidad de Navarra, 2000.

_____. *The ethics of leadership*. Toronto: Thomson-Wadsworth, 2003.

COVEY, Stephen R. *El liderazgo centrado en principios*. Barcelona: Paidós, 1993.

DRUMMOND, Virginia Souza. *Confiança e liderança nas organizações*. São Paulo: Thomson Learning, 2007.

ENDERLE, Georges; MURPHY, Patrick E. *Ethical innovation in business and the economy*. Glos, UK: Edward Elgar, 2015.

FERRELL, O. C.; FRAEDRICH, John; FERRELL, Linda. *Business ethics*: ethical decision making and cases. Boston: Houghton Mifflin, 2000.

GANDHI, Mohandas K. *Autobiografia*: minha vida e minhas experiências com a verdade. São Paulo: Palas Athena, 1999.

GREENLEAF, Robert K. *Servant leadership*. Mahwah: Paulist, 1977.

GROVE, Andrew S. *Las relaciones interpersonales en el trabajo*: cómo mejorarlas y cómo superar las diferencias. Bilbao: Deusto, 1990.

HUNTER, James C. *O monge e o executivo*. São Paulo: Sextante, 2004.

JACOMINO, Dalen. Você é um profissional ético? *VOCÊ S. A.*, ano III, nº 25, p. 28-37, jul. 2000.

JIMÉNEZ, Alfonso. Etica y gestión de personas. In: MELÉ CARNÉ, Domènec (Coord.). *Raíces éticas del liderazgo*. Barañáin: Ediciones Universidad de Navarra, 2000.

JOHNSON, Craig E. *Meeting the ethical challenges of leadership*. 2 ed. Thousand Oaks, CA, USA: Sage, 2005.

KISSINGER, Henri. Crecimiento económico e imaginación política. *ABC*, 2 jan. 2000. p. 61.

MELÉ CARNÉ, Domènec (Coord.). *Ética en el gobierno de la empresa*. Barañáin: Ediciones Universidad de Navarra, 1996.

_____. *Ética en la dirección de empresas*. Barcelona: Folio, 1997.

_____ (Coord.). *Raíces éticas del liderazgo*. Barañáin: Ediciones Universidad de Navarra, 2000.

PALADINO, Marcelo; DEBELJUH, Patricia; DELBOSCO, Paola. *Integridad*: un liderazgo diferente. Buenos Aires: Emecé, 2007.

PÉREZ LÓPEZ, Juan Antonio. *Liderazgo y ética en la dirección de empresas*: la nueva empresa del siglo XXI. Bilbao: Deusto, 1998.

PIEPER, Josef. *Las virtudes fundamentales*. 5. ed. Madri: Rialp, 1997.

SENDAGORTA, Enrique. Hablar de liderazgo es hablar de servicio. In: MELÉ CARNÉ, Domènec (Coord.). *Raíces éticas del liderazgo*. Barañáin: Ediciones Universidad de Navarra, 2000.

SISON, Alejo José G. *The moral capital of leaders*. Cheltenham, Glos, UK: Edward Elgar, 2003.

SOLOMON, Robert C. *A melhor maneira de fazer negócios*: como a integridade pessoal leva ao sucesso corporativo. São Paulo: Negócio, 2000.

_____. *Ethics and excellence*: cooperation and integrity in business. New York: Oxford University Press, 1992.

SPAEMANN, Robert. *Ética*: cuestiones fundamentales. Barañáin: Ediciones Universidad de Navarra, 1987.

TERMES, Rafael. Actividad financiera y virtudes personales. In: MELÉ CARNÉ, Domènec (Coord.). *Ética en la actividad financiera*. Barañáin: Ediciones Universidad de Navarra, 1998.

TOFFLER, Barbara Ley. *Ética no trabalho*. São Paulo: Makron Books, 1993.

VÉLAZ, J. Ignacio. La ética en las teorías del liderazgo: la contribución de Pérez López. In: MELÉ CARNÉ, Domènec (Coord.). *Raíces éticas del liderazgo*. Barañáin: Ediciones Universidad de Navarra, 2000.

Ética em marketing e propaganda 7

O marketing constitui uma das áreas de maior importância em uma organização. Sua função precípua é atender às necessidades e aos desejos do consumidor, oferecendo produtos tangíveis, serviços e ideias, em consonância com os objetivos de lucro que toda empresa visa.

O consumidor não conhece o lançamento, ou os atributos desses produtos, serviços e ideias, sem que um instrumento de comunicação lhe possibilite o acesso à informação. Eis, em linhas muito gerais, a função da propaganda.

Neste capítulo, serão apresentados critérios de ética específicos para as tomadas de decisão em marketing e em propaganda.

Ética na pesquisa de marketing

O processo de conhecer as necessidades e desejos do consumidor desenvolve-se mediante a pesquisa de marketing. Isso implica estudos que pressupõem princípios éticos, para que o oportunismo ou a ganância não se sobreponham ao objetivo claro do marketing, que é o de satisfazer à demanda real, e não impor o consumo, transformando em necessidade o que é supérfluo.

Na contratação e execução dos projetos de pesquisa, os procedimentos devem ser bem claros. Faz-se mister que o pesquisador esteja continuamente integrado com a empresa que o contratou, informando todos os passos da pesquisa, seus custos, eventuais desdobramentos necessários para alcançar as metas almejadas. As conclusões devem ser apresentadas com precisão e objetividade.

No levantamento de informações, o entrevistador, quando for o caso, deve ter uma postura transparente em relação aos entrevistados. Assim, deve manter as promessas de anonimato do patrocinador da pesquisa, evitar perguntas e questões demasiado pessoais, e nunca realizar estudos de observação sem o consentimento prévio dos participantes.

A ética recomenda cuidado no tratamento dos dados, especialmente quando são empregadas técnicas de pesquisa projetiva ou qualitativa, cruzamento de dados provenientes de diferentes fontes, ou uso de bases de dados por computador sem autorização. A informação coletada é confidencial e deve ser resguardada para que não ocorram eventuais conflitos de interesse.[1]

A confecção dos relatórios de pesquisa implica apresentar dados completos, transparentes, objetivos e fundamentados em tabelas, gráficos, ou figuras que facilitem a verdadeira compreensão da informação.

O que predispõe o entrevistado a não cooperar com a pesquisa é a falta de ética com que muitas vezes ele é tratado. Isso se nota, por exemplo, quando muitas empresas abordam o consumidor com a intenção de venda ou captação de recursos, sob o disfarce de pesquisa.

Ética na administração do produto

A intenção é um dos fatores que é necessário considerar para avaliar o comportamento ético. Por exemplo, quando os fabricantes oferecem ao mercado produtos novos, que na realidade são usados, fica clara a intenção de enganar os consumidores. É conhecido o caso da Chrysler, que, na década de 80, vendeu nos Estados Unidos centenas de automóveis, como se fossem novos, quando, na verdade, haviam sido aproveitados para testes, tendo já rodado milhares de quilômetros não registrados no odômetro.[2] Mais recentemente, no Brasil, tem-se conhecimento de que alguns varejistas vendem, como novos, cartuchos de impressoras de computador que na realidade já foram usados.

Da mesma forma que a intenção, são importantes os meios ou métodos colaboradores na produção de bens e serviços. O consumidor tem direito à informação relevante sobre o produto, sua segurança e garantias, para que seu consumo seja eficaz e responsável. Tem-se notícia de imóveis que foram construídos com materiais de pouca qualidade, ou estruturas obsoletas, ocasionando prejuízos, algumas vezes irreparáveis e inestimáveis, a seus compradores.

Um terceiro aspecto importante na gerência de produtos é o julgamento das consequências que podem originar uma ação pouco ética por parte do administrador de marketing. Ou seja, o marketing propõe um benefício ligado a um produto, e não divulga as

---

[1] Várias organizações preocupam-se com a ética na pesquisa de mercado no Brasil e no exterior e dispõem de códigos que servem como bom referencial: Abipeme – Associação Brasileira dos Institutos de Pesquisa de Mercado; SBPM – Sociedade Brasileira de Pesquisa de Mercado; Esomar – Sociedade Europeia de Pesquisa de Opinião Pública e de Mercado; Advertising Research Foundation; American Marketing Association; Council of American Survey Research Organizations; Marketing Research Association; Qualitative Research Consultants of America.

[2] LACZNIAK, Gene R.; MURPHY, Patrick E. *Ethical marketing decisions*: the higher road. Needham Heights, MA: Allyn & Bacon, 1993. p. 102.

restrições que envolvem seu uso. É o exemplo do seguro-saúde que não cobre as despesas com o anestesista de uma cirurgia, porque o beneficiário contratou um médico particular para a cirurgia. Na venda do produto ou serviço, não são reveladas as restrições ou limitações, que só aparecem quando o consumidor de boa-fé conta com o atributo do produto ou benefício e não o encontra, permanecendo insatisfeita sua necessidade. Assim, as consequências são imprevisíveis para o consumidor ou para uma gama de pessoas, que indiretamente são prejudicadas pela falta de ética do profissional de marketing.

Em suma, em marketing é necessário pensar no consumidor ou usuário desde a fase de desenvolvimento do produto ou serviço até as atividades de pós-venda. Algumas perguntas podem facilitar uma análise ética do gerente de produto:

- O conceito do produto ou serviço é ético?
- O produto ou serviço atende às finalidades a que se propõe?
- O produto ou serviço é seguro quando utilizado da forma prevista?
- O produto usado de forma incorreta, porém previsível, é seguro?
- Alguma patente ou direito autoral do concorrente sofreu violação?
- O produto é compatível com o meio ambiente físico?
- Algum *stakeholder* organizacional apresenta objeção ao produto?[3]

O valor moral e social de algumas categorias de bens, como cigarros, bebidas, armas, pornografia e produtos poluentes não pode ser relegado ao segundo plano. Outrossim, a obsolescência de um produto, fruto de modismo ou de preocupação social, é uma obsolescência planejada. Esta questão tem sido discutida nas indústrias, em razão do rápido avanço tecnológico e da acirrada concorrência. Produtos pornográficos, imorais ou deseducativos são considerados ofensivos por consumidores cada vez mais sensíveis aos apelos de dignidade humana.

Um último aspecto da análise ética da gerência de produtos abarca sua responsabilidade no período pós-venda. Assistência técnica e *recalls* são técnicas que reforçam a atitude ética dos profissionais de marketing. Nesse sentido, a informação ao consumidor deve ser amplamente divulgada antes de se retirar um produto do mercado.

Ética na administração do preço

Do ponto de vista ético, os princípios de justiça e equidade são indispensáveis para que sejam estabelecidos os critérios da fixação de preços dos produtos, serviços ou

---

[3] Adaptação de: LACZNIAK; MURPHY. Op. cit. p. 103.

ideias, uma das tarefas mais complexas do marketing. A determinação de preços deve levar em consideração não apenas aspectos de custos, concorrentes e determinações governamentais, mas, também, o poder aquisitivo e a hierarquia real e objetiva de necessidades dos consumidores.

É comum, por exemplo, ver alguns profissionais de marketing aproveitando-se da escassez de um produto para cobrar valores exorbitantes. Outros são pouco transparentes no que diz respeito às características do produto, ludibriando o consumidor menos avisado. Pela necessidade urgente de um produto ou serviço, como em caso de emergência, por vezes são cobrados preços abusivos, o que revela falta de justiça. No Brasil, não raro se encontram pessoas, de baixo poder aquisitivo, privando-se de necessidades básicas ligadas à saúde, educação e moradia, para adquirir produtos supérfluos para si ou para seus familiares, como *videogame*, telefone celular e outros. Isto porque o marketing e a propaganda transformaram tais produtos em essenciais, e as condições de pagamento tornaram a compra acessível.

Em negócios com o governo, com frequência se observa uma determinação incorreta de preços em licitações ou concorrências públicas. De forma análoga, os consumidores que procuram uma ponta de estoque esperam descontos maiores que o varejo comum, e chegam a sentir-se lesados quando os varejistas oferecem o mesmo preço que o mercado em geral. Assim, a questionada opção de pagamento em inúmeras prestações induz o consumidor a pensar que a vantagem é maior que a real.[4]

Ética na propaganda

O marketing é um processo de satisfação de necessidades e desejos dos consumidores ou usuários, oferecendo produtos, serviços e ideias. A propaganda, por sua vez, tem a finalidade de informar, sugerir o consumo ou compra e provocar reações do público. Os anúncios têm impacto profundo sobre as pessoas, em termos de compreensão do mundo e de si mesmas, no que tange a valores, escolhas e comportamentos.

Considerada a mais criativa do mundo, a propaganda brasileira poderá tornar-se também mais ética, se a sociedade se organizar para isso. Esse desafio, baseado na responsabilidade e na formação da consciência dos cidadãos, dirige-se tanto aos publicitários e profissionais dos meios de comunicação,[5] quanto ao governo, instituições educacionais, famílias e a cada um de nós, por meio do exercício de uma liberdade responsável.[6]

---

[4] Nos EUA, a National Association of Purchasing Management desenvolveu o documento *Principals and Standards of Purchasing Practice*, que oferece boa referência em termos de comportamento ético na determinação de preços.
[5] *Vide*, por exemplo, o código de ética da Associação Nacional de Jornais. Disponível em: <www.anj.org.br>.
[6] ARRUDA, Maria Cecilia Coutinho de. Propaganda e responsabilidade. *Interprensa*. ano II, nº 18, p. 4, out. 1998.

Do ponto de vista econômico, integrada à economia de mercado, a publicidade guiada por normas morais pode levar ao desenvolvimento da pessoa humana e da sociedade, apoiando uma competitividade responsável. Realiza isso informando o público sobre o lançamento de produtos e serviços úteis, ajudando a tomada de decisão prudente dos consumidores e contribuindo para o rendimento e redução dos preços. Como consequência, facilita o aumento do volume de negócios, a geração de empregos e a promoção de melhor qualidade de vida.

Contrapõem-se aos princípios gerais de moral e justiça os métodos de propaganda que produzem um dano em geral a certos grupos, como a propaganda gráfica em determinados periódicos e cartéis que levam à deformação dos instintos da juventude.

A ética, vista sob enfoque econômico e social, sugere o questionamento do relevante investimento financeiro improdutivo que representa a propaganda em muitos países.

O desafio ético surge quando o *consumismo* quer tornar-se a regra em que o *ter* se sobrepõe ao *ser*. "O mundo quer você", anunciava por exemplo um cartão de crédito, estimulando um estilo de vida em que o *ter* deixa de ser um meio de vida para converter-se em um fim.

Na linha ética e social, é louvável o teor construtivo e útil de muitos anúncios, cujas mensagens inspiram fé, patriotismo, tolerância, compaixão e serviço ao próximo, promovem o cuidado com a saúde e incentivam a educação. Entretanto, a propaganda também pode ser vulgar e degradante, quando ressalta deliberadamente sentimentos de inveja, *status* social e cobiça. Por vezes, procura comover e *chocar* o consumidor com apelos que contribuem para corroer os valores morais, atingindo particularmente os mais indefesos, as crianças e os jovens.

Em termos culturais, anúncios produzidos com excelente qualidade intelectual, estética, técnica e moral prendem a atenção do público e podem animar os veículos a apresentar programas de nível mais elevado. O Brasil tem sido exemplo de como é possível fazer propaganda engenhosa, com humor, vivacidade, bom gosto e sugestões que alegram a vida dos ouvintes ou espectadores. Essa atitude edificante e animadora dos criadores contribui, de fato, para a melhora de toda a sociedade.

Alguns profissionais de marketing, ao aprovar campanhas publicitárias, podem inadvertidamente ignorar as necessidades educacionais e sociais de determinados segmentos da população – jovens, idosos, pobres etc. –, apresentando anúncios em que a ausência de critérios morais revela superficialidade e mau gosto. Um exemplo frequente é a imagem da mulher na propaganda, com posturas que a identificam com objeto de prazer ou de poder, que a ridicularizam em sua insubstituível tarefa de esposa e mãe.

O uso de imagens ou personagens religiosos em material promocional é compreendido como forma ofensiva e pouco séria de apoio à atividade de vendas. É inaceitável aproveitar-se da religião para vender produtos ou inculcar atitudes e formas de comportamento imorais.

A propaganda não reflete simplesmente atitudes e valores culturais. Um espelho, quando não é bom, reflete imagens distorcidas. Os profissionais de marketing devem selecionar valores e atitudes, promovendo alguns e ignorando ou desprezando outros.

A propaganda em si não é boa ou má. É apenas um instrumento. Seu poder de persuasão, porém, pode ser utilizado para promover o que é verdadeiro e ético, ou contribuir para a corrupção das pessoas e para a degeneração do tecido social. A todos cabe a responsabilidade de fazer com que a propaganda promova, de fato, o desenvolvimento pessoal e social.

A propaganda é uma das potências econômicas de uma sociedade. Informalmente, diz-se que é *a alma do negócio*. Ela identifica o patrocinador do produto, serviço ou ideia, e atribui-lhe a correspondente responsabilidade. Assim, o profissional de marketing com frequência é colocado em situações difíceis diante da sociedade e seus valores.

A crítica em relação à propaganda não reside apenas na persuasão ao consumo, uso ou adesão aos produtos ou serviços, mas especialmente às ideias. A responsabilidade social das empresas não se limita a ações filantrópicas e solidariedade material, mas se estende ao caráter formativo e educativo das ideias e conceitos apresentados em todas as estratégias do composto mercadológico. Especial atenção tem sido dada a questões ligadas a raça, condição social, idade (por exemplo, em anúncios para crianças) e apelos eróticos e violentos.

No Brasil, o Conselho Nacional de Autorregulamentação Publicitária (Conar)[7] tem um Código de Ética claro e detalhado, que serve como referência para anunciantes, publicitários e profissionais dos veículos de comunicação de massa que queiram trabalhar eticamente.[8]

Ética na administração da distribuição

Os conflitos de canal constituem dilemas éticos que exigem habilidade e critério para serem solucionados. Os canais de distribuição preveem que os produtos cheguem ao consumidor exatamente – e nas melhores condições possível – como saíram do estabelecimento produtor. Não raro, observam-se nos supermercados, por exemplo, produtos em condições impróprias, em virtude de trato inadequado das mercadorias no transporte ou no ponto de venda.

Compete ao profissional de marketing decidir se prefere trabalhar com atacadistas, distribuidores exclusivos, varejistas, franquias ou vendas diretas. Sua definição envolve

---

[7] <www.conar.org.br>.
[8] Fora do Brasil, a American Association of Advertising Agencies Inc. adotou um *Standard of Practices*. A American Advertising Federation criou o Advertising Principles of American Business.

questões de poder, responsabilidade, propaganda *business to business* e descontos, assuntos que, sem dúvida, exigem critérios sólidos de técnica e ética.

Ética na auditoria e controle mercadológicos

O controle de marketing deve contemplar não apenas dados relativos às vendas – volume e valor – mas também a forma e os custos que resultaram nessas vendas.

Para assegurar o compromisso ético dos profissionais de marketing, é importante oferecer-lhes um treinamento específico de ética. Questões concretas e pertinentes devem ser discutidas, de modo que não restem dúvidas em relação a procedimentos de marketing e vendas. A empresa, ao definir condutas, deve encontrar meios de reforçar as políticas internas, revisá-las quando necessário, não deixando de punir os responsáveis por seu não cumprimento.

Ética no marketing internacional

Muitos motivos levam uma empresa a operar em outros países: oportunidades de vendas, redução de custos ou acesso vantajoso a matérias-primas. É imperiosa a preocupação com hábitos e costumes locais desde que sejam preservados os princípios e valores básicos.

Procedimentos que envolvam propina, pagamentos facilitadores, presentes e entretenimento geram polêmicas e dilemas, por seu teor ético ou antiético. O bom senso do profissional de marketing deve levá-lo a refletir sobre os critérios de eticidade e aplicá-los em cada situação, ainda que aparentemente os resultados de vendas sejam menores no curto prazo.

Cenários para discussão

Cenário 1 – Uma cadeia de supermercados tem 12 lojas na cidade do interior. A política da empresa é manter o mesmo preço de todos os itens em todas as lojas. Entretanto, o gerente de distribuição envia propositadamente as peças de carne mais baratas e de pior qualidade para a loja localizada no bairro de baixa renda da cidade. Sua justificativa para tal ação se apoia no fato de que esta loja tem a menor margem de lucro, devido a fatores como: rotatividade dos colaboradores, roubos e vandalismo. O argumento econômico do gerente de distribuição é suficiente para justificar seu método de alocação?

Cenário 2 – Antonio da Silva, um gerente de produto de um fabricante de jogos para computador, planeja lançar vários produtos com uma campanha de anúncios importantes. Ele quer passar a ideia de "emoção", mas não se sente confortável com termos pesados, como bombardeio, punhalada, defesa e tiros. Essas palavras são usadas em campanhas atuais de um concorrente que, curiosamente, detém a maior fatia de mercado. Ele imagina como a empresa pode despertar o interesse da garotada, sem comunicar temas violentos. O que ele deveria fazer?

Cenário 3 – Roberto Camargo acabava de assumir a gerência de marketing internacional numa grande empresa multinacional. Ele sentiu que deveria definir diretrizes para padronizar procedimentos de compras e políticas de marketing, onde fosse possível. João mencionou a Bete Souza, sua estagiária, que "seria uma boa ideia levantar uma série de tópicos que possamos usar para assegurar que nossa empresa está tratando os fornecedores e clientes com justiça e, da mesma forma, em todo o mundo". Ele encarregou a Bete de verificar se outras empresas empregavam esses procedimentos. De que forma ela vai investigar esses procedimentos?

Referências bibliográficas

ARRUDA, Maria Cecilia Coutinho de. Propaganda e responsabilidade. *Interprensa*, ano II, nº 18, p. 4, out. 1998.

BOL, Jan Willem; CRESPY, Charles T.; STEARNS, James M.; WALTON, John R. *The integration of ethics into the marketing curriculum*: an educator's guide. Needham Heights, MA: Ginn Press, 1991.

DE GEORGE, Richard T. *Business ethics*. 4. ed. Englewood Cliffs, NJ: Prentice Hall, 1995.

_____. *Competing with integrity in international business*. New York: Oxford University Press, 1993.

EVANS, Joel R.; BERMAN, Barry; BARAK, Benny (Ed.). *Ethics and social responsibility in marketing*. Hempstead, NY: Hofstra University School of Business Press, 1995.

LACZNIAK, Gene R.; MURPHY, Patrick E. *Ethical marketing decisions*: the higher road. Needham Heights, MA: Allyn & Bacon, 1993.

MATTAR, Fauze Najib. *Pesquisa de marketing*. São Paulo: Atlas, 1992. v. 2.

MURPHY, Patrick E.; LACZNIAK, Gene R.; BOWIE, Norman E.; KLEIN, Thomas A. *Ethical marketing*. Upper Saddle River, NJ: Pearson, 2005.

NADELHAFT, Marilyn. An issue of trust: ethics in marketing management. *Harvard Business School Bulletin*, p. 38-48, Dec. 1990.

ROA, Francisco (Coord.); FERNÁNDEZ, José Luis; FONTRODONA, Joan; GOROSQUIETA, Javier. *Ética del marketing*. Madri: Unión, 1999.

SMITH, N. Craig; QUELCH, John A. *Ethics in marketing*. Boston: Irwin, 1993.

TOLEDO, Geraldo Luciano; SANTOS, Dilson Gabriel dos. A responsabilidade social do marketing. *Revista de Administração* IA-USP, São Paulo, v. 14(1), p. 45-60, jan./mar. 1979.

Webgrafia

<www.conar.org.br>.

<www.anj.org.br>.

Ética em vendas

8

Ética em vendas?... Esse é o desafio que o grande público coloca de forma jocosa, ao se referir aos vendedores em todo o mundo.

Da mesma forma que em marketing, a função de vendas não deve ser considerada intrinsecamente boa ou má, mas um instrumento que pode ser utilizado para o bem ou para o mal, podendo suscitar resultados benéficos, ou prejudiciais, se forem ignorados os critérios éticos.

A atividade de vendas, por característica, implica uma poderosa força de persuasão, chegando a modelar atitudes e comportamentos. A influência do profissional de vendas normalmente extrapola sua finalidade precípua de informar, sugerir o consumo ou compra e provocar reações do público. Seus argumentos, dependendo do produto ou serviço em questão, podem ter impacto profundo sobre as pessoas, em termos de sentido da vida, de compreensão do mundo e de si mesmas, no que tange a valores ou formas de escolha.[1]

Ética na relação com o consumidor

Especialmente em nações ainda em fase de desenvolvimento, é forte o poder de persuasão do vendedor na venda pessoal. O público em geral apresenta menor capacidade de discernimento em relação aos apelos da propaganda, de compreensão dos atributos de produto e de seus direitos em relação aos serviços que deseja contratar. O vendedor torna-se mais responsável pela elucidação das dúvidas, auxiliando o consumidor a identificar sua real necessidade e o produto ou serviço mais satisfatório. Quando a atividade de vendas deixa de lado sua função de informação, representando mal ou ocultando fatos importantes, para apenas persuadir e mo-

---

[1] ARRUDA, Maria Cecilia Coutinho de. É possível ter ética em vendas? *Venda Mais*, ano 6, nº 77, p. 10, set. 2000.

tivar as pessoas a adquirir determinados produtos ou serviços, a patrocinar certas instituições etc., abusos podem ocorrer. A fidelidade a uma específica marca, reputação, moda, ou outras motivações irracionais, pode levar o consumidor a não perceber diferenças reais de qualidade dos produtos e de preços, que caracterizariam um processo racional de compra. Nesse sentido, impõe-se ao vendedor a obrigação de tornar disponível ao consumidor, dentro de sua possibilidade de compreensão, a informação sobre especificações, capacidade e limitações do produto ou serviço que pretende vender.

Com essa atitude, o vendedor conquista grande credibilidade para si e para a empresa que representa, contribuindo sobremaneira para a promoção do que é bom, correto, verdadeiro e ético.

Um curioso estudo foi realizado por Wessel,[2] analisando a insatisfação de consumidores norte-americanos em relação ao processo de vendas. O Quadro 8.1 mostra alguns dos dados que ele coletou a partir de sua observação do comportamento diário desses consumidores no que tange à aquisição de produtos e serviços.

Do ponto de vista socioeconômico-cultural, a confiança que o consumidor brasileiro deposita nos vendedores é das maiores do mundo. Em pequenos pormenores nota-se quanto os consumidores dependem da relação pessoal para influenciar sua decisão de compra. Em supermercados, por exemplo, onde por conceito é abolida a venda pessoal, com frequência se veem consumidores cercando os promotores de vendas ou repositores com perguntas dos mais variados tipos, com respeito aos produtos expostos nas gôndolas.

Da mesma forma, pequenos investidores apoiam-se muito nos gerentes e funcionários de banco, mesmo quando muitos serviços já estão informatizados. Não é preciso lembrar que de relações positivas e bem desenvolvidas por profissionais de vendas surgem espontaneamente muitos novos negócios.[3]

---

[2] WESSEL, D. Sure ways to annoy consumers. *The Wall Street Journal*, 6 nov. 1989, B1. In: LACZNIAK, Gene R.; MURPHY, Patrick E. *Ethical marketing decisions*: the higher road. Needham Heights, MA: Allyn & Bacon, 1993. p. 186.
[3] ARRUDA. Op. cit. p. 10.

Quadro 8.1 Insatisfação dos consumidores no processo de venda.

Insatisfação na aquisição de produtos
• Aguardar na fila do caixa, enquanto outros estão fechados.
• Registrar pedidos por meio de telefones com mensagens pré-gravadas.
• Ser informado de um preço e, no ato da compra, descobrir que o preço real é maior.
• Receber telefonema de vendedor durante o jantar.
• Constatar que não há o produto desejado no estoque.
• Lidar com formulários de seguros de saúde demasiado complexos.
• Correspondências com indicação "urgente", quando apenas oferecem vendas.
Insatisfação na aquisição de serviços
• Permanecer em casa no aguardo de vendedor que não aparece ou de produto que não é entregue no horário combinado.
• Vendedores pouco informados ou que não sabem descrever o funcionamento do produto.
• Vendedores que dizem: "isto não é comigo".
• Vendedores que permanecem ao telefone deixando o consumidor à espera.

Fonte: WESSEL, D. Sure ways to annoy consumers. *The Wall Street Journal*, 6 nov. 1989, B1. In: LACZNIAK, Gene R.; MURPHY, Patrick E. *Ethical marketing decisions*: the higher road. Needham Heights, MA: Allyn & Bacon, 1993. p. 186.

Ética em relação à concorrência

Um vendedor criterioso é reconhecido por uma atitude transparente e delicada em relação aos concorrentes, em especial quando se trata de produtos novos e desconhecidos. Sua conduta ética predispõe o comprador a receber sua visita, sua argumentação e suas ofertas com muito mais consideração. O espírito construtivo em relação à concorrência não necessariamente leva à venda do produto concorrente, como alguns interpretam de forma errônea, mas demonstra uma postura elegante e madura de quem busca satisfazer à necessidade real do comprador, grande objetivo da função de vendas.[4]

A atitude presunçosa não só de vendedores como de dirigentes de empresas de grande porte, insinuando monopólio de poder, é fortemente questionada por uma sociedade mais predisposta à conduta ética. O Ministério da Justiça, com a finalidade de orientar, fiscalizar, prevenir e apurar abusos de poder econômico, criou o Conselho Administrativo de Defesa Econômica (CADE).[5] Muitas fusões e aquisições de empresas têm sido alvo de avaliação dessa autarquia.

---

[4] ARRUDA. Op. cit.
[5] Disponível em: <www.cade.gov.br>.

Ainda quanto à ética na concorrência, profissionais, empresas, governo e organizações de diferentes segmentos têm envidado esforços para combater desequilíbrios causados por evasão fiscal, informalidade, falsificação, fraudes, pirataria e outros desvios de conduta. São exemplos: o Instituto Brasileiro de Ética Concorrencial (ETCO),[6] o Fórum Nacional Contra a Pirataria e a Ilegalidade (FNCP),[7] Projeto Escola Legal,[8] promovido pela Câmara Americana de Comércio (AMCHAM), e o Conselho Nacional de Combate à Pirataria (CNCP).[9]

Contribuição da propaganda ética

A propaganda serve como suporte à atividade de vendas e pode orientar o relacionamento do vendedor com consumidores de baixa renda, se forem utilizados apelos de boa qualidade técnica e moral. Os profissionais de vendas, em sua relação face a face com os consumidores, contam com esse recurso e, mediante suas habilidades pessoais, transformam a venda em atividade nobre e gratificante e até divertida. Para o próprio vendedor, é enriquecedora a oportunidade de relacionar-se com um público diversificado, o que lhe exige constante aprimoramento e agilidade intelectual. Por essa razão, também, suas atitudes implicam responsabilidade social.

Nem sempre a promessa contida no argumento de venda corresponde à satisfação real do consumidor, que não vai passar a *ser* nada a mais pelo simples fato de *ter*. Nesse sentido, é louvável o papel da propaganda em televisão na Alemanha, por exemplo. O caráter informativo e racional dos anúncios, muito de acordo com a cultura desse país, atrai a dona de casa a sentar-se frente ao televisor com um caderno em mãos durante 15 minutos para anotar os dados informados nos períodos dedicados à publicidade. Não raro, veem-se essas consumidoras a esperar diariamente por tais blocos de anúncios, como muitos brasileiros aguardam seu capítulo diário da telenovela.[10]

Venda ética em face do consumismo

Em termos éticos, o consumismo configura um desvio de comportamento, porque a ânsia de ter obnubila a capacidade de avaliar a real necessidade do bem ou serviço, em detrimento de outros valores inerentes ao ser humano.

---

[6] Disponível em: <www.etco.org.br>.
[7] Disponível em: <www.fncp.org.br>.
[8] Disponível em: <www.amcham.com.br/inovacao/projeto-escola-legal>.
[9] Disponível em: <www.justica.gov.br/sua-protecao/combate-a-pirataria>.
[10] ARRUDA. Op. cit. p. 11.

Nesta linha, as vendas, e em especial a venda pessoal, podem provocar sentimentos e atitudes que culminam na criação de hábitos de consumo de bens desnecessários, adotando estilos de vida objetivamente inadequados, muitas vezes prejudiciais à saúde e à formação do caráter do consumidor.

São exemplos corriqueiros os de um vendedor que, em sua preocupação de cumprir metas, consegue: convencer um cidadão calvo a comprar um pente para seu uso pessoal; prover o comprador de um sobre-estoque de produto perecível desnecessariamente; vender ao consumidor um rádio-relógio quando ele pede apenas um despertador.

Ética do profissional de vendas

Uma atividade por natureza importantíssima e de grande impacto na sociedade com frequência é considerada insignificante, ou até ridícula, porque algumas pessoas, dotadas de pouco profissionalismo, apresentaram-na de forma caricata. Essa abordagem desperta a compaixão do consumidor em relação a tais profissionais, deixando de ressaltar os benefícios do produto ou serviço para o comprador potencial à sua frente.[11]

O profissional de vendas deve-se preocupar com a consistência de seus argumentos, evitando comover e chocar deliberadamente o consumidor com apelos que parecem suaves, mas que de fato podem expor crianças e jovens à pornografia, à exaltação da violência, corrompendo seus valores morais. Da mesma forma, o vendedor, por vezes, utiliza suas melhores habilidades de comunicação e persuasão para vender produtos de conceito duvidoso que, também, levam à corrupção de valores.

Uma empresa, ao formar sua equipe de vendas, pensa nas características que um vendedor idealmente deveria possuir. Se for uma organização preocupada com a ética, selecionará o profissional que esteja convicto de que sua função consiste em um serviço e não mera operação de vendas. Essa visão, que enobrece sua atividade, pressupõe habilidade para colocar-se no lugar do consumidor a fim de entendê-lo melhor, legitimando sua tendência pessoal para realizar a venda, atendendo eticamente às expectativas do consumidor e não agindo apenas em função de sua remuneração.[12]

Espera-se de um profissional de vendas o compromisso de nunca usar a tática de mentir, enganar ou roubar, nem intencionalmente envolver a entidade representada.

---

[11] ARRUDA. Op. cit.
[12] COBRA, Marcos. *Administração de vendas*. 3. ed. São Paulo: Atlas, 1986. p. 284.

Não estaria de acordo com a conduta ética falar mal dos concorrentes ou de seus produtos. Tem-se também a expectativa de que um vendedor não exagera, deturpa ou oculta informações pertinentes ao produto ou aos termos do contrato de serviço.

O profissionalismo do vendedor é uma qualidade que deve ser conquistada diariamente, a todas as horas do dia, a cada venda realizada.

Ética no marketing direto

Marketing direto é um sistema interativo que usa uma ou mais mídias para obter uma resposta ou transação mensurável em algum lugar.[13] A Associação Brasileira de Marketing Direto (ABEMD) instituiu como autorregulamentação do setor um Código de Ética focado nas diferentes atividades de vendas.

Uma das maiores habilidades de um vendedor é saber ouvir seu cliente. Com efeito, o consumidor tem a expectativa de trocar ideias e eventualmente ser aconselhado, ou apenas ouvir a opinião do vendedor. Isso se revela especialmente no marketing direto, tão propalado hoje em dia.

Muitos consumidores ainda não se acostumaram – e outros nunca o farão – a "dialogar com máquinas". O papel do vendedor não está sendo facilmente substituído. O consumidor conta com o calor humano, a presença marcante de um profissional que o escute, o compreenda, o oriente e solucione seu problema. É o raciocínio análogo ao do sistema de autoatendimento em que é esperada a presença de alguém que represente a instituição, incentivando o consumidor a entrar no estabelecimento e sentir-se à vontade para realizar sua compra ou contratar serviços.

Os *callcenters* e as televendas sofrem descrédito em razão de falsos profissionais que não fazem jus ao nome, desvirtuando a boa reputação das pessoas que atuam nesse ramo. Algumas iniciativas foram tomadas no sentido de elaborar códigos de ética ou diretrizes para nortear a conduta dos bons profissionais da área.[14] Alguns atributos do telecomunicador ético poderão ser encontrados no Quadro 8.2.[15]

---

[13] Entendimento da Associação Brasileira de Marketing Direto (ABEMD). Disponível em: <www.abemd.org.br>.
[14] Nos Estados Unidos, a American Telemarketing Association tem um código de autorregulamentação. Muitas empresas do setor padronizaram diretrizes para várias áreas de interesse do marketing por telefone.
[15] McHATTON, Robert J. *Telemarketing total*. São Paulo: McGraw-Hill, 1990. p. 258-260. (Tradução do original de 1990.)

Quadro 8.2 Atributos do telecomunicador ético.

Atributos do telecomunicador ético
• Iniciar uma conversa por telefone com "Alô" e terminar com "Obrigado".
• Respeitar os direitos que clientes atuais ou potenciais têm de aceitar ou recusar telefonemas.
• Apresentar-se, identificar a empresa e mencionar o motivo da ligação.
• Não insistir na ligação se o cliente manifestar desejo de não adquirir o produto.
• Fazer o melhor uso do seu tom de voz, modulação, ritmo e entusiasmo.
• Anotar de maneira legível as respostas e interações de cada telefonema.
• Escutar sempre.
• Não usar linguagem vulgar, profana ou ofensiva.
• Não desligar antes do cliente.
• Manter-se informado sobre assuntos pertinentes ao ramo de vendas por telefone, incluindo leis, regulamentações e autodisciplina.
• Não interromper o cliente.
• Não fazer ligações em horários ou ocasiões inoportunas.
• Não usar tática de alta pressão.

Fonte: McHATTON, R. J. *Telemarketing total*. São Paulo: McGraw-Hill, 1990. p. 259.

Vendas em contexto de país em desenvolvimento

Como parte essencial do funcionamento da economia de mercado, a venda pessoal guiada por normas morais leva ao desenvolvimento integral do homem e do bem comum, apoiando honesta e eticamente uma competitividade responsável. Se a ação de vendas é informar e oferecer ao público produtos e serviços úteis e desejáveis, com melhor qualidade, constitui efetiva cooperação para o desenvolvimento. Além disso, auxilia a tomada de decisão prudente dos consumidores e contribui para o rendimento e redução dos preços. Isso estimula o progresso econômico, aumenta o volume de negócios, gera empregos, salários mais elevados e melhor qualidade de vida.

Dadas as condições socioeconômicas e culturais do consumidor ou comprador, o respeito pede que não sejam feitas promessas de difícil cumprimento em termos de prazo, desempenho do produto ou assistência técnica. A impossibilidade de verificar a veracidade da informação, especialmente em se tratando de produto com tecnologia avançada, deixa o consumidor em situação de desvantagem na negociação. A conduta ética deve inibir a má-fé ou a ambição de levar vantagem do menos favorecido, seja qual for a razão.

Como se vê, o desafio proposto no início deste capítulo, embora difícil – o que, aliás, é característica de toda meta elevada – não é utópico. A ética nas vendas concretiza-se em vários aspectos: nos motivos apontados pelo profissional de vendas, na veracidade da informação, na sinceridade sobre as limitações dos produtos ou serviços, no respeito aos concorrentes, mas, sobretudo, na ênfase dada à necessidade real do comprador em relação ao objeto de venda ou da prestação dos serviços.

Cenários para discussão

Analise a questão ética das seguintes situações:

1. Um consumidor, ao escolher uns móveis que desejava comprar, verificou o preço, as condições de pagamento etc. Fechado o negócio, perguntou se a nota fiscal seguiria com a mercadoria. A resposta foi que o acordado corresponderia à venda sem nota; com nota, o preço seria outro. O consumidor já havia emitido o cheque.

2. Um jovem contratado recentemente para trabalhar como vendedor tem-se esforçado para impressionar seu patrão, mostrando sua habilidade para vender. Às vezes, ansioso para conseguir um pedido, torna-se demasiado impaciente. Para fechar um pedido, exagera o valor da mercadoria, ocultando informações importantes sobre o produto que está tentando vender. Nas suas ações, não há intenção de fraude ou tapeação. O superior deste vendedor está ciente de suas ações, mas não faz nada para restringir tal prática.

3. Uma loja de varejo local veiculou um anúncio num jornal de domingo, de liquidação de calças masculinas de uma grife famosa pela qualidade. O anúncio especificava que havia uma grande quantidade destas calças em todos os tamanhos, cores, tecidos e modelos. A resposta a este anúncio foi fenomenal. Após o segundo dia da liquidação, só havia 1/4 da mercadoria anunciada. O varejista continuou a veicular o anúncio todos os dias, a semana inteira, até o sábado seguinte, inclusive.

Referências bibliográficas

ARRUDA, Maria Cecilia Coutinho de. É possível ter ética em vendas? *Venda Mais*, ano 6, nº 77, p. 10-11, set. 2000.

COBRA, Marcos. *Administração de vendas*. 3. ed. São Paulo: Atlas, 1986.

McHATTON, Robert J. *Telemarketing total*. São Paulo: McGraw-Hill, 1990. (Tradução do original de 1990.)

MURPHY, Patrick E.; LACZNIAK, Gene R. BOWIE, Norman E.; KLEIN, Thomas A. *Ethical marketing*. Upper Saddle River, NJ: Pearson, 2005.

WESSEL, D. Sure ways to annoy consumers. *The Wall Street Journal*, 6 nov. 1989, B1. In: LACZNIAK, Gene R.; MURPHY, Patrick E. *Ethical marketing decisions*: the higher road. Needham Heights, MA: Allyn & Bacon, 1993. p. 186.

Webgrafia

<www.amcham.com.br/inovacao/projeto-escola-legal>.
<www.cade.gov.br>.
<www.etco.org.br>.
<www.fncp.org.br>.
<www.justica.gov.br/sua-protecao/combate-a-pirataria>.

Ética na relação empresa-consumidor 9

Ética do produtor

Um enfoque econômico e social da ética leva à compreensão de que a função de oferta, determinada na economia de mercado pelo desejo de lucro, cabe ao empresário. Na atividade de troca, ele é o que oferece bens e serviços visando benefícios, e o consegue uma vez que satisfaz à demanda com poder aquisitivo, contribuindo para o cumprimento do fim social da economia e da empresa.

Como os conceitos de fim social da economia e da produtividade econômico-social encontram-se vinculados aos valores do bem ou serviço, não podem ser vistos apenas em seus aspectos de curto prazo, mas devem refletir a preocupação do futuro da sociedade, mediante as previsíveis possibilidades de satisfação das necessidades de capital e cultura, a partir das atuais tendências de consumo.

Com isso, é natural buscar a satisfação das necessidades culturais e vitais dos homens, com o maior grau possível de atividade e autorresponsabilidade individuais, de acordo com os interesses da sociedade.

Propaganda na relação empresa-consumidor

A relação entre a empresa e o consumidor verifica-se fundamental, quer pela propaganda, de forma difusa, quer pelos serviços de atendimento ao consumidor (SACs), que vêm sendo rapidamente instituídos em inúmeras das organizações orientadas para o mercado.

À propaganda, aspecto essencial da ética do empresário, aplicam-se princípios muito concretos. A veracidade da propaganda tem reflexos sobre a qualidade do produto, pela exaltação de mercadorias, serviços ou ideias de valor nulo ou escasso, pelos danos ocasionados por erros, intencionais ou não, de informação a respeito de ingredientes, características ou vantagens apontadas no produto.

A quantidade de produto também é altamente influenciada pela veracidade da propaganda, seja no que tange à alteração de peso, falseando dados sobre ele, seja no que diz respeito à simulação de situações ocasionalmente favoráveis a compras, como é o caso das liquidações.

Trata-se de um problema ético sério na relação empresa-consumidor, em termos de comunicação, a venda de produtos por valores que constituem um múltiplo de seu preço real de custo, em função dos investimentos feitos em propaganda, repassados no preço ao consumidor.

Tomando um exemplo do dia a dia, um iogurte tem embutido em seu preço um elevado percentual de propaganda disseminada em veículos de massa. Entre os consumidores das classes A e B, provavelmente, o preço do produto não altera o orçamento familiar. Entretanto, nas classes D e E, pode significar um gasto excessivo para o padrão de vida desses consumidores. A propaganda de massa atinge todas as classes indistintamente, despertando interesse e desejo de adquirir um produto que poderia ser substituído por outros de idêntico teor nutritivo, onerando menos o orçamento familiar.

Isso não significa, todavia, que a propaganda não exerça importante função, de acordo com o princípio da produtividade socioeconômica, relevante para o progresso e crescimento da economia.

Perfil ético dos serviços de atendimento ao consumidor

Os serviços de atendimento ao consumidor (SACs), cada vez menos procurados para reclamações e mais utilizados para informação, têm seu papel de conciliação e integração entre a empresa e o consumidor. A consistência entre a proposta de existência e a prática das organizações talvez ainda deixe a desejar. A atitude paternalista que muitos serviços de atendimento ao consumidor (SACs) adotam em relação ao consumidor pode estar distorcendo sua finalidade precípua. Servir ao consumidor não é o mesmo que atender indiscriminadamente a todas as suas vontades ou caprichos.

Essa consciência foi fortalecida de duas maneiras. A primeira, com o surgimento da Associação Nacional de Profissionais de Serviços a Consumidores em Empresas (SECANP – 1989-2002), que estabeleceu critérios de análise e avaliação das queixas e solicitações dos consumidores para atendê-los com maior profissionalismo. Em segundo lugar, com a criação da Ouvidoria, a empresa ganhou um interlocutor entre ela e o consumidor, já adotada com sucesso em inúmeras organizações brasileiras.

Não poucas vezes se ouve dizer que determinada empresa, ao escutar uma queixa de consumidor, procurou imediatamente satisfazê-lo, ressarcindo-o com uma quantidade três vezes maior de produto em boas condições. Somente após essa providência, um profissional do serviço de atendimento ao consumidor verificou se havia de fato algum problema, qual a causa e de quem foi a responsabilidade. Como consequência, o consumidor de boa-fé desenvolve uma atitude positiva e leal em relação à empresa, garantindo-lhe uma imagem de seriedade e fidelidade. Entretanto, não faltam consumidores inescrupulosos, que se aproveitam da ocasião e assumem uma atitude egoísta, injusta e mal-intencionada.

Ética do consumo[1]

Esta é uma questão grave, com frequência esquecida na análise de comportamento das organizações. A ética do consumo é muitas vezes relegada a um segundo plano, pois a demanda efetiva assume especial importância na dinâmica do mercado, e o consumidor se torna o personagem central da economia social.

Os consumidores, conscientes de suas necessidades e desejos, se souberem defendê-los com decisão, verão os empresários submeterem-se a eles, caso pretendam obter benefícios. Em contrapartida, deixam-se guiar pelos produtores, seduzir por sua propaganda ou seguir o costume, em vez de cooperar ativamente no processo econômico-social, dando preferência a produtos ou serviços de mais qualidade e valor.

A relação empresa-consumidor surge com um significado muito mais profundo, o de contribuição para a formação de uma ordem econômica voltada para o bem-estar social. Isso exigirá não só um novo tipo de empresário, de que tanto se fala atualmente, como também um novo tipo de consumidor. A ética do consumidor e de sua atitude assume particular importância em situações de pleno emprego. Se, na ética do consumo, o conceito de poupança é considerado qualidade individual, a ética social o vê como virtude social, dentro de determinadas circunstâncias. Assim, o consumo de bens de luxo, não justificável sob o prisma socioeconômico, significaria redução da formação de capital necessário para o desenvolvimento da economia nacional e o cumprimento de seu fim social no futuro. Estariam sendo lesados, nesse caso, princípios de ética social e do consumo. Dependerá, portanto, da atuação consciente e decisiva do consumidor o restabelecimento de seu papel dominante na economia nacional.[2]

No sistema capitalista, os empresários muitas vezes garantem seu domínio graças ao poder de comunicação de grandes organizações. Nas economias planificadas, dirigi-

---

[1] ARRUDA, Maria Cecilia Coutinho de. *Ética na administração de marketing*: um estudo exploratório no campo da comunicação e conceito de produtos, serviços e ideias. 1986. Tese (Doutorado) – Faculdade de Economia e Administração da Universidade de São Paulo, São Paulo, p. 43-45.

[2] MESSNER, Johannes. *Ética social, política y económica a la luz del derecho natural*. Madri: Rialp, 1967. (Versão espanhola do original em alemão *Das naturrecht*. p. 1143-1144).

das ou socialistas, porém, os direitos do consumidor são mais intensamente anulados, constituindo uma dificuldade seu exercício. Pela ética do consumo, o direito de propriedade refere-se tanto à forma de auferir receitas, como à livre escolha do consumo: deve-se poder expressar o que se quer, e como se quer ser servido, com plena consciência desse direito e dos deveres relacionados com ele.

A moral do consumo consiste na orientação da escolha do consumo e na demanda, conforme os princípios vitais e culturais prescritos nos fins existenciais do homem e de acordo com a ordem hierárquica de necessidades com respeito a eles. Tal orientação pode ser conseguida pela educação do consumidor, proporcionada pela família, escola, imprensa, associações de consumidores e empresas. A boa comunicação pode trazer uma contribuição eficacíssima nesse aspecto. É preciso saber avaliar a qualidade dos bens e serviços a consumir, e firmeza para poder exigi-la no instante da compra.

Cabe ressaltar o papel primordial das donas de casa na economia nacional, uma vez que grande parte da renda nacional passa por suas mãos. Na economia doméstica, a função de demanda se exerce conforme uma hierarquia de necessidades, e o consumo se guia por juízos de valor, altamente influenciados pelos recursos e apelos da comunicação publicitária. Dessa ordem depende o nível de poupança, vital para o desenvolvimento da economia.

O Instituto Akatu ampliou a visão sobre o consumo (Quadro 9.1), inserindo-o em um contexto maior de ciclo de produção, em que há consequências de médio e longo prazos, positivas e negativas, não somente para o consumidor, mas também para o meio ambiente e para a sociedade, introduzindo a consciência da sustentabilidade.

Quadro 9.1 Consumo consciente.

Consumo Consciente

É consumir diferente: tendo no consumo um instrumento de bem-estar e não fim em si mesmo

É consumir solidariamente: buscando os impactos positivos do consumo para o bem-estar da sociedade e do meio ambiente

É consumir sustentavelmente: deixando um mundo melhor para as próximas gerações

---

Fonte: Instituto Akatu pelo Consumo Consciente. Disponível em: <www.akatu.org.br/consumo_consciente/oque>. Acesso em: 10 jul. 2009.

O consumo consciente é um ato que leva em conta a sustentabilidade ambiental, social, econômica e individual, de forma a preservar a vida no planeta. Com isso, o consumidor consciente tem uma preocupação com os recursos gastos na produção do produto e como ele deve ser corretamente usado e descartado no futuro. O consumidor consciente sabe que, ao se informar sobre o produto em si e sobre a empresa produtora, pode transformar a sua compra num ato de reconhecimento de boas práticas sustentáveis.

Ética e defesa do consumidor

O tema da defesa do consumidor tem sido bastante divulgado nos meios de comunicação. No Brasil, a criação de órgãos e associações que surgiram e continuam a aparecer a cada dia incentivou a racionalização do processo de compra, fazendo com que o consumidor se tornasse mais exigente e seletivo. Quer de origem pública, quer privada, esses órgãos e associações encontram, ainda, pouca credibilidade junto aos consumidores.[3]

O Procon, hoje Fundação Procon, foi criado para a proteção e defesa do consumidor em 1976, ainda com a estrutura de órgão da administração direta, ligado à Secretaria de Economia e Planejamento do Estado de São Paulo, e desde seu início foi considerado entidade de referência para as demais que surgiram em todo o Brasil.[4] Essa fundação pertence atualmente à Secretaria da Justiça e da Defesa da Cidadania do Estado de São Paulo.[5]

O Procon tem como objetivo tornar o cidadão apto a defender seus direitos como consumidor. Para isso, dá forte importância à educação ou orientação do consumidor, sendo sua atuação um canal de comunicação entre a comunidade e o Estado. É, portanto, um órgão de defesa do consumidor. Dentro de sua filosofia, o Procon prioriza os seguintes direitos do consumidor: direito ao consumo, direito à segurança, direito à escolha, direito à informação, direito a ser ouvido, direito à indenização, direito à educação para o consumo, direito a um ambiente saudável.

No Brasil, o movimento dos consumidores teve início em 1970, porém sua atuação só foi amplamente desenvolvida no final da década de 80, quando os brasileiros já se faziam representar, por meio do Procon, na Organização Internacional de Associação de Consumidores (IOCU), entidade não governamental reconhecida pela Organização das Nações Unidas (ONU), que congrega muitas dezenas de países, a maioria dos quais considerados *em desenvolvimento*. A partir de 1995, a IOCU passou a se chamar Consumers International (CI).[6]

---

[3] ARRUDA. Op. cit. p. 69.
[4] ZÜLZKE, Maria Lucia. *Abrindo a empresa para o consumidor*: a importância de um canal de atendimento. 2. ed. Rio de Janeiro: Qualitymark, 1997. p. 145-147.
[5] Disponível em: <www.procon.sp.gov.br/>.
[6] Disponível em: <http://www.consumersinternational.org/who-we-are/about-us/we-are-50/history-of-the-consumer-movement/> (Acesso em: 05 ago. 2016).

Criado em São Paulo, por particulares, em 1987, o Instituto Brasileiro de Defesa do Consumidor (IDEC),[7] entidade civil de consumidores, atualmente membro pleno da Consumers International, veio solucionar o problema de consumidores lesados pelo governo ou pelas empresas estatais, que fugia da alçada do Procon, por existir conflito de interesses. Da mesma forma que em países desenvolvidos, o IDEC promove testes comparativos de produtos e serviços, publica seus resultados, além de orientar o consumidor em temas pertinentes.

Mais importante de tudo foi a promulgação, em 1988, da Constituição da República Federativa do Brasil, estabelecendo que o Estado promoveria a defesa do consumidor e elaboraria um código específico para isso. O Código da Defesa do Consumidor veio a lume com a Lei nº 8.078, de 11 de setembro de 1990. Seus objetivos básicos são, entre outros, a garantia de regularidade das atividades empresariais, permitindo o desenvolvimento dos processos produtivo e distributivo dentro de normas próprias, em que imperam os princípios éticos da honestidade e da lealdade, a preservação dos direitos dos consumidores, dentro de uma sistemática mais eficaz, em que denuncia e sanciona práticas abusivas detectadas na experiência fática.[8]

Muitos anos após a promulgação do Código do Consumidor, os profissionais que atuam na área de atendimento ao consumidor são unânimes ao constatar que a cultura do brasileiro mudou.

Além do IDEC, como iniciativa da sociedade civil foi criada a Associação Brasileira de Defesa do Consumidor (PROTESTE), a maior associação de consumidores de toda a América Latina.[9] Ajuda o consumidor a fortalecer seu poder de compra e a conhecer seus direitos com os testes comparativos e outros artigos publicados em suas revistas. Além disso, orienta o associado sobre os direitos do consumidor, fazendo mediação de pendências entre os associados e os fornecedores que se recusam a atendê-los. Por fim, encaminha a empresas e governos as reivindicações e propostas pertinentes.

A partir de 2013 foi criado um novo serviço público para solução alternativa de conflitos de consumo disponibilizado por meio de plataforma tecnológica de informação, interação e compartilhamento de dados monitorada pelos Procons e pela Secretaria Nacional do Consumidor do Ministério da Justiça, com o apoio da sociedade.[10] Essa Secretaria é a responsável pela gestão, disponibilização e manutenção do *site* Con-

---

[7] Disponível em: <http://www.idec.org.br/>.
[8] BITTAR, Carlos Alberto. *Direitos do consumidor*: código de defesa do consumidor (Lei nº 8.078, de 11 de setembro de 1990). Rio de Janeiro: Forense Universitária, 1990. p. 23-24.
[9] Disponível em: <www.proteste.org.br>.
[10] Disponível em: <https://www.consumidor.gov.br/pages/principal/quem-somos> Acesso em: 27 jul. 2016.

sumidor.gov.br, bem como pela articulação com demais órgãos e entidades do Sistema Nacional de Defesa do Consumidor que, por meio de cooperação técnica, apoiam e atuam na consecução dos objetivos do serviço.

Assim, do ponto de vista do consumidor, direitos que antes não eram exercidos passaram a ser exigidos. Em contrapartida, as empresas produtoras de bens, serviços e ideias foram instadas a se adaptar e atender às exigências legais e dos clientes. Ou seja, a relação direito-dever tornou-se uma constante entre empresários e consumidores.

Cenários para discussão

Cenário 1 – Um consumidor comprou um carro novo numa concessionária que opera no sistema de franquia na sua região. Oito meses depois da compra, começou a ter problemas com a transmissão do carro. Esse fato é sério, porque envolve o câmbio, parte fundamental do conjunto mecânico de um veículo, que funciona como multiplicador de força do motor. Entendendo a transmissão como a distribuição da potência do motor, dela depende a movimentação da engrenagem das rodas. Diante disso, o consumidor levou o automóvel de volta à concessionária e alguns consertos foram feitos. Nos meses a seguir, o defeito no jogo da transmissão voltou a se manifestar. Cada vez a concessionária fazia um pequeno ajuste. No 13º mês após a compra do carro, o senhor voltou à concessionária porque a transmissão ainda não estava funcionando corretamente. Desta vez, a transmissão foi completamente vistoriada. Uma vez que a garantia era de apenas um ano (doze meses a partir da data da compra), o varejista cobrou o preço total das peças e mão de obra. Houve algum problema ético?

Cenário 2 – Um fabricante de cerâmica fez um anúncio de vendas de uma de suas melhores mercadorias, com considerável desconto. Tratava-se de um conjunto de louças sanitárias (vasos, pias, banheiras, saboneteiras, suportes para toalha etc.), de três tamanhos diferentes. Havia vários modelos para escolher. O comprador poderia adquirir também peças avulsas disponíveis no estoque. O anúncio, no entanto, não dizia que a produção destes modelos seria descontinuada. O fabricante dá esta informação apenas se o comprador perguntar diretamente se a mercadoria está sendo descontinuada. Nesse caso, omitir a informação para o consumidor pode configurar uma falta ética?

Cenário 3 – Um cliente efetuou uma compra por R$ 7.000,00 à vista, por exigência do vendedor. Uma semana depois, como promoção, a mesma mercadoria poderia ser adquirida com o pagamento parcelado em três vezes. A empresa deveria proporcionar alguma compensação ao referido cliente?

Referências bibliográficas

ARRUDA, Maria Cecilia Coutinho de. *Ética na administração de marketing*: um estudo exploratório no campo da comunicação e conceito de produtos, serviços e ideias. 1986. Tese (Doutorado) – Faculdade de Economia e Administração da Universidade de São Paulo, São Paulo.

BITTAR, Carlos Alberto. *Direitos do consumidor*: código de defesa do consumidor (Lei nº 8.078, de 11 de setembro de 1990). Rio de Janeiro: Forense Universitária, 1990.

HENDERSON, Hazel. Fim de jogo! *Revista Digital de Meio Ambiente e Desenvolvimento*, 10 jul. 2009. Disponível em: <http://envolverde.ig.com.br/materia.php?cod=60419&edt=29#>. Acesso em: 13 jul. 2009.

MESSNER, Johannes. *Ética social, política y económica a la luz del derecho natural*. Madri: Rialp, 1967. (Versão espanhola do original em alemão *Das naturrecht*.)

ZÜLZKE, Maria Lucia. *Abrindo a empresa para o consumidor*: a importância de um canal de atendimento. 2. ed. Rio de Janeiro: Qualitymark, 1997.

Webgrafia

<www.akatu.org.br>.

<www.consumersinternational.org>.

<www.consumidor.gov.br>.

<www.envolverde.com.br> (*website* que sucedeu ao envolverde.ig.com.br).

<www.idec.org.br/>.

<mercadoetico.terra.com.br/institucional/o-que-e-o-mercado-etico/> (Acesso em: 10 jul. 2009. Em 5 ago. 2016, *website* em renovação).

<www.odovo.com.br/br/sp/sao-paulo/secanp-associacao-nacional-profissionais-servicos-consumidor-sp/a>.

<www.procon.sp.gov.br>.

<www.proteste.org.br>.

Ética em finanças 10

Filósofos, administradores e economistas estudam a riqueza e o comportamento humano como uma relação entre fins e meios escassos, que têm usos alternativos. O que é a administração financeira senão gestão de recursos para usos alternativos de riquezas?

É preciso que empresas, políticas e normas assegurem que sejam atendidas as necessidades humanas de bens e serviços escassos, possibilitando o desenvolvimento das pessoas, individualmente e em relação à sociedade. Esse é o valor da riqueza, em seu mais profundo sentido. É dentro desse conceito que um empreendimento não lucrativo, ou que não apresente resultados, poderia com bastante certeza ser tratado como não ético.

Muitos profissionais parecem despertar para a ética em finanças no momento em que grandes escândalos são divulgados. No dia a dia, porém, se as transações financeiras não estiverem apoiadas em determinadas regras e comportamentos morais, o mercado se ressentirá e a impressão de oportunismo poderá comprometer negativamente os investimentos de muitos cidadãos, de empresas e de instituições financeiras.

Enquanto na administração financeira buscam-se os meios, na ética é necessário considerar o fim e o objeto, além das consequências e circunstâncias, que atenuam ou agravam a ação. Como afirma Melé: "Determinadas circunstâncias agravam ou diminuem a gravidade moral do objeto, porém um objeto intrinsecamente mau não muda por causa das circunstâncias presentes ou pelas consequências previsíveis" (1997, p. 121). Assim, a um administrador financeiro cabe a tarefa de, entre as inúmeras opções que tem, escolher a que maximize a riqueza dos acionistas ou investidores, considerando as consequências éticas dessa ação.

A ética é necessária no ramo de serviços financeiros. Os produtos são desenvolvidos para atender às necessidades das pessoas e seu marketing deve ser feito de maneira responsável, sem táticas coercitivas ou enganosas. Corretores e instituições devem gozar da reputação de comportamento ético para atrair a confiança dos clientes, da mesma forma que os médicos, advogados, consultores e outros profissionais liberais.

Em qualquer situação, na área de finanças de uma corporação, ou como funcionário de uma instituição financeira, a ética das virtudes parece constituir um bom norte para a atividade financeira.

Virtudes pessoais na atividade financeira

Na área financeira, em que muitas leis e regulamentos já existem, vários códigos de ética profissionais[1] e diretrizes setoriais[2] já estão disponíveis; talvez seja mais oportuno reforçar a visão da ética como ciência comportamental, prática, lembrando a característica racional e livre do ser humano, capaz de ações morais.

A gestão de negócios em geral, e de modo mais concreto na área financeira, preocupa-se em ser ética não porque isso gere lucros, mas porque ela acontece entre seres humanos, os quais em qualquer circunstância devem agir corretamente, com independência em relação às consequências dessa atuação.[3]

Para evitar qualquer tipo de coação, o administrador deve informar seus clientes, de forma correta e compreensível, a respeito das condições para aplicar em diferentes operações, permitindo a eles estabelecer uma comparação entre as várias possibilidades e tomar uma decisão com liberdade.

O poder inerente à área financeira de uma empresa, ou a uma instituição do mercado financeiro, pode ser empregado de maneira distorcida, independentemente do porte da organização. A rentabilidade, e não o tamanho, é o fator gerador de riqueza ou de renda. Assim, o poder não deve ser associado à quantidade de recursos outorgados, mas à faculdade de dar ou negar tais recursos, e isso de forma discricionária. Uma pessoa que solicite crédito a uma instituição financeira não pode exigir que a concessão ou não do crédito esteja apoiada em frias condições objetivas.

---

[1] Instituto Brasileiro de Executivos de Finanças (IBEF).
[2] Banco Central do Brasil.
[3] TERMES, Rafael. Actividad financiera y virtudes personales. In: MELÉ CARNÉ, Doménec (Coord.) *Ética en la actividad financiera*. Barañáin: Ediciones Universidad de Navarra, 1998. p. 107-119.

O poder deve ser usado de forma racional, não autorizando créditos por capricho, mas a pessoas ou instituições que pareçam reunir condições para merecê-lo, após minuciosa e responsável avaliação dos projetos em si.

Uma empresa financeira, ou área financeira de uma organização, estará fazendo uso de seu poder para discriminar as empresas de forma construtiva, indo além do critério de solvência e capacidade de devolução dos valores de crédito. Essa organização pode encaminhar sua poupança para projetos mais eficazes, que gerem maior crescimento econômico.

A discriminação de projetos em empresas implica deixar de lado outros investimentos mais eficazes e talvez ocasione o encerramento de operações de uma organização que, por falta de criatividade inovadora, parece satisfazer-se com a rotina de ramos mais amadurecidos da economia. O bem comum, princípio e conceito tipicamente ético, deve ser considerado e preservado nas decisões das instituições financeiras, assegurando seu bom uso do poder.

Virtudes para a atividade financeira

Liberalidade e magnificência

São duas principais virtudes esperadas em um administrador financeiro, no que tange ao manejo de dinheiro.

Virtudes	Ações
Liberalidade	Uso moderado da riqueza
Magnificência	Realização de grandes coisas com gastos proporcionados

Vícios opostos	Ações
Avareza e mesquinhez	Excessiva aversão ao risco
Prodigalidade e desperdício	Luxo e ostentação da própria imagem. Controle dos meios de informação e dos grupos de pressão

Prudência

Virtude própria do empresário financeiro, a prudência constitui um guia, medida e razão de todas as virtudes morais.

Virtude	Ação
Prudência econômica	Uso da riqueza como instrumento, não como fim último

Vícios opostos	Ações
Imprudência	Precipitação, falta de consideração, inconstância
Negligência	Não escolha dos meios pertinentes
Astúcia	Simulação e interesse
Engano e fraude	Busca do fim por caminhos tortuosos

Veracidade

Virtude da maior importância para o empresário financeiro, a veracidade é condição indispensável para seu relacionamento com os acionistas.

Virtudes	Ação
Sinceridade e lealdade	Salvaguarda do patrimônio do acionista, em termos reais
	Informação certa, clara e pontual aos acionistas

Vícios opostos	Ações
Falsidade	Falsear a informação ao mercado ou à sociedade, de suas condições reais
	Enganar nas condições que publica
Simulação	Simular resultados usando artifícios contábeis

Austeridade

Apoiada na temperança, a austeridade é uma virtude que, não sendo essencial como a prudência, aperfeiçoa o empresário financeiro.

Virtudes	Ações
Austeridade, sobriedade, discrição, modéstia	Equilíbrio e moderação
Mansidão, clemência	Garantia de boa administração dos bens de terceiros que são confiados a ele

Para que se consiga elevar o clima ético de uma organização, é preciso que seus funcionários e diretores vivam todas as virtudes morais, e não apenas as que os códigos de ética ou os guias de conduta possam suscitar. A formação moral das pessoas, recuperando ou afirmando a consciência moral, ao lado do exemplo, constitui a educação para a ética. Pouco a pouco, a cultura do ser se sobreporá à cultura do *desfrutar*. O mercado financeiro se tornará, então, mais valoroso e atraente para investidores, pessoas ou organizações.

Ética na administração financeira

São inúmeros os aspectos da atividade financeira de uma organização que merecem uma consideração ética. Para os gestores, naturalmente elas exigem as virtudes mencionadas antes, porém, quanto à execução em si da função financeira de uma empresa, cinco pontos principais podem ser identificados:[4]

Informação correta e imparcial

Especialmente numa era de desenvolvimento da informática como a que se vive neste momento, a necessidade de transmitir aos mercados financeiros uma informação correta e imparcial é imperativa. A difusão de informações adquire importantes conotações éticas.

Omitir, isto é, proporcionar informação sem a necessária carga educativa para que a mensagem seja real e facilmente compreendida pelas pessoas interessadas, pode constituir um problema ético. Com frequência, essa falha é atribuída aos jornalistas que, ávidos por notícias, interpretam dados que podem gerar comportamentos inesperados no mercado de capitais. No entanto, esse é um questionamento interno das empresas, até mesmo industriais, que por vezes não permitem a transparência da informação nem sequer para os responsáveis por ações estratégicas da organização.

Restaurar a confiança

É fundamental que o administrador financeiro aja de modo que seja recuperada a confiança na economia produtiva, e os acionistas e dirigentes da empresa não se deixem iludir pela possibilidade de um enriquecimento rápido por meio de operações financeiras que se afastam da missão corporativa.

Em países em desenvolvimento, onde é mais comum o fenômeno econômico da inflação, com frequência essa tentação ocorre. A especulação, em momentos de maior

---

[4] FAUS, Josep. Ética en las operaciones y en las políticas financieras de las empresas. In: MELÉ CARNÉ, Domènec (Coord.). *Ética en la actividad financiera*. Barañáin: Ediciones Universidad de Navarra, 1998. p. 122-123.

risco, atrai sobremaneira os investimentos. Se a economia é recessiva e o mercado sofre retração, pouco estímulo se dá à inversão de capitais no processo produtivo. É preciso uma forte liderança da empresa para assegurar que, se o produto ou serviço for bom, sua posição no mercado estará garantida no médio e longo prazos. A criatividade deve ser posta em ação para descobrir novas maneiras de reduzir custos sem prejudicar a qualidade, e deve existir a disposição de temporariamente comprimir-se a margem de lucros, para que todo o negócio seja preservado, e não exposto às oscilações do mercado financeiro.

Gestão de riscos

O investimento ou a emissão de qualquer título implica risco. É a mola propulsora dos negócios, em certo sentido, e, por suas eventuais consequências desastrosas para a organização, o risco deve ser muito bem administrado. Da mesma forma que os seguros, a perspectiva ética aparece muito clara no momento de estabelecer os preços que cobrirão o risco e garantirão a rentabilidade. A certeza e a incerteza dos resultados financeiros são o motivo do risco. Essa área cinzenta exige que as organizações tomem todas as precauções possíveis, para que o risco seja avaliado da forma mais precisa possível. Assim, para gerir suas finanças, é essencial que a empresa conte com profissionais de reconhecida capacidade administrativa e ética.

Concepção dos objetivos de finanças

No capitalismo extremo, é comum exprimir-se o objetivo de finanças como a maximização do valor dos investimentos dos acionistas. Lembrando que a empresa pode estar vivendo parcialmente com capital de terceiros e que um grande número de *stakeholders* depende dela, e não apenas os *stockholders* (acionistas), a maximização do valor deve ser corretamente compreendida. Enquanto para alguns acionistas o interesse único é a maximização dos lucros, para outros devem ser considerados também o bem-estar e o desenvolvimento humano de seus empregados ou da sociedade em que está inserida a organização. A função financeira, nesse caso, volta-se para a busca da maximização do valor, dentro da observância das leis, com respeito aos direitos e interesses da cada um dos grupos de *stakeholders*.

Sentido ético geral da sociedade

Em termos financeiros, o investimento no social pode parecer desprezível, porém hoje ele já se mostra rentável.

Em todo o mundo, existe uma gama de investidores, para quem as aplicações se dirigem principal ou prioritariamente a empresas que desenvolvem ou apoiam projetos sociais, fora do negócio em que opera.

Outros, também preocupados com a ética e seu impacto social, entendem que toda empresa, por natureza, tem um fim social claro: seus produtos, serviços ou ideias existem para servir aos cidadãos. Por essa razão, ao produto final deve corresponder a concretização de um conceito moral correto e de uma qualidade do mais alto nível. A empresa é ética, útil à sociedade, e lucrativa, se atende de fato às necessidades dos consumidores ou clientes, a preços que garantam a subsistência e o crescimento do negócio, os salários justos e o desenvolvimento tecnológico. Se a organização cumprir fielmente sua missão, com certeza satisfará a todos os seus *stakeholders*, atraindo todos os tipos de investimentos.

Nos dois casos, a imagem da empresa vai-se solidificando e os resultados a tornam mais e mais atrativa para novas aplicações. A credibilidade é fruto desse esforço contínuo, tenso e muitas vezes longo, de produzir resultados com ética, seriedade, justiça. É nisso que se apoia a imagem corporativa forte que a empresa construiu. Em última análise, é esse o seu grande ativo.

Ética no mercado de capitais e governança corporativa

Um mercado de capitais evoluído deve proporcionar à economia os recursos financeiros necessários para suas transações e seu crescimento. Este pode ser um indicador de desenvolvimento econômico. Os bancos, por exemplo, têm um papel fundamental como intermediários no mercado de dinheiro, crédito e capital. Por um lado, atuam entre a demanda da indústria de capital e a oferta de capital, como juízes dos investidores, dos usos alternativos do investimento de capital e da solvência de seus clientes no mercado de crédito. Não são apenas moderadores, mas com frequência avaliadores dos riscos e da solvência, como investidores e assessores dos investidores no mercado de capitais.

O exemplo dos bancos sugere o seguinte questionamento: a influência e o poder dos agentes do mercado de capitais implicam responsabilidade e consciência moral? Como analisado anteriormente, o poder, por definição, constitui um fenômeno ético ou moral. Qualquer atuação imbuída de poder, portanto, deve ser moralmente responsável e defensável. Esse fato justificaria a existência de um código de ética para a atividade bancária.

São conhecidas iniciativas desse tipo no mercado de capitais no Brasil? Se não originadas no Brasil, talvez nos países onde se encontram as sedes de empresas multinacionais. Provavelmente poucas em ação, atualizadas, adequadas, completas. Este pode ser outro indicador de complexa interpretação: ou o mercado de capitais está operando com elevados índices de eticidade, insuspeitáveis no Brasil – diferentemente dos demais setores da economia brasileira – ou pouca atenção parece ainda estar sendo dada à formação e atuação ética dos profissionais e empresas do setor.

As Bolsas,[5] a Serasa Experian,[6] a Comissão de Valores Mobiliários (CVM)[7] têm demonstrado grande preocupação com a ética, apoiando e desenvolvendo trabalhos,[8] documentos e materiais de riquíssimo conteúdo nesse sentido.

A BM&FBovespa definiu critérios para os estágios de governança corporativa, estabelecendo níveis (1, 2 e Novo Mercado). O que difere os níveis são as práticas de governança gradualmente exigidas para as respectivas empresas, denominadas "listadas" em cada segmento, e particularidades no tocante aos tipos de ação lançadas. No Nível 1, as empresas comprometem-se principalmente a maior transparência na divulgação de informações aos investidores. No Nível 2, as empresas dispõem-se a cumprir quase todas as exigências do Novo Mercado. Já as empresas que voluntariamente adotam práticas que vão além do exigido pela legislação, zelando pelos mais elevados graus de governança corporativa e direitos dos acionistas, encontram-se no Novo Mercado. Para estimular o crescimento de pequenas e médias empresas, com acesso ao mercado de capitais, foi criado o segmento Bovespa Mais.[9]

Em 1998, o Instituto Brasileiro de Executivos de Finanças (IBEF)[10] instituiu seu Código de Ética e Normas de Conduta Profissional. Em 1999, o Instituto Brasileiro de Governança Corporativa publicou o *Código de Melhores Práticas*, que vem sendo revisado periodicamente. Na Apresentação e nas premissas da 5ª versão desse Código (2015) foi explicitada a importância da ética na governança.[11] O movimento de Governança Corporativa se baseia nos princípios da transparência,[12] equidade, e prestação de contas (*accountability*) e responsabilidade corporativo, objetivando atrair investimentos aos negócios e ao país.

---

[5] *Vide*, como exemplo, a BM&FBOVESPA. Disponível em: <http://www.bmfbovespa.com.br>.
[6] Disponível em: <www.serasa.com.br> sucedido por <www.serasaexperian.com.br>.
[7] Disponível em: <www.cvm.gov.br>.
[8] WHITAKER, Maria do Carmo. Investindo com ética... em capital social. *Revista da CVM*, Rio de Janeiro, v. 32, p. 19-21, 2000.
[9] Disponível em: <https://pt.wikipedia.org/wiki/Novo_Mercado>. Acesso em: 15 ago. 2016.
[10] Disponível em: <www.ibef.com.br>.
[11] Disponível em: <www.ibgc.org.br> .
[12] QUELHAS, Osvaldo Luiz Gonçalves et.al. (Org.) *Transparência nos negócios e nas organizações*: os desafios de uma gestão para a sustentabilidade. São Paulo: Atlas, 2009.

Entender e viver a consistência ética é o desafio dos agentes do mercado de capitais, é o que define em última instância o papel verdadeiro do mercado de capitais, dentro dos objetivos expostos anteriormente.

Ética econômica no mercado de capitais

No mercado de capitais, alguns comportamentos podem ser identificados como eticamente questionáveis: o tráfico de informação privilegiada e a especulação.

O poder do mercado, a capacidade das empresas e dos agentes econômicos de definir preços acima dos custos marginais são três pontos importantes da ética no mercado de valores. Depois, as externalidades, as interações não passam pelo mercado, mas afetam o bem-estar dos cidadãos. Por fim, a informação assimétrica.[13]

O problema ético do poder de mercado reside em um acionista de empresa e o gestor objetivarem maximização de benefícios, tentando maximizar o poder de monopólio da empresa, porque é o que lhes dá mais benefícios. Isso pode provocar distorções em outros setores da economia. É possível que a melhor garantia para a eficiência econômica seja ainda uma vigorosa concorrência no mercado.

As externalidades podem levar uma instituição à bancarrota, a uma quebra em cadeia de outras instituições, afetando todo o sistema. Por isso, o sistema financeiro e bancário em geral é dos mais regulados.

A informação assimétrica leva à informação privilegiada. A disparidade de informação compromete a confiança, num primeiro momento, e a garantia de estabilidade do sistema financeiro, em seguida. Crises de confiança têm gerado situações de pânico e, em consequência, comportamentos do mercado com importantes repercussões sistêmicas na economia.

Tráfico de informação privilegiada

O tráfico de informação privilegiada constitui uma questão ética que pode ser estudada em três grupos de agentes no mercado de capitais: os investidores como fornecedores do capital, as sociedades financeiras como solicitadoras de capital, e os intermediários financeiros como agentes de bolsa situados entre a oferta e a demanda.

Parece não existir consenso entre economistas e juristas sobre esse problema. Alguns economistas defendem o tráfico de informação privilegiada porque ele au-

---

[13] VIVES, Xavier. Información asimétrica y tráfico de información privilegiada en los mercados financieros. In: MELÉ CARNÉ, Domènec (Coord.). *Ética en la actividad financiera*. Barañáin: Ediciones Universidad de Navarra, 1998.

menta a eficácia. Os juristas o recriminam, sugerindo sua proibição, com argumentos de justiça, de equidade para com os acionistas, de segurança jurídica e estabilidade na bolsa de valores.

Pela ética econômica, os dois pontos estão amalgamados e a questão que permanece é: o tráfico de informação privilegiada é eficaz, justo e equitativo, e não apenas eficaz? A introdução do critério jurídico leva a ponderar a questão da segurança de expectativas, a segurança legal e a possibilidade de aplicar a justiça em casos de conflito.

Admitindo o tráfico de influências, permanecem duas questões: a da ética e a da economia, próprias da *instituição mercado de capitais*, como parte da ética e da economia de mercado, num sentido mais amplo. Em segundo lugar, o tráfico de influências é uma questão de ética pessoal dos que trabalham dentro das regras do jogo da bolsa de valores.

Especulação

A especulação no mercado é eticamente admissível enquanto cumpre uma função objetiva na economia: a redução da incerteza sobre a capacidade de comercialização das ações em bolsa. Quando a especulação não chega a reduzir realmente a incerteza, não está justificada. Os benefícios da especulação constituem o pagamento por esse serviço oferecido ao público da bolsa e justificam-se pelos sobrepreços criados pela especulação.

Pseudoespeculação e ágio

Quando não existe uma verdadeira incerteza, os fatos da informação privilegiada na bolsa são conhecidos, e a incerteza pode ser reduzida com custos menores, por exemplo, tornando pública essa informação.

Os benefícios da especulação profissional constituem uma remuneração pelo efeito produtivo de absorver a incerteza. Quando o esforço do especulador não é produtivo, porque só serve de apoio a uma pseudoincerteza, não é legítimo que obtenha benefícios.

Arbitragem, especulação e ágio

A arbitragem, entendida como um sistema ágil e de baixo custo para solucionar disputas sem necessidade do processo legal ou judicial, atende aos interesses de todos os envolvidos. A arbitragem, porém, é um processo que dá margem a abusos. A crítica é feita a investidores que agiram de forma não correta, por influência do corretor ou agente desonesto e incompetente.

O resultado produtivo da especulação por tráfico de informação privilegiada não é arbitragem, nem especulação real, mas ágio, ou seja, a atividade de obter benefícios acrescentando um simples sobrepreço (ágio) a um bem ou serviço, sem adicionar nenhum valor a este.

Temas de vital importância para a ética em finanças, na economia e no mercado de capitais, foram aqui abordados. Do ponto de vista operacional, foram apontadas áreas de consenso e áreas de divergência. Os critérios de eticidade devem ser sempre o norte das decisões: ação, intenção e circunstância éticas devem caracterizar a solução correta ou certa. Vale a pena iniciar a reflexão sobre os critérios éticos para as decisões de investimento.

Cenários para discussão

Cenário 1 – O gerente de uma agência bancária tem determinadas metas semestrais para cumprir, impostas por seus superiores. Os descontos por ele concedidos são baseados numa margem estipulada com base nas análises de balanço feitas por você, leal funcionário. Ao fim do semestre, a meta ainda não foi alcançada. Um cliente propõe um empréstimo vultoso que permitirá o fechamento da meta. O gerente lhe diz para fazer a sua análise condizente com a proposta do cliente. Discuta o processo do "vale tudo" na hora de cumprir metas.

Cenário 2 – Um gerente de tesouraria de uma empresa de porte fez aplicações financeiras em ações de altíssimo risco, com a ciência dos diretores da companhia. Sobrevindo uma crise de mercado, a rentabilidade baixa dessas ações resultou em perdas vultosas para a empresa. Ao explicar o ocorrido para os acionistas, os diretores alegaram não conhecer o grau de risco das operações e desligaram o gerente da organização. Discuta a necessidade de assumir a responsabilidade nos diferentes graus hierárquicos e de dar apoio aos subordinados em situações constrangedoras como essa.

Cenário 3 – Um operário recebeu uma herança de valor significativo. Num intervalo de trabalho, entrou em uma agência bancária para pedir assessoria quanto à aplicação mais conveniente para o valor contido no cheque que levava. Dirigiu-se à mesa do gerente de investimentos, tendo sido barrado por seu assistente, que o julgou por sua aparência. O cheque era de 100 milhões de reais. Por falta de competência do funcionário, o banco perdeu um importante potencial cliente. Discuta que virtudes são importantes para o atendimento ao público no setor financeiro.

Referências bibliográficas

ARGANDOÑA, Antonio (Ed.). *La dimensión ética de las instituciones y mercados financieros*. Bilbao: Fundación BBV, 1995.

ARRUDA, Maria Cecilia Coutinho de; ROK, Boleslaw. *Understanding ethics and responsibilities in a globalizing world*. Cham: Springer International Publishing Switzerland, 2016.

BOATRIGHT, John R. *Ethics in finance*. Malden, Mass.: Blackwell, 1999.

CASEY, John L. *Ética no mercado financeiro*. 2. ed. Rio de Janeiro: IMF, 1998. (Tradução da edição original de 1990.)

FAUS, Josep. Ética en las operaciones y en las políticas financieras de las empresas. In: MELÉ CARNÉ, Domènec (Coord.). *Ética en la actividad financiera*. Barañáin: Ediciones Universidad de Navarra, 1998.

MELÉ CARNÉ, Domènec (Coord.). *Ética en la actividad financiera*. Barañáin: Ediciones Universidad de Navarra, 1998.

QUELHAS, Osvaldo Luiz Gonçalves et al. (Org.) *Transparência nos negócios e nas organizações*: os desafios de uma gestão para a sustentabilidade. São Paulo: Atlas, 2009.

ROSSOUW, G. J. (Deon); SISON, Alejo José G. *Global perspectives of corporate governance*. New York, NY: Palgrave Macmillan, 2006.

TERMES, Rafael. Actividad financiera y virtudes personales. in: MELÉ CARNÉ, Domènec (Coord.). *Ética en la actividad financiera*. Barañáin: Ediciones Universidad de Navarra, 1998.

VIVES, Xavier. Información asimétrica y tráfico de información privilegiada en los mercados financieros. In: MELÉ CARNÉ, Domènec (Coord.). *Ética en la actividad financiera*. Barañáin: Ediciones Universidad de Navarra, 1998.

WHITAKER, Maria do Carmo; RAMOS, J. M. R. Ética e as linhas mestras do Código das melhores práticas de governança corporativa do IBGC Instituto Brasileiro de Governança Corporativa. *Estratégica* (FAAP), v. 09, p. 125-133, 2010.

Webgrafia

<https://pt.wikipedia.org/wiki/Novo_Mercado>.

<http://www.bmfbovespa.com.br>.

<www.cvm.gov.br>.

<www.ibef.com.br>.

<www.ibgc.org.br>.

<www.serasa.com.br> sucedido por <www.serasaexperian.com.br>.

Ética na gestão de pessoas 11

No mercado de trabalho brasileiro, a ética parece ser ainda mais falada do que vivida. Há necessidade de profissionais líderes, que saibam influenciar seus colegas, chefes e gerentes com naturalidade, com inteligência, para que os valores morais se sobreponham ao oportunismo, à fraude, ao medo da concorrência, aos costumes pouco retos do ramo em que a organização opera.

Na gestão de pessoas, as organizações preocupam-se muito com o marco legal, o cumprimento da legislação trabalhista, com acordos sindicais e outros aspectos previstos em regulamentos governamentais e diretrizes da empresa.

Uma perspectiva de responsabilidade social ressalta o compromisso ético da empresa em relação a seus *stakeholders*, sempre enfocando o relacionamento entre pessoas: entre a empresa, seus executivos e os acionistas; entre a empresa e seus clientes e fornecedores; entre a empresa e a sociedade de modo geral, ou a comunidade em que está inserida, incluindo os concorrentes; entre os executivos e os empregados, ou entre os próprios colaboradores.

As organizações que estabeleceram para si códigos de ética costumam definir condutas éticas específicas a serem seguidas no relacionamento de seus empregados com os *stakeholders* externos.

Ética no relacionamento com colaboradores

Menos atenção parece estar sendo dispensada às relações entre a alta administração e os colaboradores e às relações entre os próprios funcionários. Tendo a legislação como base para o tratamento das questões ligadas aos recursos humanos da organização – detalhista, paternalista e rigorosa e, por vezes, demasiado burocrática –, o comportamento ético pode parecer algo óbvio, mas no dia a dia percebe-se que é da maior importância.

Uma forma de se poder refletir sobre a ética na gestão de pessoas é considerar três momentos da vida de qualquer funcionário ou diretor de uma organização: a contratação, a permanência e o desligamento.[1]

Ética na contratação de colaboradores

O processo de seleção tem impacto muito forte sobre o candidato a uma colocação, pois transcende o âmbito da empresa, podendo até afetar seu patrimônio futuro, sua estabilidade emocional, suas condições e disposições. Cuidados do profissional de seleção em relação ao candidato podem mudar sua vida pessoal para o bem, da mesma forma que erros nesta fase podem deixar marcas negativas, indeléveis e irreparáveis. Muitas vezes, um telefonema, uma carta ou um *e-mail* em tom profissional e delicado, expondo com objetividade as reais razões pelas quais o candidato não foi selecionado, seriam o suficiente para que a pessoa pudesse se conhecer melhor, aprender com a experiência e sentir-se estimulada a continuar seu esforço para encontrar trabalho, superando a depressão que muitas vezes o desemprego causa.

O risco de não contratar a pessoa que seria a ideal, ou de contratar alguém que logo revele não possuir o perfil almejado, é inerente ao cargo do profissional de seleção. Recursos técnicos têm sido aprimorados para facilitar essa árdua tarefa. Do ponto de vista ético, há, ainda, poucas experiências de sucesso que permitam avaliar a conduta moral do candidato. A percepção que, aliás, é bastante aguçada no brasileiro deve ser considerada um fator adicional, complementar e nunca decisivo.

As empresas têm desenvolvido métodos diversos para avaliar o perfil ético, mas ainda há muito a ser pesquisado nesse campo. A questão ética da contratação não se encontra no erro técnico ou na imperfeição dos instrumentos de avaliação do candidato.

O problema ético real consiste em deixar de contratar, intencionalmente, a pessoa considerada ideal, ou, ao contrário, contratar alguém, sabidamente não habilitado, para obter alguma vantagem *significativa* em troca. Inúmeras razões poderiam levar o profissional de seleção a agir dessa maneira, ferindo a ética. Entre elas, poderiam estar a intenção de retaliação por algum motivo alheio ao candidato e a discriminação de qualquer tipo (raça, credo, sexo, idade, condição socioeconômica).

Outro problema ético que pode ocorrer durante o processo de seleção de um candidato – e isso torna-se especialmente grave na seleção para cargos mais elevados ou

---

[1] JIMÉNEZ, Alfonso. Ética y gestión de personas. In: MELÉ CARNÉ, Domènec (Coord.). *Raíces éticas del liderazgo*. Barañáin: Ediciones Universidad de Navarra, 2000. p. 339-345.

tecnicamente especiais – é a omissão de informações substanciais sobre a missão, visão, cultura e estratégias da organização. É um direito do candidato conhecer, do modo mais realista possível, todas as informações importantes para sua própria avaliação da empresa, até o limite considerado adequado, dentro da linha da discrição e do sigilo profissional.

Uma vez definida a seleção, ainda durante o processo de contratação, vários acordos não escritos (de cavalheiros, verbais, tácitos) são estabelecidos entre o candidato e a empresa, versando sobre a carreira profissional, nas áreas de educação e desenvolvimento, níveis de autonomia na gestão, entre outros. Espera-se de ambas as partes que tais acordos sejam cumpridos em sua totalidade, sem que seja necessário recordá-los continuamente, após a assinatura do contrato.

Ética e permanência dos colaboradores/empregados

Se a ética é essencial na fase de seleção e contratação de um empregado, mais importante torna-se no decorrer da prestação do serviço e de toda a vida do empregado na empresa. A transparência, honestidade e sinceridade na comunicação costumam predispor todos os colaboradores a agirem com lealdade e liberdade. À medida que uma pessoa demonstra mais responsabilidade no trabalho, contribuindo com suas ideias e esforços, espera-se dela, e em relação a ela, confidencialidade, equidade e compromisso com respeito ao processo de valorização e compensação.

A questão da remuneração é sempre muito delicada, do ponto de vista ético, porque não se trata apenas de proporcionar uma recompensa imediata, mas de averiguar aspectos de empregabilidade e desenvolvimento. Nenhum empregado pode-se tornar desatualizado, *obsoleto* na organização. É preciso que se invista em sua reciclagem e aperfeiçoamento para que possa contribuir cada dia de novas maneiras, gerando riquezas e cooperando para o desenvolvimento dos colegas.

Qualquer pessoa deve ter a preocupação constante de buscar os meios de se atualizar, não só por seu empenho em superar desafios novos, mas, também, para estar à altura do que seria esperado dela no mercado. Cabe à empresa zelar por essa disposição de estudo e aprendizagem habituais, procurando satisfazer ao máximo as necessidades de formação, dentro de suas possibilidades reais.

A confiança e a lealdade tornam-se cada vez mais necessárias, no momento em que as empresas mudam seus sistemas de controles, para acompanhar a evolução do mercado: a dispersão do local de trabalho, o escritório virtual, a internet e o *e-mail*.

O reconhecimento dos talentos das pessoas, preservando os valores da organização, deve-se sobrepor à discriminação de sexo, raça, idade, região geográfica, nas políticas de recursos humanos.

A legislação dos países e diretrizes de organismos mundiais têm mostrado que os negócios se desenvolvem cada vez de forma mais diversificada, não havendo espaço para discriminação de qualquer tipo.

Um dos momentos importantes na vida de um empregado é o de sua avaliação. Este processo deverá ser pautado sempre em critérios profissionais e objetivos estipulados para toda a organização (Quadro 11.1).[2] A informação de seu resultado e uma conversa com o avaliado permitirão a ele corrigir-se, reformular e renovar certos comportamentos ou atitudes e aprimorar algumas técnicas já consideradas corretas.

Quadro 11.1 Critérios para uma avaliação justa.

Avaliação Justa
- regras escritas;
- divulgação das regras;
- vinculação às normas;
- igualdade;
- meritocracia;
- objetividade;
- consistência;
- fundamentação da avaliação;
- comunicação da avaliação;
- prazo para reflexão;
- direito de apelação.

Fonte: FARAH, Flavio. *Ética na gestão de pessoas*, p. 119-121.

Durante o tempo da prestação do serviço – o empregado muitas vezes passa mais tempo de sua vida na empresa, do que com seus próprios familiares – é constante o relacionamento com colegas, clientes, fornecedores e o público em geral. É esperado dele um comportamento ético sempre, para isso o clima da organização é fundamental e contagiante. Condutas antiéticas que, eventualmente, ocorram devem ser adequada

---

[2] FARAH, Flavio. *Ética na gestão de pessoas*: uma visão prática. São Paulo: EI – Edições Inteligentes, 2004.

e exemplarmente corrigidas, até mesmo para assegurar o clima, a cultura e a imagem de organização séria.

Ética no desligamento de colaboradores

Neste momento, algumas vezes marcante na vida de uma pessoa, dois fenômenos, geralmente, ocorrem: o colaborador quer desligar-se da empresa, contra a vontade de seus gestores, que o consideram bom funcionário; ou o inverso, a empresa julga conveniente dispensar o funcionário, que deseja permanecer na empresa. Ambas as situações requerem especiais cuidados éticos.

Em toda empresa é natural que haja demissões de certa parcela de pessoas. Isso deve-se a muitas razões, entre as quais, desempenho insatisfatório, não cumprimento de normas, resultados negativos, conflitos pessoais que afetam o trabalho ou colegas. Deixando de lado esse aspecto, que nada tem de extraordinário, constitui um desafio para a organização planejar, vigorosa e profissionalmente, os processos de *demissão forçada*, que por vezes se tornem imperiosos. Considerando sempre esses *cortes* uma exceção na vida da instituição, em tais ocasiões a empresa deve-se valer de critérios de desempenho e desenvolvimento profissionais, pensando na pessoa e suas características particulares.

A saída não desejada requer muita compreensão e respeito. Quando os processos não são claros, com frequência surgem atitudes pouco éticas por parte do empregado que não deseja sair: pressão, ameaça, trabalho malfeito, boicote. Quando é a empresa que se opõe ao desligamento do empregado, é importante deixar clara a possibilidade de futuro retorno, fazer ou não contraofertas, quando o problema for salarial, ou procurar um acordo de cavalheiros, se forem outras as razões para a demissão.

O desligamento por aposentadoria também exige alguns cuidados éticos. É preciso honrar os compromissos assumidos durante a permanência do colaborador, como é o caso da previdência privada ou da complementação salarial, quando a pensão da aposentadoria oferecida pelo governo restar insuficiente e, até mesmo, de valor irrisório. Funcionários leais, trabalhadores, que durante anos deram o melhor de seus esforços pela organização, devem poder chegar à idade da aposentadoria com condições mínimas de viver com dignidade o tempo de vida que ainda lhes resta. Mesmo que a legislação não obrigue, muitas empresas estão criando seus fundos, programas de aposentadoria que possam assegurar esse mínimo de bem-estar a seus ex-funcionários mais antigos.

Ética no relacionamento com estagiários e *trainees*

Ambos são profissionais que se encontram em treinamento. Os primeiros, admitidos enquanto cursam uma graduação, são regidos por legislação específica e por regras internas que orientam o seu relacionamento com a empresa durante o período de estágio. Os *trainees* já possuem um título universitário e geralmente cursam uma especialização ou uma pós-graduação. Atuam na empresa contratados formalmente e passam por um treinamento para profissional já graduado, durante um período de um, dois ou mais anos, com a perspectiva de serem posteriormente contratados como empregados efetivos. Os estagiários se vinculam à empresa, em geral por um contrato de estágio, ao contrário dos *trainees*, que são contratados pelo regime dispensado pela empresa aos demais colaboradores. A empresa tem em vista a criação de um banco de talentos profissionais e a criação de seus quadros de executivos.

As empresas normalmente contam com estagiários para atividades tão importantes quanto as que os próprios colaboradores executam. A ética exige que, nesta contratação, as empresas respeitem o verdadeiro objetivo do estágio, que é o aprendizado, resultante do cumprimento de horário e do projeto de estágio. Na realidade, o estagiário e a organização são beneficiados. Importa considerar que o estagiário, ainda em formação e entrando no mercado de trabalho, pode ir desenvolvendo atitudes éticas, revelando-as em sua conduta e tomando como parâmetro os padrões éticos da empresa.

Ética por parte da empresa

Se por parte da empresa a finalidade do estágio é proporcionar aprendizado, a ética deve permear o programa de formação, incentivando o estudante a já se comportar eticamente de várias formas. Primeiro, não tendo medo de pensar, refletir, meditar sobre a *razão* das coisas e das ações. Depois, sendo sincero, verdadeiro e coerente com sua forma de pensar e agir em seu convívio profissional: com chefes, colegas, clientes, fornecedores, com quem quer que ele trate em seu estágio. Outrossim, conversando com as pessoas quando notar que alguma atitude ou conduta no ambiente profissional pareça desdizer dos princípios éticos que está acostumado a viver, dentro ou fora da organização.

Nas empresas isso aparece muito na cultura corporativa. É preciso conhecer como e por que as coisas são feitas de determinada maneira na empresa ou ramo em que ela atua. O estagiário deve perceber logo quem é um profissional mais antigo na organização, e que aparenta possuir critérios éticos sérios. Aproximando-se dessa pessoa, o estagiário poderá aprender, aprofundar e, se possível, sugerir formas alternativas de conduta para determinada situação. Essa é uma contribuição esperada do estagiário que age com espírito crítico, com vontade de melhorar pessoalmente e a organização, sempre objetivando o bem-estar da sociedade.

Além disso, todo o tempo a empresa deve estimular o estagiário a agir com ética, sendo o mais competente possível, em termos técnicos: atualizado, esforçado, com iniciativas, buscando sempre o que é melhor para a empresa e para si, profissionalmente: cursos, seminários, congressos.

Com o avanço da tecnologia, o preparo técnico deixou de ser um diferencial maior entre as pessoas que querem desempenhar um trabalho profissional. O perfil de sua personalidade, sua conduta ética e sua maturidade passaram a ser vantagem competitiva nos processos de seleção de empresas de pequeno, médio e grande porte. Dificuldades técnicas podem ser superadas com treinamento, ao passo que caráter não se modifica apenas com cursos ou estudo. Um profissional competente, que para suas decisões profissionais conta com seus princípios pessoais e os da empresa, certamente estará mais preparado para assumir mais responsabilidades no trabalho que uma pessoa pouco habituada a refletir e agir eticamente. As organizações estão avaliando o perfil ético e a característica de liderança nos candidatos a um cargo ou posição em seu quadro de funcionários.

Algumas empresas tentam compatibilizar as exigências do sucesso profissional com a vida familiar satisfatória e plena dos seus colaboradores. São as consideradas "empresas familiarmente responsáveis". Buscam de forma criativa a conciliação das longas e esgotantes jornadas de trabalho com os papéis de pais e de mães. Enfrentar e solucionar o dilema trabalho/vida pessoal indica maturidade do gestor de pessoas. Horários flexíveis, trabalhos dos colaboradores nas próprias residências, utilizando os meios de comunicação eletrônicos e informatizados, criação de creches nas empresas, licenças, entre outras alternativas, podem direcionar a empresa para estratégias éticas que privilegiem as famílias dos seus colaboradores.[3] Da mesma forma, as características do gênero feminino devem ser respeitadas para que a mulher possa se desenvolver profissionalmente, em igualdade de condições com o homem.[4] A complementaridade, e não a disputa entre gêneros, assegura a eficácia e a harmonia no ambiente de trabalho.

---

[3] CHINCHILLA ALBIOL, Maria Nuria; LEÓN, Consuelo. *Guía de buenas prácticas de la empresa flexible*: hacia la conciliación de la vida laboral, familiar y personal. Monografia do ICWF: Centro Internacional Trabajo y Familia; Madrid: Comunidad de Madrid (Consejería de Empleo y Mujer) – Unión Europea, 2007.
DEBELJUH, Patricia; DESTÉFNAO, Ángeles. *Hacia la responsabilidad familiar corporativa*: guía de buenas prácticas. Buenos Aires: Pilar-IAE Publishing, 2013.

[4] CHINCHILLA, Nuria; LEÓN, Consuelo. *A ambição feminina*: como reconciliar trabalho e família. 2. ed. Lisboa, AESE, 2006.

Formação do perfil ético

Durante seu período de estágio em uma instituição, o estudante começa a se ver como um profissional. Ao perceber que o perfil ético de um profissional faz parte dos critérios de seleção, o estagiário começa a se aprofundar no significado dessa exigência. É o momento de refletir e dialogar com colegas e superiores dentro da empresa em que desenvolve seu programa de estágio.

O profissional ético é uma pessoa preparada técnica e moralmente para exercer uma função dentro de uma organização ou de forma autônoma. Tecnicamente, porque o profissional que diz possuir as habilidades necessárias e na realidade não está preparado prejudica a si próprio e à empresa que o contratou. Moralmente, porque o caráter ético é notado em muitos pormenores de seu desempenho.

Um profissional ético é honesto, sincero, franco, transparente. Por essas características, conquista a confiança de colegas, subordinados e superiores. Fala quando necessário e se cala quando deve. Incentiva seus colegas, pares ou subordinados a agirem eticamente, mesmo quando a conduta contrária pode trazer retornos financeiros ou materiais mais fortes.

Um profissional ético sugere alternativas quando a forma habitual de atuar na empresa ou no ramo de negócios for contrária à moral ou aos bons costumes. Sabe dizer *não* com personalidade, mesmo que no curto prazo pareça que a organização pode perder clientes ou fornecedores, porque sabe que no médio e longo prazos esses clientes ou fornecedores voltarão com mais segurança e fidelidade.

Um profissional ético sabe ponderar o que é bom para si, para a organização e para a sociedade, não se limita a cumprir o que lhe é indicado, sem iniciativa pessoal. É suficientemente criativo para saber propor novos métodos de trabalho à alta administração da empresa. Não tem medo de ser demitido ou maltratado por pessoas com menos formação moral. Sabe lidar com qualquer tipo de pessoa, ajudando os amigos (ou inimigos) a enxergar o que é bom e verdadeiro, de maneira natural, simples, positiva e profissional.

Naturalmente, em cada circunstância é analisada a consequência de um funcionário querer agir eticamente, mas contra a corrente, ou seja, contra o que é costume dos colegas, dos gerentes ou da alta administração da organização (Quadro 11.2).[5] Nesse caso, cabe ao profissional avaliar que alternativas ele disporá para agir corretamente, e, se necessário, buscar outra empresa em que possa desempenhar suas funções e habilidades profissionais, de acordo com suas convicções éticas.

---

[5] COSTA, Rubens. *Verdade radical no trabalho*. São Paulo: Espaço Editorial, 2006.

Teste de integridade no trabalho. De que lado você está?

Atualmente, há profissionais que preferem receber salários inferiores, mas trabalhar com ética, do que ser mais bem remunerados, obrigando-se a levantar conflitos entre seus princípios éticos e os da organização, ou da cultura da empresa.

Da mesma forma, as organizações – públicas e privadas – procuram, de algum modo, assegurar que candidatos a um cargo ou posição apresentem condições de atuação ética. Para esse fim, vários modelos de testes de integridade vêm sendo aplicados pelos profissionais de Recursos Humanos. Por sua vez, o candidato tem a oportunidade de avaliar se seus valores coincidem com os padrões éticos que regem a organização.

Quadro 11.2 Teste de integridade no trabalho.

Responda Sim (S) ou Não (N) e conclua como está sua integridade no trabalho.
( ) Desviar material da companhia em proveito próprio.
( ) Afirmar que seu(sua) melhor amigo(a) está desviando material em proveito próprio, e que você vai denunciá-lo.
( ) Trair o superior imediato dizendo qualquer inverdade.
( ) Dizer que não está quando não quer atender ninguém.
( ) Falar mal do superior imediato para terceiros.
( ) Fazer ligações interurbanas particulares escondidas da empresa.
( ) Pedir nota fiscal de refeição maior que o valor gasto.
( ) Trabalhar leve quando o superior imediato está fora da empresa.
( ) Estar atento para denunciar a empresa por irregularidades.
( ) Tentar derrubar o superior imediato sempre que possível.
( ) Defender o superior imediato falando inverdades sobre a competência dele.
( ) Denunciar o superior imediato por desvio de material.
( ) Denunciar o superior imediato por proteger a incompetente secretária.
( ) Fazer horas extras somente para ganhar um dinheiro a mais.
( ) Pedir nota fiscal de combustível para reembolsar um valor maior do que o real.
( ) Lançar gasto com táxi maior do que o real.
( ) Navegar particularmente na Internet em pleno horário de trabalho.
( ) Falar para clientes e fornecedores que chegou tarde e que não pôde retornar a ligação, quando não for verdade.
( ) Dizer aos colegas de trabalho que não pode ajudá-los porque tem muito trabalho, sem que isso seja verdadeiro.
( ) Atrasar o término dos trabalhos propositadamente.

Fonte: COSTA, Rubens. *Verdade radical no trabalho*, p. 105-106.

Por vezes, o colaborador confunde o que ele considera valores da organização, com contravalores. Por exemplo: se combater o suborno é um valor ético, concordar com sua prática é um contravalor, por vezes praticado com muita naturalidade. As pessoas acabam sendo induzidas a pensar que o que é feito frequentemente, ou por um grande número de pessoas, é moralmente correto. O valor da organização não pode se contrapor ao valor das pessoas.

Contribuição da Universidade Corporativa para a empresa ética[6]

O ponto em comum entre as Universidades e as Universidades Corporativas é sem dúvida a preocupação pela formação do ser humano. De qualquer forma, as universidades tradicionais têm missão muito mais abrangente que as Universidades Corporativas, cujo principal objetivo é o "desenvolvimento e a instalação das competências profissionais, técnicas e gerenciais consideradas essenciais para a viabilização das estratégias negociais" (ÉBOLI, 1999, p. 112).[7]

É na Universidade Corporativa que se identifica com nitidez a grande diferença entre treinamento e ensino/aprendizado. Com efeito, o treinamento é algo pontual, específico, dirigido a um público limitado, com objetivo imediato de capacitar pessoas para executar determinada tarefa relacionada ao cargo que ocupa. Já o ensino na Universidade Corporativa se ministra mediante o estabelecimento de "um processo e de uma mentalidade que permeiam toda a organização e não apenas um local físico de aprendizado".[8]

Do ponto de vista ético, a Universidade Corporativa pode ser um caminho atual para que se alinhem valores dos colaboradores aos da organização. Na educação formal, o aprendizado é temporário, baseado em conceitos acadêmicos, e nem sempre acompanha a velocidade das mudanças, ou ensina adequadamente como estudar e pesquisar, vinculando o aluno à escola. Já na educação informal, característica da Universidade Corporativa, o aprendizado é contínuo, baseado na prática do mundo dos negócios, e ocorre em tempo real, ensinando a pensar e praticar, além de alinhar o talento à empresa.

Deve ser ressaltada na educação corporativa a possibilidade de difundir conhecimento, apoiando-se em cenários reais ligados aos planos e metas das organizações e transmitindo, pela realidade do dia a dia, os valores e princípios propostos pela instituição e seu ambiente de negócios. Evidentemente, se esses princípios primarem pela ética, estarão apoiados nas crenças e valores universais.

---

[6] WHITAKER, Maria do Carmo. A empresa como educadora e formadora moral de seus membros: as Universidades Corporativas. In: *Anales del VII Congreso Latinoamericano de Ética, Negocios y Economía*. São Paulo: ALENE, 2005. p. 464-474.

[7] ÉBOLI, Marisa (Coord.). *Educação para as empresas do século XXI*. Coletânea Universidades Corporativas. Ed. especial. 2º Seminário Nacional de Educação Corporativa, São Paulo, Triângulo, 1999.

[8] ÉBOLI, M. *Educação* ... p. 113.

As considerações e comparações acima expendidas, sobre o ensino formal e aquele ministrado nas empresas, trazem elementos suficientes para fundamentar os projetos dos empresários que de fato acreditam nos seus colaboradores e pretendem contar com eles, como uma equipe sólida para atingir os objetivos de suas organizações. Dessa forma, as empresas que certamente têm fulcro no lucro, para serem sustentáveis, poderão desempenhar o verdadeiro papel de empresa socialmente responsável. Nada mais valioso que o investimento social contribuindo para o crescimento e enriquecimento moral da sociedade.

Profissional à procura da empresa ética

Antes de ingressar no quadro de pessoal de uma empresa, é importante observar seus procedimentos para verificar se ela é ética ou não. A produtividade, o bem-estar e o progresso profissional de uma pessoa dependem muito do ambiente ou da cultura da organização em que e para a qual ela trabalha. Conflitos entre os princípios morais pessoais e da organização, caso se repitam e sejam profundos, dificilmente possibilitarão ao profissional sentir-se bem e produzir resultados adequadamente.

Se o profissional for um membro da alta administração, em quem a organização se apoia muito, como é o caso de presidentes, vice-presidentes ou gerentes gerais, o poder de influência sobre os demais funcionários será enorme, e o exemplo pode ocasionar mudanças para melhor no clima ético da organização. Nessa situação, o profissional pode fortalecer as normas e diretrizes éticas da empresa, positivando-as em códigos de ética, programas de ética, manuais e treinamento. Seu comprometimento com a ética pode desencadear um processo construtivo de mudança organizacional consciente.

Normalmente, antes de ingressar numa empresa, o candidato pergunta como são feitos os negócios nessa organização, com o nível de pormenor que necessite para julgar os procedimentos, sob o ponto de vista ético ou moral. Verifica se existe uma preocupação e um comprometimento da alta administração com a ética, e como isso se concretiza no dia a dia.

Em todo o mundo, nota-se uma volta à moralidade, não apenas no Brasil. A empresa pouco transparente hoje não pode garantir sua sobrevivência no mercado. A honestidade, a lealdade, a competência são valores muito prezados por clientes, consumidores e fornecedores. Uma falha da empresa em algum desses princípios pode ser suficiente para que uma organização ligada a ela – e que lhe indique estagiários[9] – rompa seu contrato ou seus negócios por um bom tempo, senão para sempre.

---

[9] Como exemplo, entre outros, estão o Centro de Integração Empresa-Escola (CIEE), as universidades, os colégios técnicos, SENAC, SENAI e outras instituições.

Referências bibliográficas

CHINCHILLA, Nuria; LEÓN, Consuelo. *A ambição feminina: como reconciliar trabalho e família*. 2. ed. Lisboa: AESE, 2006.

_____; LEÓN, Consuelo. Guía de buenas prácticas de la empresa flexible. Hacia la conciliación de la vida laboral, familiar y personal. Monografia do ICWF: Centro Internacional Trabajo y Familia; Madrid: Comunidad de Madrid (Consejería de Empleo y Mujer) – Unión Europea, 2007.

_____; MORAGAS, Maruja. *Dueños de nuestro destino: como conciliar la vida profesional, familiar y personal*. Barcelona: Ariel, 2007.

COSTA, Rubens. *Verdade radical no trabalho*. São Paulo: Espaço Editorial, 2006.

DEBELJUH, Patricia; DESTÉFANO, Ángeles. *Hacia la responsabilidad familiar corporativa*: guía de buenas prácticas. Buenos Aires: Pilar-IAE, 2013.

ÉBOLI, Marisa (Coord.) *Educação para as empresas do século XXI*. Coletânea Universidades Corporativas. Ed. especial. 2º Seminário Nacional de Educação Corporativa. São Paulo: Triângulo, 1999.

FARAH, Flavio. *Ética na gestão de pessoas*: uma visão prática. São Paulo: EI – Edições Inteligentes, 2004.

JIMÉNEZ, Alfonso. Ética y gestión de personas. In: MELÉ CARNÉ, Domènec (Coord.). *Raíces éticas del liderazgo*. Barañáin: Ediciones Universidad de Navarra, 2000.

PÉREZ LÓPEZ, Juan Antonio. *Liderazgo y ética en la dirección de empresas*: la nueva empresa del siglo XXI. Bilbao: Deusto, 1998.

WHITAKER, Maria do Carmo. A empresa como educadora e formadora moral de seus membros: as Universidades Corporativas. In: *Anales del VII Congreso Latinoamericano de Ética, Negocios y Economía*. São Paulo: ALENE, 2005. p. 464-474.

Ética em negócios internacionais[1]

O desenvolvimento dos transportes e os sistemas de informação tornaram o mundo menor. Em termos comportamentais, porém, os padrões, valores e atitudes que guiam a interação humana não se modificam. A inovação tecnológica tem provocado a internacionalização dos negócios, e todos os níveis de colaboradores acabam-se envolvendo com a interação cultural. Empresas que se expandem internacionalmente passam a lidar com clientes e empregados estrangeiros, com os quais é preciso se comunicar, nas operações do dia a dia, para alcançar os resultados previstos. Com a globalização de mercados, é comum que os gerentes encontrem dificuldades ao se defrontarem com culturas diferentes da sua. É preciso desenvolver estratégias de negócios internacionais, funções e processos que levem em consideração fatores ambientais poderosos e interdependentes, como a política, a economia, as leis, a tecnologia, a cultura e, sobretudo, a ética em relação às nações hospedeiras.

Uma habilidade crítica é requerida dos empresários e gerentes, para adquirir um conhecimento prático das variáveis que afetam as tomadas de decisões. Por vezes, subestima-se a importância desse cuidado, e a falta de sensibilidade pode levar à falta de ética ou a fracassos que poderiam ser evitados. Antigamente, as diferenças culturais eram motivo de anedotas. Hoje, com facilidade, não captar ou não respeitar uma dessas diferenças pode significar à empresa uma perda de milhões de dólares em negociações frustradas, compras potenciais, vendas e contratos e relações com os clientes. A empatia ou sensibilidade cultural é uma consciência e uma forma honesta de lidar com a cultura de uma outra pessoa. Essa percepção é fundamental para a compreensão ou perspectiva das reais condições da vida dos cidadãos de sociedades distintas.

---

[1] Trabalho apresentado pela Profª Drª Maria Cecilia Coutinho de Arruda em 21-7-2000, durante o Second ISBEE World Congress, na FGV-EAESP, São Paulo, 19-23 jul. 2000.

O conhecimento da moral é importante para o profissional agir de maneira ética nos negócios internacionais. As empresas multinacionais (EMN), especialmente, lidam com uma variedade de culturas que afetam tanto as decisões estratégicas como as operacionais. É natural que os gerentes enxerguem os problemas e oportunidades sob sua própria ótica cultural, e é preciso perceber que outros fatores contextuais e conceituais podem influenciar sua administração. A ética empresarial, muitas vezes, parece clara e o comportamento ético factível, porém há ocasiões em que a postura ética nos negócios internacionais não é tão evidente.

Este capítulo visa analisar os elementos de ética que influenciam o comportamento dos consumidores e das organizações e seu impacto na formulação de estratégias para mercados globalizados. Busca também verificar a importância do conhecimento sobre moral e cultura para que os profissionais possam agir eticamente na atividade internacional.

Conceito de cultura

Dezenas de definições de *cultura* foram elaboradas pela antropologia e outras ciências sociais, ao tentar estudar o comportamento humano. Neste capítulo, será usado o conceito:

> "Cultura é um sistema integrado de padrões comportamentais aprendidos, compartilhados e transmitidos de geração em geração, que distinguem as características de uma determinada sociedade."

Freitas, interessada em analisar a questão cultural nas organizações, rastreia algumas principais contribuições conceituais das últimas três décadas nessa área.[2]

Nos negócios internacionais, uma das chaves do sucesso reside no processo de *aculturação*, ou seja, de ajuste e adaptação a uma cultura diferente. Países como o Japão e a Arábia Saudita podem ser caracterizados como culturas de alto contexto, ou seja, o orador e o ouvinte apoiam-se em uma compreensão comum do *contexto*. Em contrapartida, em culturas de baixo contexto, a maior parte da informação está contida explicitamente nas *palavras*.[3] Suécia, Alemanha e Inglaterra incluem-se nesse grupo. As culturas latino-americanas aproximam-se do alto contexto, enquanto importa o consenso sobre a negociação, porém guardam características de baixo contexto, a partir do

---

[2] FREITAS, Maria Ester de. *Cultura organizacional*: formação, tipologias e impacto. São Paulo: Makron/McGraw-Hill, 1991. p. XIX-XXVI.

[3] HALL, Edward T. *Beyond culture*. Garden City, NY: Anchor Press, 1976. p. 15.

momento em que as mensagens e intenções devem ficar explícitas para que se chegue a um acordo.

O comportamento considerado normal em uma cultura pode ser inaceitável em outra. Práticas aceitas em um país podem ser consideradas imorais em outro.

Simbiose ética-cultura nos mercados globalizados

Vários elementos podem ser analisados para ilustrar como a cultura afeta o que, por que, quando, onde e como os consumidores compram. Selecionou-se um grupo deles, considerados mais expressivos, que podem ocasionar sérios problemas de caráter ético, quando desrespeitados.

Comunicação e linguagem

Sendo a linguagem um dos meios primários de comunicação, é ela que dá sentido a acontecimentos específicos, pensamentos e sentimentos, possibilitando interpretar o meio ambiente. Os profissionais de negócios internacionais costumam tratar a linguagem como uma ferramenta de comunicação, por suas partes faladas ou silenciosas, devendo considerar a heterogeneidade das línguas, pela quantidade delas faladas em um país ou em um grupo de países. Por exemplo, os esquimós possuem muitos termos para designar *neve*, enquanto nas demais línguas existe apenas uma palavra. Pelo fato de, no *habitat* deles, ser comum diferenciar vários tipos de neve, qualquer comercial que trate desse tópico deve ser bem estudado, se o segmento a ser atingido abarcar os esquimós.[4]

Numa comunicação por telefone, uma pausa ou um tom de voz podem modificar o significado das palavras que estão sendo pronunciadas. O mesmo se pode dizer do silêncio. Ambos são importantes para o desenvolvimento de temas de propaganda que utilizem recursos visuais para a imprensa, TV ou cinema.

A linguagem silenciosa, ou não verbal, abrange gestos, caretas, postura, cor e distância. Nota-se o estado de ânimo de uma pessoa por sua cor facial ou expressões, pela maneira de andar, de sentar, de segurar as mãos, de se manter em pé. A isso denomina-se linguagem corporal, muitas vezes influenciada pela cultura. Numa conversa, por exemplo, nos Estados Unidos os interlocutores mantêm uma distância média de 45 cm, enquanto para os latino-americanos essa distância cai para 30 cm, e nos países árabes é ainda menor.

---

[4] TERPSTRA, Vern; SARATHY, Ravi. *International marketing*. 6. ed. Fort Worth, TX: Dryden Press, 1972. p. 102.

Os gestos podem ser simbólicos ou sinais mímicos, com significados especiais dependendo da cultura. O polegar para cima, no Brasil, indica aprovação, enquanto na Grécia é um gesto ofensivo. Na Inglaterra, o movimento das mãos é pouco importante, ao passo que na Itália e em vários países latino-americanos é muito comum.

Cabe ao gerente de mercados globalizados escolher as palavras, o sotaque, o dialeto e outros padrões de linguagem, escrita, falada ou silenciosa, que possam ser corretamente compreendidos numa determinada cultura. Isso revela-se especialmente importante ao desenvolver-se campanhas de mídia impressa e mensagens audiovisuais voltadas a um dado segmento de mercado.[5] Além da propaganda, a língua torna-se também um ponto essencial na determinação de marcas, embalagem, venda pessoal e pesquisa de mercado.

Por ser tão importante o conhecimento de línguas nos negócios internacionais, muitos cursos de preparação, acadêmica ou profissional, incluem o aprendizado de um ou mais idiomas em seu currículo. O inglês é muito utilizado, seguido do espanhol e do francês. Como não se sabe que oportunidades aparecerão para o gerente de marketing, o alemão e o japonês são escolhidos por um número menor de militantes dos negócios internacionais, geralmente porque já lidam com a Alemanha ou com o Japão.[6]

Crenças e atitudes

Por natureza, o homem é um ser religioso, voltado ao sobrenatural, e isso concretiza-se em práticas, rituais e posturas que influenciam o comportamento de compra. Antigamente, era comum pensar que os países tinham uma única religião, mas hoje o sincretismo ou a pluralidade predominam em quase todas as culturas, com impacto sobre a atividade de marketing.

Cada religião tem seus dias santos ou feriados, como é o caso do Natal nos países cristãos. A produção, propaganda, promoção de vendas no varejo e outras providências de marketing são tomadas em consequência disso. Da mesma forma, padrões de consumo estabelecem-se em função da crença. Os judeus não comem carne de porco, os hindus não consomem carne de vaca, algumas seitas protestantes e muçulmanos não ingerem refrigerantes ou bebidas alcoólicas. Nos países islâmicos, as mulheres vestem-se de maneira especial, com impacto no marketing de moda. Os costumes religiosos orientam também o padrão de desenvolvimento econômico das pessoas, no que diz

---

[5] TOYNE, Brian; WALTERS, Peter G.P. *Global marketing management*: a strategic perspective. 2. ed. Boston: Allyn & Bacon, 1993. p. 250-251.
[6] TERPSTRA. Op. cit. p. 102-103.

respeito, por exemplo, aos hábitos de consumo, estilo de vida, posse de bens materiais, tipo de trabalho.

Percepção de si e do espaço

A autoestima, o autoconceito e a autovalorização das pessoas parecem também sofrer influência da cultura. Enquanto os japoneses e chineses tendem a ser modestos e humildes, o comportamento machista e agressivo é mais comum nos Estados Unidos e na América Latina. Os norte-americanos primam pela independência, criatividade e dogmatismo, ao passo que os japoneses preferem a cooperação do grupo, harmonia e conformismo.

Nesse aspecto, vale o mencionado anteriormente: a falta de sensibilidade em relação à distância física entre as pessoas pode ocasionar grandes mal-entendidos. Na Inglaterra e nos países escandinavos, o contato físico só é permitido entre pessoas da família. Nos países europeus, um leve aperto de mãos é suficiente para um cumprimento social, sendo mais importantes outros sinais, como a linguagem, o traje e a posição social. Nos Estados Unidos, o aperto de mão exprime caráter, portanto, quanto mais forte, mais personalidade. No Brasil e em outros países latino-americanos, o beijo na face entre mulheres, principalmente, é usual, enquanto nos Estados Unidos causa estranheza.

No marketing internacional, por exemplo, esses dados são importantes para a venda pessoal e para o planejamento de campanhas publicitárias que utilizem recursos audiovisuais.

Consciência de tempo

Na zona urbana, as pessoas tendem a ver o tempo de forma linear, ou seja, uma coisa após a outra, sem interrupção. Já nas áreas rurais, essa visão é mais circular, dependendo das estações. Enquanto na Europa a tendência é olhar para o passado, nos países do Continente Americano a visão é de futuro.

O sentido de tempo difere de uma cultura para outra: na Alemanha, nos Estados Unidos e na Inglaterra, a pontualidade é vivida com rigidez; na América Latina, meia hora de atraso é entendida como comum; em alguns países da África, até várias horas são aceitáveis socialmente.

Outro conceito interessante sobre o tempo é a resistência de absorver novas tecnologias em países onde os funcionários de uma empresa temem tornar-se ociosos e com isso perder seus empregos. A aceitação de mudanças e a confiança na gerência devem crescer paulatinamente.[7]

Educação e processo mental

Se a educação for entendida como algo além de um treinamento formal, aspectos como o processo de transmissão de habilidades, ideias, atitudes são de extrema importância para a formação de novas gerações.[8] Os índios que nunca frequentaram escolas também têm um aprendizado e uma cultura por vezes muito desenvolvidos. A educação como instrumento de mudança é um fator de análise essencial nos mercados globalizados. A República Popular da China tem sido alvo de notáveis mudanças. Também por meio da educação a Índia tem desenvolvido campanhas para aprimorar o setor agrícola, e isso tem impacto sobre produtos específicos.

Diferentes formas de pensar podem ocasionar mal-entendidos nas comunicações. Nas culturas árabes e inglesas, predomina o estilo pragmático e particularizado, em que as pessoas se prendem aos pormenores, procedimentos e fatores circunstanciais, mais do que a conceitos genéricos ou abstratos. Por outro lado, na cultura alemã, encontra-se o raciocínio sistemático. Na França, são mais importantes princípios gerais do que considerações práticas.

Como na propaganda a interpretação da mensagem sofre influência da cultura de quem a idealizou, um especial cuidado ético é esperado nos mercados globalizados.

Prêmios e recompensas

O reconhecimento por um desempenho acima da média é demonstrado de diferentes maneiras, de acordo com a cultura em questão. As manifestações vão desde jantares, títulos e prêmios financeiros, até o tamanho do escritório, sua localização, equipamentos de trabalho (Estados Unidos). Em alguns países, possuem maior *status* social os advogados, economistas, médicos e executivos, enquanto em outros são valorizados os poetas e escritores.

Em algumas culturas, o reconhecimento aparece por meio de promoções profissionais quando o desempenho foi notório (Estados Unidos), enquanto em outras é valorizada a submissão (China) ou a posição social e a família (América Latina).

---

[7] DANIELS, John D.; RADEBAUGH, Lee H. *International business*: environments and operations. 6. ed. Reading, Mass.: Addison-Wesley, 1994.
[8] TERPSTRA. Op. cit. p. 109.

Estética, vestuário e apresentação

A estética refere-se às ideias que prevalecem em uma cultura, no que diz respeito à beleza e bom gosto, geralmente expressos nas artes (música, teatro e dança), e à apreciação de cores e formas. Existem diferenças sensíveis de um país ou grupo de países para outro.

O próprio *design* da fábrica ou dos escritórios, o produto e a embalagem devem atentar às preferências estéticas locais. A tendência de uniformização, peculiar de mercados globalizados, deve ser cuidadosamente pensada.[9]

A escolha dos nomes de marca é influenciada pelo senso estético. Normalmente a linguagem local é mais bem compreendida e aceita. Outras vezes, sons fortes e de fácil pronúncia, ainda que sem sentido em si, acabam por se tornar internacionais. É o caso de Coca-Cola, Kodak, Adidas, Seiko. A Procter & Gamble optou pelo uso de mais de 20 marcas diferentes para os detergentes que produz e comercializa em países estrangeiros.[10]

O emprego da música, especialmente em campanhas publicitárias, deve ser cauteloso. Canções locais são geralmente mais bem compreendidas. Beethoven não seria apreciado no Continente Americano com a mesma facilidade que na Europa. Por outro lado, Michael Jackson foi aproveitado em anúncios da Pepsi Cola em inúmeros países, inclusive Rússia e Japão.[11]

As cores têm significados específicos nas diversas culturas, e isso é fundamental no momento de decidir campanhas promocionais, embalagens e produtos. Enquanto no Continente Americano e na Europa o preto é sinônimo de luto, na China a cor branca indica perda ou morte.

No Brasil, as cores são muito associadas a estados emocionais: "ver tudo cor-de-rosa", "ficar vermelho de raiva", "branco de medo", "enxergar tudo preto" são expressões usuais. O verde é muito popular nos países muçulmanos, enquanto o vermelho e o preto são negativos em vários países da África. Na globalização de mercados, mais importante que a cultura do profissional de marketing é a cultura do consumidor. As cores da bandeira do país, geralmente, são bem aceitas, mas devem ser empregadas com estética no planejamento de produtos, embalagens e peças publicitárias.[12]

---

[9] TERPSTRA. Op. cit. p. 106.
[10] Idem. p. 106.
[11] Idem. p. 108.
[12] TERPSTRA. Op. cit. p. 107-108.

As roupas e ornamentos (joias e bijuterias) variam de cultura para cultura. O *kimono* japonês não se confunde com o *sarong* da Polinésia, e o turbante africano não é o mesmo que o cocar dos índios americanos.[13] O comprimento dos cabelos varia de cultura para cultura.

Comida e hábitos de alimentação

O modo como os alimentos são selecionados, preparados, servidos e ingeridos varia de cultura para cultura. Enquanto em países latinos do Continente Americano e da Europa os órgãos internos de alguns animais (coração, rins, fígado, miolo) são apreciados, nos Estados Unidos são considerados comida de cachorro. Por outro lado, muitos norte-americanos comem bastante milho, ao passo que na Europa esse cereal é usado como alimentação para o gado.

As mesas são mais formalmente arrumadas no Japão e na Europa, e mais informais nos Estados Unidos. A troca de talheres entre as mãos durante a refeição é aceitável nos Estados Unidos, mas não na Europa.[14]

Fontes de conhecimento cultural

É difícil adquirir todo o conhecimento cultural necessário à administração de negócios internacionais. Informações objetivas e factuais são obtidas pela comunicação com outras pessoas, com pesquisa, educação e atitude de respeito.

Parece de relevante importância o conhecimento experimental, fruto do envolvimento com determinada cultura. Num mercado globalizado, saber se as empresas se ajustam ao processo de internacionalização é um dado empírico fundamental. Em consequência, devem ser analisadas a aceitação dos produtos e a adequação dos programas.

Análise ética e cultural em negócios internacionais

Não é suficiente adquirir conhecimento experimental ou interpretativo. Num artigo clássico, Lee alerta para o perigo de que executivos atuando em mercados internacionais tendem a guiar-se por seus próprios critérios. Sugere, para uma análise mais precisa, o desenvolvimento de quatro passos para a solução de problemas.[15] Primeiro, o problema deve ser definido dentro dos traços culturais, hábitos e normas do país de origem do executivo, usando seu próprio critério. Depois, deve ser encarado

---

[13] TOYNE. Op. cit. p. 256.
[14] Idem. p. 257.
[15] LEE, James E. Cultural analysis in overseas operations. *Harvard Business Review*. p. 106-114, mar./abr. 1966.

sob o prisma dos traços culturais, hábitos e normas do país estrangeiro, evitando juízos de valor. Terceiro, o executivo deve isolar vieses pessoais ligados ao problema e determinar se e como eles podem complicar a questão. Finalmente, o problema será redefinido sem a influência do próprio critério, na busca de uma solução ótima em termos éticos e econômicos.

Essa abordagem visa evitar que o administrador de negócios internacionais se deixe orientar por um raciocínio tendencioso em termos de ética e cultura. Ela parece especialmente válida para o lançamento de produtos. Se a Kellogg's quiser lançar cereais para o café da manhã nos mercados em que nessa refeição há pouco ou nenhum consumo de leite, os gerentes de marketing considerariam a oportunidade de introduzir o novo hábito. A importância do desjejum nos Estados Unidos, na França e no Brasil é diferente. Na França, os comerciais dos produtos da Kellogg's são como lições sobre o valor nutritivo da refeição com cereais, enquanto no Brasil a forma encontrada é inserir o produto numa novela, para ganhar mercado, uma vez que os atores desse tipo de programa costumam exercer forte influência sobre os hábitos de consumo de grande parte da população.[16]

No trato com negócios internacionais, um cuidado extremo deve ser tomado para evitar que o gerente se deixe levar pelo etnocentrismo, ou seja, pela impressão de que sua cultura é superior à dos demais. Os procedimentos de análise devem prever monitoração das mudanças, levando em consideração o que acontece fora. Uma falha nesse aspecto pode comprometer a eficácia das estratégias empregadas, além de constituir um problema ético sério.

Efeito das culturas sobre as organizações

A internacionalização dos negócios geralmente demanda industrialização. A coordenação e a concorrência mundiais tendem a acentuar as diferenças dentro das empresas, especialmente no momento de escolha de tecnologia e estrutura para atuar globalmente. Como exemplo, vê-se que, enquanto os norte-americanos planejam, programam e julgam suas atividades de forma completa, convictos de que as pessoas influenciam e controlam o futuro, nas nações islâmicas os gerentes acreditam que ocorrem apenas de acordo com a vontade de Alá.[17]

---

[16] CZINKOTA, Michael R.; RONKAINEN, Ilkka A. *International marketing*. 3. ed. Fort Worth, TX: Dryden Press, 1993. p. 175.

[17] DERESKY, Helen. *International management*: managing across borders and cultures. New York: HarperCollins, 1994. p. 76.

Do ponto de vista ético, os efeitos da cultura sobre funções gerenciais específicas aparecem quando um executivo tenta impor seus próprios valores e sistemas a outra sociedade.

Nas empresas multinacionais, o risco cultural é certamente importante, tanto para o desenvolvimento como para a transferência das tecnologias de processo de produto. Enquanto alguns produtos são bem-sucedidos em mercados globais, outros exigem adaptações nos vários países em que são lançados. A tecnologia de processo pode ter que se ajustar em função de aspectos culturais. Em muitos países latino-americanos o almoço é longo, provocando problemas de operação em processos que não devem ser interrompidos, como é o caso da impressão, que demanda grande esforço de trabalho prévio para fechar a edição de um jornal ou revista. Em empresas com cultura monolítica, ou ostensivamente avessas a riscos, a adaptação bem-sucedida pode ser dificultosa.[18] A capacidade de adaptação à cultura local está diretamente ligada ao considerável risco do potencial competitivo da empresa.

A diversificação internacional é uma estratégia que não pode ser desvinculada do aspecto cultural e ético. Ela é essencialmente um conceito de *portfolio* utilizado para reduzir riscos e custos, e ocorre em níveis globais ou multinacionais. O sucesso dessa estratégia depende do grau de assimilação da empresa aos valores culturais e da competitividade dos mercados em questão.

Convergência e dualismo

Em alguns aspectos, uma certa convergência cultural pode estar ocorrendo. As empresas cada vez mais se assemelham internacionalmente, tanto no que tange aos produtos, como à tecnologia empregada. No entanto, as pessoas dentro das mesmas organizações mantêm suas diferenças nacionais com mais empenho que nunca. Esses dualismos constituem o desafio para os gerentes de negócios internacionais, pois definir ética e cultura nesse contexto não é tarefa fácil.

Referências bibliográficas

ARRUDA, Maria Cecília Coutinho de. Ética e cultura nos mercados globalizados. Trabalho apresentado no *Second ISBEE World Congress* – Proceedings Latin America, São Paulo, p. 100-109.

AUSTRALIAN EXPORTS 1997. 32. ed. Kompass, Austrália: Ministério do Comércio e Relações Exteriores do Governo da Austrália, 1997.

---

[18] GROSSE, Robert; KUJAWA, Duane. *International business*: theory and managerial application. 2. ed. Boston: Irwin, 1992. p. 323.

CZINKOTA, Michael R.; RONKAINEN, Ilkka A. *International marketing*. 3. ed. Fort Worth, TX: Dryden Press, 1993.

DANIELS, John D.; RADEBAUGH, Lee H. *International business*: environments and operations. 6. ed. Reading, Mass.: Addison-Wesley, 1994.

DE GEORGE, Richard T. *Business ethics*. 4. ed. Englewood Cliffs, NJ: Prentice Hall, 1995.

_____. *Competing with integrity*. New York: Oxford University Press, 1993.

DERESKY, Helen. *International management*: managing across borders and cultures. New York: HarperCollins, 1994.

ENDERLE, Georges. *Approaches to business ethics in different parts of the world*. University of Notre Dame, 1998.

FERRELL, O. C.; FRAEDRICH, John; FERRELL, Linda. *Business ethics*: ethical decision making and cases. Boston: Houghton Mifflin, 2000.

FIESP/CIESP. *Anuário das indústrias*. 31. ed. São Paulo: Pesquisa e Indústria, 1998.

FREITAS, Maria Ester de. *Cultura organizacional*: formação, tipologias e impacto. São Paulo: Makron, McGraw-Hill, 1991.

GAZETA MERCANTIL. *Balanço anual empresas 1998*. São Paulo: Gazeta, 1998.

GROSSE, Robert; KUJAWA, Duane. *International business*: theory and managerial application. 2. ed. Boston: Irwin, 1992.

HALL, Edward T. *Beyond culture*. Garden City, NY: Anchor Press, 1976.

HUSTED, Bryan. The impact on ethics misunderstandings in business between Latin American and the United States. *Instituto de Empresa*, abr. 1998.

ILARI, Jimena G. Empresas y ética. *Idea*, Instituto para el Desarrollo Empresarial de la Argentina, ano XXI, no 203, mayo 1998.

LACZNIAK, Gene R.; MURPHY, Patrick E. *Ethical marketing decisions*: the higher road. Needham Heights, MA: Allyn & Bacon, 1993.

LEE, James E. Cultural analysis in overseas operations. *Harvard Business Review*, p. 106-114, Mar./Apr. 1966.

LOGES, William E.; KIDDER, Rushworth M. *Global values, moral boundaries*: a pilot survey. The Institute of Global Ethics, Oct. 1996.

MELÉ CARNÉ, Domènec. *Ética en dirección comercial y publicidad*. Barañáin: Ediciones Universidad de Navarra, 1998.

MURPHY, Patrick E. Ethics in marketing: a global view. Apresentação no *VII Colóquio de Ética Empresarial y Economia*, IESE, Universidad de Navarra, Oct. 1997.

_____ . Character and virtue ethics in international marketing: an agenda for managers, researchers and educators. *Journal of Business Ethics*, Dordrecht: Kluwer, nº 1, p. 107-124, Jan. 1999. v. 18.

_____ ; ENDERLE, Georges. *Managerial ethical leadership*: examples do matter. Business Ethics Quarterly. v. 5, 1995.

SHAW, William H.; BARRY, Vincent. *Moral issues in business*. 7. ed. Belmont, California: Wadsworth, 1998.

SOLOMON, Robert C. *Ethics and excellence:* cooperation and integrity in business. New York: Oxford University Press, 1992.

TERPSTRA, Vern; SARATHY, Ravi. *International marketing*. 6. ed. Fort Worth, TX: Dryden Press, 1972.

TOYNE, Brian; WALTERS, Peter G. P. *Global marketing management*: a strategic perspective. 2. ed. Boston: Allyn & Bacon, 1993.

PARTE III

Ética na atividade econômica

Ética e economia 13

O que é ética?

Antes de tratar da relação entre economia e ética, convém relembrar alguns conceitos, já abordados nos primeiros capítulos.

Observar as coisas *como elas são* na realidade é um fato. Outro, muito diferente, é *como as coisas deveriam ser*. Ao andar de carro, por exemplo, uma coisa é a velocidade real que alcança o veículo e outra, diferente, é a ideal que deveria alcançar. Uma coisa é como um time de futebol joga e outra, como deveria jogar. Uma coisa é a nota de um aluno na prova e outra, aquela que deveria obter.

Cada pessoa capta os objetos que lhe são apresentados externamente por meio dos sentidos e tenta compreendê-los com a inteligência. Com a vista observa-se um carro em movimento, com o ouvido capta-se o som de uma orquestra tocando, com o olfato sente-se o perfume de uma flor. Os sentidos são janelas. Abertas para fora, põem as pessoas em contato com o mundo exterior.

Por meio da inteligência, processa-se a informação captada pelos sentidos e é possível compreender aquilo que os sentidos apresentam.

Usando a inteligência, o homem aprendeu a medir a velocidade, inventou a roda, descobriu a utilidade da borracha, extraiu o ferro, produziu o aço e, juntando invenções, fabricou carros. Com eles, é possível deslocar-se mais rápida e confortavelmente. A inteligência humana permitiu ao homem descobrir as escalas musicais, estudar tons graves e agudos, e até gravar os sons emitidos por pessoas, animais e instrumentos. Aprendeu também a reproduzi-los com grande precisão em qualquer momento, sem a necessidade de ter um passarinho na gaiola ou assistir a um recital no teatro.

A primeira parte do argumento, *o que as coisas são*, está respondida, mesmo que de um modo simples. Os objetos têm uma realidade própria, independente de cada ser humano, ou seja, estão disponíveis em qualquer lugar, a qualquer momento. As pessoas captam as coisas por meio dos sentidos, e procuram entendê-las e saber como elas são.

Bem diferente de como elas *são* é como *deveriam ser*. Dizer que algo *deveria ser* diferente de como *é* implica um julgamento, uma valoração, um juízo de valor. Tomando por exemplo o caso de um carro. Alguém pode afirmar: *esse carro é uma tartaruga, deveria correr mais*. Ou então, após um jogo de futebol, comenta-se de um time: *devia ter passado mais a bola, ou os atacantes deviam ter chutado mais a gol...*

No exemplo da audição musical, é possível julgar a apresentação de uma peça dizendo: *o pianista deveria ter interpretado mais lentamente essa sonata*. No caso de uma representação teatral: *os atores deveriam ter imprimido mais emoção ao drama*. E também o empresário que demite o empregado: *o contador deveria ter sido mais honesto*.

A finalidade das coisas

Em todos os casos, a regra de ouro para saber se a avaliação do que *deve ser* é adequada, correta e justa é a *finalidade das coisas*, isto é, a função para a qual foram feitas. A finalidade depende do fabricante, inventor ou criador daquilo que está sendo avaliado ou julgado.

Se um fabricante de carros encomenda um projeto de um modelo para que alcance a velocidade de 120 km/h, e o veículo pronto atinge somente 110 km/h, ele dirá aos engenheiros que o projetaram: *o carro deveria correr mais*.

Se uma sonata para piano foi composta para ser interpretada em determinado ritmo musical e o pianista a apresenta em um ritmo diferente, o compositor dirá: *você tocou errado, esta sonata deveria ser interpretada no ritmo previsto no pentagrama*.

O que se pode concluir desses exemplos? Que para entender a diferença entre o que *as coisas são* e aquilo que *deveriam ser* é necessário indagar a *finalidade* para a qual as coisas foram feitas. É precisamente a *finalidade* que determina se uma coisa *é* como *deveria ser* ou não.

Quando um carro alcança a velocidade para a qual foi projetado, quando um músico interpreta uma peça tal como foi composta, quando um aluno tira notas de acordo com sua capacidade e inteligência, diz-se que é um bom carro, uma boa música, um bom aluno.

Um segundo ponto é relacionar o *bem* com o *dever ser*. A descoberta da *finalidade* para a qual as coisas foram feitas é a chave-mestra do *ser* e do *dever ser*. É por esse motivo que se afirma que algo *é bom*, se cumprir sua finalidade, e *ruim ou mau* em caso contrário.

Quando se diz que um relógio é bom? Quando dá as horas com precisão. O relógio não é bom ou ruim em função do material de que é feito, embora o material possa concorrer para sua precisão. Pelo material um relógio pode ser valioso, mas não necessariamente preciso. Um relógio também não é bom pela concepção estética com que as agulhas marcam as horas, embora a estética possa tornar agradável olhar as horas.

Um relógio é bom quando cumpre a finalidade para a qual o fabricante o fez, isto é, quando oferece uma medida exata do tempo no momento em que é consultado, nem mais nem menos. Da mesma maneira, uma máquina fotográfica é boa quando reflete com perfeição a imagem captada pela lente. Ficou clara a relação entre *finalidade e dever ser*.

Resta analisar a relação entre *finalidade e ética ou moral*. Ninguém afirma que um relógio é ético por marcar corretamente as horas. Um carro também não é ético por alcançar a velocidade que consta do manual do proprietário.

Finalidade do homem e liberdade

A palavra *ética* não se aplica às invenções humanas – toca-fitas, bicicletas, geladeiras – nem mesmo às plantas ou animais, mas ao comportamento humano, ao agir livre do homem. Essa palavra de cinco letras, *livre*, é essencial para pensar em termos éticos. Sem liberdade não pode haver responsabilidade moral. Não se pode louvar nem culpar ninguém que não atue com liberdade. Ninguém responsabiliza criminalmente um ciclone ou uma tormenta pelos prejuízos que ocasiona.

A origem etimológica da palavra *ética* oferece pistas interessantes sobre seu significado. Ética provém de *ethos* que, em grego, significa uso, costume. Nas línguas latinas, *moral* deriva de *mos-moris*, tradução latina do termo grego *ethos*, que também significa uso, costume, aplicado ao comportamento humano. Ou seja, o termo era utilizado para designar o comportamento humano e, concretamente, o juízo moral das ações humanas, isto é, as ações boas eram éticas ou morais e deviam ser feitas. As ações más eram antiéticas ou amorais, e deveriam ser evitadas.

Então quem define a moralidade das ações humanas? Qual o critério a ser seguido para definir se determinado comportamento é ou não ético? Essa questão será respondida mais adiante. Antes, é preciso notar que às coisas e aos animais não se aplica a ética.

De um relógio alguém pode afirmar que é bom, porém ninguém diz que tenha bondade. Do mesmo modo um relógio pode ser ruim, mas não mau, isto é, não tem maldade. Já no caso de uma pessoa pode ser boa e ter bondade, da mesma maneira que pode ser má e agir maldosamente. Qual a diferença?

A diferença consiste em que, embora tanto as pessoas como as coisas coincidam em ter uma *finalidade*, só as pessoas podem dirigir-se livre e voluntariamente para ela. É em função da *finalidade* que *são* ou não como *deveriam ser*, e, portanto, é em função dessa *finalidade* que elas são *boas* ou *más*.

Qual é então o *fim* do homem? Quem é que dá essa finalidade ao homem?[1] Novamente a chave do segredo, tal como no caso do relógio, é saber quem criou o homem e imprimiu em sua vida uma finalidade.

Ao longo da história, foram dadas muitas respostas a esta questão. Alguns dos mais importantes filósofos gregos, como Sócrates, Platão e Aristóteles, utilizando sua inteligência, concluíram que há uma norma moral impressa na natureza humana. O homem, como criatura, tem uma finalidade e recebe uma moral que pode ou não seguir, porque, diferentemente das plantas e dos animais irracionais, é livre; essas normas morais – *ética* – são a chave de sua felicidade, porque estão intimamente ligadas à sua finalidade.

É por esse motivo que se tem consciência de que agir desonestamente não torna feliz o homem, pois vai contra sua finalidade.

Ao longo da história, muitos filósofos, sociólogos, literatos, políticos e economistas expressaram pontos de vista divergentes de filósofos como Aristóteles, na Grécia clássica no século V antes de Cristo, ou Tomás de Aquino, no século XIII. Hoje em dia são muitas as pessoas que pensam que os valores morais são relativos, que dependem de cada pessoa, porém a experiência pessoal e dos outros é o elemento chave de que há uma norma moral a ser seguida.

O que é economia?

Até aqui se falou apenas de ética. Falta conceituar a economia. Eis algumas definições compiladas por Samuelson:[2]

1. Economia é o estudo das atividades que, com ou sem dinheiro, envolvam operações de troca entre as pessoas.

2. Economia é o estudo de como os homens selecionam a utilização de recursos produtivos escassos ou limitados para produzir várias mercadorias e distribuí-las aos diversos membros da sociedade, para consumo.

3. Economia é o estudo de como a humanidade realiza a tarefa de organizar suas atividades de consumo e produção.

4. Economia é o estudo da riqueza.

Poder-se-ia continuar listando outras definições. É sempre difícil resumir em poucas linhas uma descrição exata de uma ciência de modo a caracterizar suas fronteiras,

---

[1] POLO BACARRENA, Leonardo. *Ética*: hacia una versión moderna de los temas clásicos. Madri: Aedos Unión Editorial, 1996. p. 17-20.
[2] SAMUELSON, Paul A. *Introdução à análise econômica*. Rio de Janeiro: Agir, 1970, p. 30-31.

delimitando-a em face das de outras disciplinas, dando a entender ao principiante tudo que ela é.

Robbins apresentou uma definição geral de economia, abrangendo vários aspectos dos enfoques listados, acatada por muitos economistas e estudiosos:

> "Economia é a ciência que estuda o comportamento humano como um relacionamento entre fins e meios escassos que têm usos alternativos."[3]

Com base nessa definição mais clássica, sugere-se outra mais completa, por assumir que a ciência econômica é uma só, incluindo tanto a abordagem positiva quanto a normativa ou política.

> "Economia é a ciência social que estuda o comportamento humano (individual e social) como adequação do uso dos meios limitados de que o homem dispõe para a realização de fins diversos em função da sua natureza, que pressupõe a liberdade."[4]

Relação entre ética e economia

Definidas as duas ciências, constata-se que ambas têm o mesmo objeto, estudam o homem, porém cada uma delas o analisa sob ângulos diferentes. A economia, como se viu, estuda o comportamento humano condicionado pela escassez, pela limitação de meios e de tempo em relação aos objetivos a que se propõe.

A ética estuda as ações do homem em relação à sua moralidade, isto é, julga se são boas ou más. Diz respeito, portanto, não aos fins próximos do homem, como comprar uma casa ou um carro, ou estudar tal curso universitário, ou trabalhar em determinada empresa, mas ao seu fim último, isto é, se essas ações contribuem ou não para a sua *finalidade essencial*. Este ponto merece ser bem explicado.

A finalidade essencial do ser humano

O homem é um ser com uma unidade essencial e profunda em sua vida. Ele pode propor-se como objetivo desempenhar determinada profissão, formar uma família, comprar uma casa na praia, associar-se a determinado partido político. Todas essas finalidades não são independentes da ética ou moral, precisamente em função da unidade de sua pessoa.

---

[3] ROBBINS, Lionel. *An essay on the nature and significance of economic science*. 2. ed. Londres: Macmillan, 1935, p. 16.
[4] Ramos, José Maria Rodriguez. *Lionel Robbins*: contribuição para a metodologia da economia. São Paulo: Edusp, 1993. p. 107.

Alcançar cada uma dessas metas ou projetos pode envolver um aspecto ético importante. Uma pessoa pode comprar um avião com dinheiro que ganhou trabalhando e poupando durante anos, ou com dinheiro que roubou num instante. Outro pode conseguir um emprego dizendo a verdade ou mentindo. Comprar com dinheiro roubado e mentir ferem a ética e têm consequências para a pessoa.

Pense-se, por exemplo, em um atirador profissional. Um tiro certeiro pode consagrá-lo como campeão mundial ao acertar o alvo durante as olimpíadas, ou colocá-lo na cadeia se acertar a cabeça de uma pessoa inocente que passa pela rua. A mesma ação, atirar, não é indiferente do ponto de vista ético, em função da intenção, do objeto e das circunstâncias da ação. Atirar pode ser uma ação meritória ou destruir interiormente uma pessoa.

Ganhar dinheiro não é somente algo bom, mas necessário para a própria subsistência e da família. Porém não de qualquer maneira. Fraudar, roubar, mentir, para ganhar dinheiro, ferem a ética e afastam o homem de sua finalidade essencial. Esta infração não é algo circunstancial, mas algo muito profundo. Ir contra a moral é ir contra o próprio ser do homem. A moral não é um código exterior convencional de preceitos humanos que muda com o tempo, ou que depende de cada um ou da sociedade, mas é algo interior, inseparável da própria pessoa. Da mesma maneira que ninguém dá a vida a si próprio, igualmente não é dono e senhor da ética.

A economia como ciência e os aspectos éticos

Assim como os fins econômicos a que uma pessoa se propõe não são totalmente independentes da ética, a economia como ciência também não pode desentender-se dos aspectos éticos. Uma pessoa que cometa ações contra a ética destrói a si própria como pessoa, mesmo que consiga aquilo que deseja e se torne imensamente rica ou poderosa e pareça ser feliz. Assim também quando a ciência econômica não se subordina à ética não contribui para o verdadeiro bem-estar e desenvolvimento da sociedade.

A ética, condição necessária na ordem pessoal, também é condição de sobrevivência da sociedade. Sem ética, o convívio social torna-se insustentável. Sem confiança mútua, por exemplo, não se realizariam transações econômicas, nem haveria contratos. Ninguém empregaria, ninguém produziria, ninguém se associaria. Cada um viveria única e exclusivamente para si, cuidando dos próprios interesses. Como resultado, a sociedade ruiria, voltaria às cavernas.

A economia, como qualquer atividade humana, está subordinada à ética. Isso não significa que não tenha autonomia para desenvolver suas conclusões e proposições de política econômica, mas apenas que suas recomendações devam subordinar-se a um critério anterior e mais importante, a valoração ética.

Alguns exemplos podem ajudar a tornar este ponto mais claro. Imagine-se um problema de desemprego em determinado país. Muitas soluções podem ser pensadas como possíveis e viáveis, tais como diminuir os impostos das empresas que criem empregos, ou isentar fiscalmente áreas do país em que o problema seja especialmente grave, ou ainda estimular investimentos de empresas estrangeiras para que instalem no país suas fábricas. A ética não entra diretamente no mérito de como resolver o problema econômico, nem tem como função apresentar soluções que são competência exclusiva das empresas ou do governo, ou dos empresários e economistas, porém os economistas devem ter presente que o critério ético deve orientar o critério econômico.

Voltando ao desemprego, por exemplo, não se justifica eticamente forçar determinadas famílias a migrarem para determinada área onde estão necessitando de empregados. As pessoas podem ser incentivadas economicamente, mas não podem ser deslocadas contra a sua vontade. A liberdade é um bem que deve ser respeitado.

Do mesmo modo, as empresas não podem obrigar ninguém a trabalhar por salários menores que os combinados em contrato, ou em condições que atentem contra as normas de segurança no trabalho ou contra a dignidade humana. Se o fizerem, estarão ferindo a ética.

A ética, portanto, orienta as decisões quanto à moralidade, porém não resolve o problema econômico em si. À ética como ciência não compete elaborar teorias sobre a inflação, porém pode denunciar como antiéticas práticas de corrupção ou oportunismo favorecidos pela inflação.

Igualmente não compete à ética decidir como aumentar a arrecadação de impostos ou como diminuir os gastos do governo, porém tem um papel a desempenhar em relação a como os recursos são arrecadados ou distribuídos. Se um fiscal exigir dinheiro do contribuinte para que este sonegue imposto sem ser denunciado, a ética estará sendo ferida. Se um político desviar verbas públicas e depositá-las em sua conta-corrente, estará infringindo a ética.

Resumindo, economia e ética são ciências autônomas, porém não independentes. A economia está subordinada à ética, embora elabore suas teorias e propostas com liberdade. Como o fim ético é mais importante que o fim econômico, pois este último diz respeito só a um aspecto da vida humana, enquanto o primeiro refere-se ao fim último e mais importante do homem, as políticas e o comportamento econômico dos agentes não devem ir contra a ética, porque nesse momento iriam contra o próprio homem e contra a sociedade.

A economia e os economistas, se verdadeiramente desejarem contribuir para o desenvolvimento das pessoas e para o bem comum da sociedade, não poderão ignorar a ética, mas deverão servir-se das normas morais e éticas como norte e guia. A ética não é uma limitação para a economia, do mesmo modo que uma estrada não é uma imposição para os carros. Antes, pelo contrário, sua função é facilitar que as pessoas cheguem a seu destino, mesmo que *aparentemente* seja uma limitação trafegar dentro da estrada e obedecer às leis do trânsito.

Referências bibliográficas

BUCHANAN, James M. *Ética y progreso económico*. Barcelona: Ariel, 1996.

ENDERLE, Georges; Homann, K.; HONECKER, M.; KERBER, W.; STEINMANN, H. (Ed.). *Dicionário de ética econômica*. São Leopoldo: Editora da Universidade do Vale do Rio dos Sinos, 1977.

_____. *Lexikon der Wirtschaftsethik*. Freiburg/Basel/Wien: Herder, 1993.

FONSECA, Eduardo Giannetti da. *As partes & o todo*. 2. ed. São Paulo: Siciliano, 1995.

INSTITUTO DE EMPRESA Y HUMANISMO (Ed.). *Capitalismo y cultura cristiana*. Barañáin: Ediciones Universidad de Navarra, 1999.

KOSLOWSKI, Peter. *La ética del capitalismo*. Madri: Rialp, 1997.

MESSNER, Johannes. *Ética social*: o direito natural no mundo moderno. São Paulo: Quadrante/USP, [s. d.] (tradução da versão austríaca de 1960.)

PÉREZ LÓPEZ, Juan Antonio. *Liderazgo y ética en la dirección de empresas*: la nueva empresa del siglo XXI. Bilbao: Deusto, 1998.

POLO BARRENA, Leonardo. *Ética*: hacia una versión moderna de los temas clásicos. Madri: Aedos/Unión Editorial, 1996.

RAMOS, José Maria Rodriguez. *Lionel Robbins:* contribuição para a metodologia da economia. São Paulo: Edusp, 1993. v. 4.

ROBBINS, Lionel. *An essay on the nature and significance of economic science*. 2. ed. Londres: Macmillan, 1935. Edição em português: *Um ensaio sobre a natureza e a importância da ciência econômica*. São Paulo: Saraiva, 2012. (Coleção Clássicos da Economia).

RODRÍGUEZ ARANA Muñoz, Jaime. *Ética institucional*: mercado "versus" función pública. Madri: Dykinson, 1996.

SAMUELSON, Paul A. *Introdução à análise econômica*. Rio de Janeiro: Agir, 1970.

SEN, Amartya. *Desenvolvimento como liberdade*. São Paulo: Companhia das Letras, 2000. (tradução do original em inglês *Development as freedom*. New York: Alfred A. Knopf, 1999.)

_____. Economics, business principles and moral sentiments. *Business Ethics Quarterly*, v. 7, nº 3, p. 5-15, July, 1997.

_____; WILLIAMS, Bernard. *Introduction*: utilitarianism and beyond. Cambridge: Cambridge University Press, 1982.

_____. *Sobre ética e economia*. São Paulo: Companhia das Letras, 1999.

Ética e inflação 14

No âmbito econômico, todo país persegue os seguintes objetivos de política econômica: estabilidade monetária, crescimento econômico e justiça econômica e social. A estabilidade monetária é condição das demais. Está na base de um crescimento equilibrado e da justiça social.

A inflação implica a perda de confiança no valor da moeda. A desvalorização do valor aquisitivo da moeda atua como um ácido na estrutura de ferro que sustenta o edifício econômico: corrói as relações econômicas entre os agentes e semeia a desconfiança institucional e política. Antes ou depois a situação tende a um limite crítico, do qual não há retorno possível sem uma grave crise institucional.

Em palavras de Keynes, publicadas em um ensaio de 1919 e coletadas nos seus *Essays in persuasion*, de 1963:

> "Não há forma mais sutil e segura de destruir os alicerces da sociedade do que a desmoralização de sua moeda. Esse processo engaja todas as forças ocultas das leis econômicas do lado da destruição, e o faz de um modo que nem um homem em um milhão é capaz de diagnosticar" (KEYNES, 1963, p. 78).

O limite, em uma conjuntura hiperinflacionária, é a perda total da confiança na moeda. O relacionamento econômico fica envenenado na origem. Preços e salários flutuam sem um padrão ou referência confiável, facilitando o oportunismo e a corrupção. A instabilidade econômica, por sua vez, transmite seus sinais de precariedade ao terreno social, político e, em última instância, ao institucional.

Em termos gerais, podemos dizer que a inflação tem as seguintes implicações éticas para a atividade econômica:

1. Desestrutura e desestabiliza a economia. Na medida em que os preços dos produtos, bens e serviços são reajustados em momentos diferentes do tempo, a

ordem econômica fica desequilibrada e o sistema de preços relativos deixa de funcionar adequadamente.

2. Dificulta ou impede o cálculo econômico. A elaboração de orçamentos, projeção de resultados e planejamento econômico torna-se muito mais complicada em uma conjuntura inflacionária.

3. Desestimula os investimentos produtivos. A estabilidade econômica e a confiança no futuro são condições básicas na hora de decidir novos investimentos. A inflação torna o futuro imprevisível e incerto, desestimulando, como consequência, investimentos em atividades produtivas.

4. Dificulta o funcionamento do mercado e a competição. A informação sobre os preços dos produtos é uma das condições necessárias para que a competição e o mercado funcionem adequadamente. Em um cenário inflacionário, a informação sobre o preço dos produtos torna-se mais difícil de adquirir, uma vez que os reajustes não ocorrem simultaneamente e são mais frequentes quanto maior seja o índice de inflação.

5. Implica perdas de recursos. A inflação exige a adoção de novas moedas, de reajustes periódicos, de remarcação de preços, de cálculos mais complicados... Todos esses elementos exigem tempo e recursos das pessoas, das empresas, do governo, que poderiam ser utilizados de modo mais produtivo e eficiente.

6. Favorece o oportunismo e a corrupção. O reajuste dos preços, a mudança de moeda, a remuneração dos ativos oferecem oportunidades para a corrupção e o oportunismo que não existiriam em um cenário de estabilidade econômica.

Quem ganha e quem perde com a inflação?

Quem ganha com a inflação? E, se alguém ganha, quem perde? O primeiro beneficiado é o governo, que tem o poder de emitir moeda e ditar as regras do jogo. Lucra, também, quem tem maior poder de barganha; e, logicamente, o especulador, o corrupto e o desonesto. O cidadão normal tenta não ficar para trás na corrida, embora nem sempre seja bem-sucedido nesta tarefa.

Até onde vai o jogo da inflação? A hiperinflação é o limite. Em uma conjuntura inflacionária, todos dançam conforme a música. Hiperinflação é aquela situação em que os dançarinos já não mais conseguem acompanhar o ritmo frenético da música. O baile para. A orquestra se reorganiza. Vai começar tudo de novo.

Qual a taxa que configura uma hiperinflação? Não existe. Em economias não indexadas, pode-se chegar rapidamente à hiperinflação. Em economias com sofisticados mecanismos de indexação, a elasticidade pode ser surpreendente. Entretanto, há um limite.

Um exemplo de hiperinflação pode ser visto no Museu do Pão da cidade de Ulm, na Alemanha. No Museu, narra Cláudio Magris, na sua obra *Danúbio*, uma tabela enumera os preços de uma libra de pão no decorrer de um decênio, entre 1914 e 1924. Em 1914, custava 0,15 marco de ouro; em 1918, 0,25 marco de papel; em 1919, 0,28 (sempre de papel); em 1922, 10,57; em 1923, 220.000.000 de marcos. Em 1924, o preço era novamente quase aquele de 1914, ou seja, 0,14 de marco de ouro, embora em outro contexto e com diferente valor e poder aquisitivo da moeda.

A experiência dos países que sofreram as consequências de uma hiperinflação não augura esperanças promissoras. A moeda nacional perde o valor e deixa de ser o norte de referência das transações econômicas. O país *pendura uma tabuleta: fechado para balanço*. Os custos sociais e econômicos do balanço são imprevisíveis.

Talvez se possa aceitar que não vale a pena passar por um processo hiperinflacionário para desaconselhá-lo. Contudo, tampouco está certo que taxas mensais de inflação em elevação sejam o atalho para a vitória completa e definitiva do dragão.

Em uma conjuntura inflacionária, aparentemente alguém ganha e alguém perde, mas, na verdade, perdem todos: o governo e o particular, o empresário e o empregado, o comerciante e o consumidor. Todos perdem.

Perde o governo, que dia a dia vê minada sua credibilidade externa e interna. Perde o empresário, pois seu investimento torna-se um risco não só econômico, mas também em função da incerteza quanto à ação governamental e os rumos do país em uma conjuntura inflacionária. Perdem os trabalhadores pois, na hipótese otimista de reajustes salariais acima da inflação, se a empresa – para quem salário é custo – tiver prejuízo, os empregados poderão em curto prazo ser dispensados.

A pródiga experiência da inflação no Brasil na década de 80 e nos primeiros anos da década de 90 mostrou que os choques não debelam a inflação. Em uma economia de mercado o sucesso do combate à inflação passa pelo apoio que os planos recebem e se sustenta na confiança e no exemplo que o governo inspira e manifesta. O exemplo vem de cima.

Sem credibilidade, sem o exemplo de quem dita as regras e tem o poder de emitir moeda, não se cria o clima de confiança que permite controlar a inflação. No clima de cultivo da credibilidade e da confiança pode florescer a convicção de que com inflação – exceto os especuladores e os desonestos – perdem todos.

Com propriedade afirmou Lionel Robbins: "a inflação é um mal social em que a perspectiva de rápidos ganhos fomenta a corrupção e a divisão social" (*Against inflation*).

Referências bibliográficas

FONSECA, Eduardo Giannetti da. Ética e inflação. *O Estado de S. Paulo*, 14 jul. 1991.

FRANCO, Gustavo H. B. Moeda e cidadania. *O Estado de S. Paulo*, 12 jul.1998.

KEYNES, John Maynard. *Essays in persuasion*. New York: Norton, 1963.

ROBBINS, Lionel. *Against inflation*. Londres: Macmillan, 1979.

Ética e capital humano 15

A economia considera tradicionalmente três fatores que, combinados entre si, contribuem para a produção de bens e serviços. Tais fatores são: terra, trabalho e capital.

O fator trabalho consiste na aplicação do esforço humano à atividade produtiva. O trabalho pode ser manual, intelectual ou a combinação de ambos. Por produção não se deve entender exclusivamente a fabricação de bens materiais. Atividades predominantemente intelectuais, como dar aula ou escrever um livro, também são atividades produtivas e têm uma contrapartida econômica. O mesmo se aplica ao trabalho dirigido ao setor serviços, como dirigir um táxi ou ser guia turístico.

O capital como fator de produção inclui tanto os recursos monetários quanto físicos, tais como máquinas, ferramentas e prédios, que contribuem direta ou indiretamente para o processo produtivo.

Dos três tradicionais fatores de produção, o mais importante é o trabalho. Sem trabalho não há produção agrícola; sem trabalho o capital se perde. O trabalho é também o mais importante dos fatores porque a produção está a serviço do homem e não o homem a serviço da produção. Eis uma preocupação da ética econômica.

Como consequência, pode-se afirmar, sem deixar dúvidas, que as pessoas são o mais valioso recurso que uma nação possui. As pessoas – qualquer pessoa – representam um valor em si mesmo e, ao desenvolverem suas atividades, mediante seu trabalho em empresas, escolas, hospitais, são as principais responsáveis pelo desenvolvimento econômico e social.

Trabalho e capital humano

O trabalho, sendo essencial para a produção, contribui no entanto de maneira diversa para o produto final. Um trabalhador mais habilidoso ou experiente é capaz de produzir mais do que um iniciante. As mesmas horas de trabalho produzem resultados diferentes em função da experiência, habilidade, treinamento ou inteligência de quem realiza o trabalho.

A contribuição do trabalho para a produção depende, portanto, de vários fatores, alguns deles subjetivos, como o esforço que as pessoas colocam. Nesse particular, a ética exerce um papel relevante, pois pode determinar um aumento de produtividade nos agentes humanos dotados de responsabilidade moral e social. Um elemento-chave e objetivo é a capacitação do trabalhador para realizar determinada função. Essa capacitação deriva diretamente da educação e do treinamento formal das pessoas.

É neste ponto que ganha importância o tema do capital humano, que pode ser definido como o conjunto de habilidades que tornam uma pessoa mais capacitada para realizar um trabalho e, portanto, também mais produtiva economicamente.

Assim como o capital físico é importante na produção, da mesma maneira o capital humano, isto é, o conjunto de conhecimentos e técnicas, é fundamental para o resultado final. Como visto em capítulos anteriores, o homem se realiza à medida que vai ao encontro de seus fins específicos que, de alguma forma, estão ligados a seu fim último. Com efeito, o homem é um ser com uma unidade essencial e profunda na sua vida. Ele tem seus objetivos que devem submeter-se à ética ou à moral, sempre em função da unidade de sua pessoa.

Se o fator humano é elemento essencial na produção, o capital humano é a chave da produtividade. Trabalho e capital humano são conceitos diferentes. O primeiro é a aplicação do esforço na realização de uma tarefa, o segundo são as habilidades adquiridas. Tanto um quanto outro estão subordinados às normas éticas.

Capital humano e desenvolvimento econômico

O conceito de capital humano é fundamental para estudar o crescimento e desenvolvimento econômico dos países.

Os recursos naturais de um país são importantes para o desenvolvimento econômico. Qualquer nação precisa de minerais, tais como ferro e potássio, isto é, matérias-primas para a indústria siderúrgica, química, eletrônica. Da mesma maneira, o espaço de terra cultivável é a condição da produção de alimentos, de madeira, de tecidos, a partir do algodão, e assim por diante.

Os recursos naturais condicionam a produção, porém, mais importante ainda é o trabalho. Um exemplo claro é o caso do Japão. Com escassos recursos naturais, é a segunda economia do mundo.

O fator trabalho, por sua vez, está condicionado pelo capital humano, ou seja, pelo conjunto de habilidades que os trabalhadores possuem. Não fosse assim, um país com mais recursos naturais e uma população maior teria um Produto Interno Bruto (PIB) maior, o que na prática não se verifica.

O capital humano, em última instância, é fruto da educação e do treinamento. Por essa razão, desenvolvimento econômico e capital humano estão intimamente relacionados. Investir em educação é a chave do desenvolvimento econômico a longo prazo.

A educação, além do mais, é o melhor remédio contra o desemprego, a pobreza e a miséria, e o caminho mais curto para uma melhor distribuição de renda.

As pessoas mais bem qualificadas profissionalmente têm maiores oportunidades de emprego. Os trabalhadores especializados sofrem menos, em épocas de desemprego, do que aqueles que não têm treinamento ou qualificação profissional específica.

Os programas assistenciais promovidos pelos governos, tais como distribuição de alimentos, remédios, roupas, são necessários e importantes, porém não chegam à raiz do problema. Há um conhecido provérbio que diz que *dar um peixe a uma pessoa ajuda a combater a fome de um dia, enquanto ensinar a pescar resolve o problema para toda a vida*. Nesse sentido, investir em capital humano não somente promove o crescimento econômico do país como também é fonte de desenvolvimento e justiça social.

Se a educação é condição necessária para o desenvolvimento econômico e social, tal como mostra a experiência internacional, os resultados educacionais não são fruto exclusivo e direto da aplicação de recursos financeiros em educação. A instituição educacional mais importante não é o governo, mas a família, que conta mais para o sucesso ou fracasso educacional do que a escola. Por isso, a melhor maneira de alcançar excelentes resultados educacionais é uma família que valorize a educação.

Em suma, para a produção contribuem terra, trabalho e capital. O trabalho é um fator que altera o processo produtivo quantitativamente (mais trabalho, mais produção), e qualitativamente (maior capital humano, melhor produção). O capital humano depende da educação, treinamento e experiência, e, também sob o ponto de vista ético, é fundamental para o desenvolvimento econômico e social de um país. Maior capital humano significa maiores salários, menor desemprego, menos pobreza e miséria e mais justiça social. O investimento de mais recursos em educação não implica necessariamente melhores resultados educacionais. Em última instância, é o ambiente familiar que determina o resultado educacional e, portanto, o desenvolvimento econômico e social do país.

Breve história da teoria do capital humano

A teoria do capital humano foi desenvolvida e recebeu este nome a partir da segunda metade do século XX. Entretanto, ao voltar o olhar para trás, para a história do pensamento econômico, encontram-se conceitos e ideias de economistas, que bem podem ser considerados precursores da teoria do capital humano.

Atribui-se a William Petty (1623-1687) a primeira aplicação do conceito de capital humano, em 1676, por analisar o valor das vidas humanas no campo de batalha.

Adam Smith (1723-1790) foi o criador da ciência da economia política, pai do liberalismo, adepto da ética da simpatia ou psicologismo e autor de *A riqueza das nações*, publicado em 1776. Identificava a habilidade dos trabalhadores como fonte de progresso econômico. Embora sem referir-se à expressão *capital humano*, Smith escreveu sobre o aumento da produção em função da divisão do trabalho, isto é, os operários, ao se especializarem em determinada função, eram capazes de produzir mais.

No século XIX, o economista inglês Alfred Marshall sustentou que o investimento em seres humanos é o mais valioso. Marshall ocupou um lugar importante entre os precursores da teoria do capital humano.

No início do século XX, autores como Irving Fisher e F. H. Knight, da escola de Chicago, analisaram a teoria do capital e introduziram em seu estudo o papel do conhecimento para o desenvolvimento da sociedade.

O surgimento do capital humano como teoria é atribuído principalmente aos economistas T. W. Schultz e Gary Becker. Ambos receberam o Prêmio Nobel de Economia, em 1979 e 1992, respectivamente.

No início da década de 60 ambos desenvolveram estudos salientando a importância do capital humano, isto é, do desenvolvimento de habilidades baseadas na educação e no treinamento, para o desenvolvimento econômico.

Schultz, em um artigo clássico,[1] argumenta que a produção sempre foi explicada em termos de terra, trabalho e capital, esquecendo-se do capital humano. Relaciona cinco tipos de atividades que ajudam a melhorar as capacidades humanas: (a) serviços de saúde; (b) treinamento no trabalho; (c) educação (primária, secundária e superior); (d) programas para adultos organizados por empresas; e (e) emigração de indivíduos e famílias para aproveitar oportunidades de trabalho.

---

[1] Schultz, T. W. Investment in human capital. *American Economic Review*, v. 51, p. 1-17, 1961.

Considerando a educação como um investimento, Schultz conclui, com base em diversos estudos, que os retornos da educação são maiores do que aqueles derivados do investimento em capital humano.

Dotada de conotação ética, a recomendação final do artigo para os países, em particular para o mundo em desenvolvimento, é que *invistam nos seres humanos*.

Referências bibliográficas

ENSINO FUNDAMENTAL & COMPETITIVIDADE EMPRESARIAL. São Paulo: Instituto Herbert Levy, 1993.

INFORME SOBRE O DESENVOLVIMENTO HUMANO. Nova York: PNUD, Organização das Nações Unidas, 1993.

JOHNSON, H.G. Towards a generalized capital accumulation approach to economic development. In: BLAUG, M. (Ed.). *Economics of education*. Middlesex: Penguin, 1968. v. 1.

LANDES, David. Repensando o desenvolvimento. *Diálogo*, 24 (2): 66-71, 1991.

PROGRESSO SÓCIO-ECONÔMICO NA AMÉRICA LATINA (Relatório 1993). Washington, D. C.: BID (Banco Interamericano de Desenvolvimento).

PSACHAROPOULOS, G. (Org.). *Economics of education*. Washington, D. C.: World Bank, 1987.

RIBEIRO, Sérgio Costa. *A educação e a inserção do Brasil na modernidade*. Jun. 1992. (mimeo.)

SCHULTZ, T. W. Investment in human capital. *American Economic Review*, v. 51, p. 1-17, 1961.

SEN, Amartya. *Desenvolvimento como liberdade*. São Paulo: Companhia das Letras, 2000.

WOOLDRIDGE, Adrian. Coming top: a survey of education. *The Economist*, 21 nov. 1992.

Ética e crescimento econômico 16

Nas décadas de 60 e 70, os termos *crescimento e desenvolvimento econômico* aparecem na literatura econômica como sinônimos. Antes de 1950, as expressões *crescimento econômico e progresso econômico* eram as mais difundidas, para referir-se às melhorias introduzidas nas condições de vida dos países.[1]

A explicação para a ênfase no crescimento não oferece especiais dificuldades, se consideramos que o principal objetivo de inúmeros países, após a Segunda Guerra Mundial, era a reconstrução de suas economias.

Crescimento econômico foi definido como incremento do produto interno bruto ou renda *per capita* de um país. Essa avaliação do desempenho econômico, refletindo aspectos quantitativos, começou a ser questionada com o decorrer dos anos, por não incluir elementos *qualitativos*. A partir do fim da década de 70, ou no início dos anos 80, uma nova expressão impunha-se na literatura econômica e na avaliação dos organismos internacionais: *desenvolvimento econômico*.[2] A apresentação do meio ambiente no processo de desenvolvimento econômico introduziu um novo conceito no final da década de 80: *desenvolvimento econômico sustentável*.[3]

O processo de desenvolvimento econômico de um país deve sinalizar não somente a melhoria das condições produtivas ou da renda *per capita*, mas também o avanço nos indicadores de qualidade de vida dos países. Temas como educação, pobreza, distribui-

---

[1] Texto apresentado no Segundo Congresso Mundial da *International Society of Business, Economics, and Ethics*, realizado na Fundação Getulio Vargas (São Paulo), de 19 a 23 de julho de 2000, sob o título *Ética e crescimento econômico*: pobreza e *distribuição de renda*, de autoria de José Maria Rodriguez Ramos e atualizado para esta edição. Visualiza-se a economia dentro de um contexto em que variáveis econômicas exercem um impacto sobre a sociedade. Devem-se considerar as implicações éticas e as consequências dos programas e políticas que regem a ordem econômica, de forma que se minimizem as desigualdades e injustiças sociais.

[2] Um estudo das diversas teorias de desenvolvimento econômico no período que se seguiu à Segunda Guerra Mundial até o início dos anos 80 pode ser consultado em Rodriguez Ramos (1985).

[3] Esse conceito é uma análise das teorias do desenvolvimento nos anos 90, assim como a perspectiva do Banco Mundial com relação ao desenvolvimento são o tema estudado por Miranda (1999).

ção de renda e inflação, entre outros, não diretamente relacionados com o crescimento, fazem parte do círculo de assuntos em torno dos quais gira o *desenvolvimento*. O desenvolvimento econômico, por sua vez, está subordinado a um processo de desenvolvimento mais amplo, que inclui elementos sociais, culturais e políticos e ambientais.

Com o objetivo de suprir essa deficiência em 1990, as Nações Unidas passaram a calcular um índice de desenvolvimento que incluísse aspectos não econômicos do desenvolvimento. O novo índice foi denominado *Índice de Desenvolvimento Humano* (IDH) e passou a ser divulgado anualmente no *Relatório de Desenvolvimento Humano*. Além da renda *per capita*, o índice inclui indicadores de educação e esperança de vida ao nascer.

O IDH representa um avanço em relação a medir apenas o PIB *per capita*, porém tem limitações evidentes. As deficiências mais significativas estão estreitamente ligadas a aspectos éticos do crescimento econômico, tais como a distribuição de renda e a pobreza, ignoradas pelo novo índice.[4]

O crescimento econômico, mesmo sendo por si próprio um objetivo desejável de política econômica, está subordinado a um processo mais amplo de desenvolvimento. As implicações éticas do crescimento econômico têm a ver, portanto, com as consequências que derivam desse crescimento.[5]

Crescimento econômico e pobreza

O relatório do Banco Mundial em 1990 foi dedicado ao tema da pobreza. Após quase 30 anos de crescimento econômico mundial (taxas de 4,1% entre 1965 e 1980 e de 3,1% entre 1980 e 1988) quase metade da população mundial tinha uma renda média de aproximadamente 320 dólares anuais, um padrão de vida semelhante ao da Europa Ocidental e dos Estados Unidos há 200 anos.

A situação da pobreza no mundo melhorou substancialmente de 1990 para 2016, reflexo do esforço dos países em alcançar os Objetivos de Desenvolvimento do Milê-

---

[4] Por ocasião do décimo aniversário da publicação do IDH, em 1999, Sen sublinhava que "o IDH deve ser visto apenas como um passo introdutório para chamar a atenção das pessoas para a rica coleção de informações que integra o Relatório do Desenvolvimento Humano. Na verdade, devo reconhecer que não via no início muito mérito no IDH em si, embora tivesse tido o privilégio de ajudar a idealizá-lo [...] Em contraste com o índice bruto do IDH o restante do Relatório do Desenvolvimento Humano contém extensa coleção de tabelas e riqueza de informações sobre diversas características sociais, econômicas e políticas que influenciam a natureza e a qualidade da vida humana". Para conhecer o pensamento do autor sobre Desenvolvimento, é importante ler sua obra *Desenvolvimento como Liberdade* (2000).

[5] O presente artigo está orientado para o exame do crescimento, pobreza e distribuição de renda dos países. Para uma visão panorâmica de algumas das críticas éticas à economia e, particularmente, à formulação de políticas para o desenvolvimento econômico, ver Argandoña (1998).

nio, ou Metas do Milênio, propostos no ano 2000 pelas Nações Unidas e a serem alcançados até 2015. O primeiro objetivo era erradicar a extrema pobreza e a fome.

De acordo com o Relatório das Nações Unidas sobre as Metas de Desenvolvimento do Milênio (2015), a extrema pobreza "declinou significativamente. Em 1990 aproximadamente metade da população mundial vivia com menos de US$1,25 por dia; essa proporção caiu para 14% em 2015" (UNITED NATIONS, 2015).

As estatísticas do Banco Mundial também registram esse avanço na redução da pobreza. Como salienta o relatório sobre os indicadores econômicos de 2016, em 2012 apenas "13% da população mundial vivia abaixo da linha inferior de pobreza, de US$1,90 por dia" (WORLD DEVELOPMENT INDICATORS, Banco Mundial, 2016).

Em relação à renda da classe trabalhadora, houve um aumento importante nas receitas, em nível mundial. Segundo o relatório das Nações Unidas: "o número da classe média trabalhadora com renda superior a US$4,00 por dia quase triplicou entre 1991 e 2015. Esse grupo representa agora metade da força de trabalhos nas regiões desenvolvidas" (UNITED NATIONS, 2015).

Muito se tem escrito sobre crescimento, pobreza e distribuição de renda. É um tema particularmente propício para a demagogia política e o sensacionalismo informativo. Para não incorrer em deformações ópticas, convém analisar os dados e a experiência concreta dos países em desenvolvimento nos últimos anos.

A análise das implicações do crescimento e desenvolvimento econômico pode ser feita em dois níveis, entre os diversos países e entre pessoas de um mesmo país, tanto em relação à pobreza quanto à distribuição de renda.

Diferenças de renda entre países

As evidências empíricas quanto ao crescimento econômico mundial manifestam que o século XX, mesmo com duas guerras mundiais e a Grande Depressão dos anos 30, foi de crescimento econômico. Essa tendência é clara ao analisar o período pós-Segunda Guerra. De acordo com o Relatório do Banco Mundial de 1999, a taxa média do crescimento do PNB mundial de 1975 a 1995 foi 2,8%. Em termos *per capita*, essa taxa foi 1,1%.

Entre os anos 2000 e 2009, o crescimento do PIB mundial, informa o Relatório de Indicadores Econômicos do Banco Mundial (World Development Indicators 2016), foi de 2,9% ao ano. Devido à crise financeira de 2008, de 2009 a 2014 a taxa de crescimento mundial foi um pouco menor, 2,7% ao ano.

Um dos mitos frequentemente citados nos anos 70 afirmava que o desenvolvimento dos países industrializados era a contrapartida necessária do subdesenvolvimento do Terceiro Mundo. Os dados agregados por grupos de países apresentados no relatório anual do Banco Mundial em 1990 sobre o crescimento do PIB nos últimos 30 anos mostra que o crescimento econômico foi uma tendência mundial sem exceção. O mesmo resultado se observa com relação ao PIB *per capita* entre 1965 e 1988. Os países com taxas negativas são exceção, e não alteram a média positiva, quando agregados por grupos de renda semelhante. Entre as exceções, encontram-se, por exemplo, Líbia (– 2,7%), Venezuela (– 0,9%), Nicarágua (– 2,5%) e alguns países da África e Ásia. O crescimento dos países industrializados nos últimos 25 anos não foi, portanto, a face da moeda que escondia, no anverso, a estagnação e a exploração do Terceiro Mundo.

Se de um lado o crescimento econômico foi um fenômeno presente na vida da maioria dos países, principalmente na segunda metade do século, por outro lado esse crescimento distribuiu-se assimetricamente entre os países. A distância entre países pobres e ricos aumentou nas últimas décadas.

De acordo com o *Relatório do Desenvolvimento Humano* (1999) publicado pelas Nações Unidas, 20% dos países mais ricos detêm 86% do PIB mundial, enquanto os 20% mais pobres apenas participam em 1% da produção mundial. Os países da OCDE, comenta o Relatório, "com 19% da população total, têm 71% do comércio mundial de bens e serviços, 58% do investimento total e 91% do total dos usuários da Internet" (1999, p. 5).[6]

Ao analisar o fenômeno da globalização e do crescimento no século XX, Crafts (2000) chega a uma conclusão semelhante. De acordo com esse autor, o tema central que emerge da análise da quantificação do crescimento é um *"generalizado e sem precedentes distanciamento em termos de nível de renda e desempenho entre países, e especialmente entre a OCDE e muitos países em desenvolvimento, tanto na primeira quanto na segunda metade do século XX"* (2000, p. 4).

Apesar dessas diferenças de renda entre países, a análise do Índice de Desenvolvimento Humano mostra que foram feitos progressos significativos em termos do IDH, principalmente devido a uma generalizada redução da mortalidade. Por essa razão, na opinião de Crafts, "o estudo histórico da evolução da renda nacional tem subestimado o crescimento nos padrões de vida" (2000, p. 4).

---

[6] As diferenças são tais que, de acordo com o relatório, "os ativos dos três maiores multimilionários são superiores ao PNB conjunto de todos os países menos desenvolvidos e dos seus 600 milhões de habitantes" (p. 6).

A conclusão de Crafts já havia sido apontada por Arndt nos anos 70 para o Terceiro Mundo. A falácia de que o crescimento econômico realmente promoveria o desenvolvimento para o Terceiro Mundo é denominado por este autor o *Mito do Gotejar* (*"Trickle-down Myth"*).

O desencanto crescente da comunidade acadêmica com o mito do gotejar formou um consenso com o passar dos anos. Em palavras de Arndt (1983, p. 1):

> "Em torno a 1970, um desapontamento crescente expressava que, depois de duas décadas de taxas de crescimento econômico sem precedentes na maioria do terceiro mundo, centenas de milhões permaneciam na mais abjeta pobreza e em muitos países a distribuição de renda parecia ter piorado. Emergiu um consenso que não é suficiente para a política de desenvolvimento perseguir uma alta taxa de crescimento do produto ou da renda *per capita*. A política precisava atender mais diretamente objetivos sociais – emprego, melhorar a distribuição, reduzir a pobreza."

A observação de Arndt relaciona as consequências do distanciamento dos níveis de renda entre países com a pobreza e desigualdade de renda dos países menos desenvolvidos, porém é importante também analisar a evolução da distribuição de renda nos últimos decênios.

Crescimento e distribuição de renda entre pessoas

Uma falácia frequentemente repetida a respeito do relacionamento entre crescimento e distribuição de renda resume-se na célebre e conhecida frase de que nas últimas décadas *"os ricos se tornaram mais ricos e os pobres mais pobres"*. Os dados evidenciam que, de fato, os benefícios do crescimento foram mal distribuídos. Contudo, isso não significa que as classes menos favorecidas não tenham partilhado também dos benefícios do crescimento econômico.

Estudo desenvolvido por Dollar e Kraay (2000) analisa como o crescimento econômico mundial afetou os pobres. Com base em dados de 80 países ao longo de quatro décadas, os autores concluem: "não deveria surpreender que o relacionamento entre o crescimento da renda dos pobres e o crescimento da renda geral é um para um" (p. 27). Por outras palavras, os pobres viram sua renda aumentar na mesma proporção que o crescimento econômico geral. Ou seja, também em relação ao nível de renda pessoal, o *trickle-down* constitui um mito, uma vez que não se verifica que primeiro os ricos se tornem mais ricos, para depois os pobres também melhorarem sua situação. A teoria do desenvolvimento que dava sustentação intelectual para este mito, nos anos 50 e 60, via o desenvolvimento como "puramente um fenômeno 'econômico' em que ganhos rápidos de crescimento do PIB e da renda *per capita* deveriam trazer benefícios automaticamente (isto é 'gotejar') às massas em forma de trabalhos e outras oportunidades econômicas" (TODARO, 1977, p. 439).

Outro resultado derivado da pesquisa empírica de Dollar e Kraay é que o relacionamento pobreza-crescimento não se altera em épocas de crise, quando comparados a períodos normais, contrariando a ideia de que os pobres sofrem mais com a recessão econômica.

Um último mito repetido e divulgado é que a nova economia e a globalização prejudicaram principalmente os mais pobres. A experiência a partir de 1980, ainda de acordo com esse mesmo estudo, mostra que o impacto do crescimento sobre a pobreza não declinou nos últimos 20 anos. Ou seja, também nos anos 80 e 90 os pobres viram crescer sua renda na mesma proporção que a economia mundial.

No caso brasileiro, de acordo com as *Estatísticas Históricas do Brasil* (1990) compiladas pelo IBGE, os 10% mais ricos aumentaram sua participação na renda total entre 1970 e 1980 (46,7% em 1970 e 51% em 1980), reduzindo-se posteriormente para 47,6% em 1997. Em 2004 esse percentual diminuiu para 45,5% e para 41% em 2014, pelos cálculos da Pesquisa Nacional por Amostras de Domicílios de 2014 (PNAD). Os 10% mais pobres mantiveram quase constante sua participação (1,2% em 1970, 1,1% em 1980, 1,1% em 1997 e 1,2% em 2014).

No Brasil a desigualdade da distribuição de renda tem declinado nos últimos vinte anos. Segundo o IBGE (2015) o índice de Gini, que mede a concentração de renda, declinou de 0,555 em 2004 para 0,497 em 2014, mesmo assim ainda é um dos índices mais elevados da América Latina.

A questão distributiva ainda está longe de uma solução, tanto no âmbito internacional, quanto no Brasil. Por essa razão, aqueles que depositaram a esperança em que o crescimento econômico melhoraria substancialmente as condições de vida de toda a sociedade, por meio de uma distribuição de renda mais equitativa, estão vendo suas expectativas frustradas. Essas boas perspectivas não correspondem à realidade do atual contexto econômico mundial na virada do século e do milênio.

Decorridos 25 anos da publicação de seu célebre livro *The affluent society*, Galbraith reexaminou seu pensamento para manifestar que estava equivocado ao pensar que os pobres seriam beneficiados com o aumento de riqueza dos mais favorecidos economicamente:

"Eu não antevi, com clareza, como com a opulência reagiríamos diante da situação daqueles que não compartilhavam da boa fortuna. Eu devia ter entendido que, com o bem-estar geral, reagiríamos segundo a mais antiga, senão a mais admirável tradição dos bem-protegidos financeiramente; isto é, as pessoas, uma vez estando razoavelmente confortáveis, encontram motivos plausíveis – ou, mais frequentemente, menos implausíveis – para se eximirem de preocupações com os pobres" (1984, p. 1).

Talvez a conclusão a que cheguemos seja, em termos práticos, de que o egoísmo é uma tendência natural no homem, e que o altruísmo e a solidariedade não se dão sem esforço, em função de um objetivo ou finalidade superior. Por isso, quando o bem-estar econômico se torna a finalidade de uma pessoa ou da sociedade, não há lugar para a autêntica preocupação com a pobreza dos outros nem com o bem-estar – entendido como bem comum – da sociedade.

As considerações precedentes evidenciam que a célebre frase "é preciso crescer para depois distribuir" não passa de um mito. A experiência brasileira é esclarecedora de que o crescimento do bolo não implica necessariamente uma melhor distribuição das fatias, embora, nas décadas de 60 e 70, a todos correspondeu um pedaço de bolo maior, ou seja, o crescimento é condição necessária, mas não suficiente.

Se o crescimento econômico não trouxe melhoras na distribuição de renda, uma melhor distribuição de renda tem impactos fundamentais sobre o desenvolvimento. Essa é a conclusão de Frances Stewart (2000, p. iii), ao observar que "durante os anos 80 e 90 tem havido uma forte tendência a uma pior distribuição de renda tanto nos países desenvolvidos quanto em desenvolvimento".

De acordo com Stewart,

"nos anos 50 pensava-se que uma maior desigualdade na distribuição conduzia a um maior crescimento, via maior poupança – e possivelmente efeitos de incentivo (p. ex. Galenson e Leibenstein,1955) [...] Esta visão tem sido desafiada, por exemplo, por Adelman e Morris (1973) que argúem que uma maior igualdade inicial de renda deve conduzir a um maior crescimento. [...] Além disso, [...] trabalhos empíricos têm mostrado que países com distribuição de renda mais igualitária tem maiores taxas de crescimento" (Alesina e Perotti, 1994; Persson e Tabellini, 1994; e muitos outros) (2000, p. 5).

A conclusão que emerge do trabalho de Stewart (2000, p. 7) é otimista: uma melhor distribuição de renda é desejável como elemento intrínseco da agenda de desenvolvimento, como um mecanismo para reduzir a pobreza e aumentar o desenvolvimento humano.

Em relação ao Brasil, Barros e Mendonça (1997b) examinaram o impacto de crescimento econômico e de reduções no grau de desigualdade sobre a pobreza, com o objetivo de avaliar se as políticas de combate à pobreza devem estar orientadas para estimular o crescimento ou favorecer os programas distributivos.

Comparando o caso do Brasil com o dos vizinhos latino-americanos, afirma-se que,

"por ser um dos países com mais alto grau de desigualdade, o Brasil está entre aqueles onde o crescimento econômico é menos necessário para reduções na pobreza. Dado o elevado grau de desigualdade, é possível reduzir dramaticamente a pobreza sem crescimento econômico, simplesmente fazendo com que o grau de desigualdade no Brasil seja próximo daquele observado para um país latino-americano típico" (1997b, p. 14).

Por essa razão, no caso brasileiro é particularmente importante o estudo dos fatores associados à distribuição de renda.

Educação, distribuição de renda e crescimento econômico

A distribuição de renda de uma nação não se altera do dia para a noite, com um toque de mágica. É um lento processo a longo prazo que envolve múltiplos fatores. Uma das variáveis-chaves para desencadear esse processo é a educação, ou, em termos técnicos, o capital humano.

Por que alguns países cresceram vertiginosamente nas últimas décadas e outros não? Após a Segunda Grande Guerra, a pedra angular do desenvolvimento parecia ser a acumulação de capital e o desenvolvimento tecnológico associado a essa acumulação. Nos modelos de crescimento apresentados por economistas teóricos do desenvolvimento, as variáveis fundamentais associadas à taxa de crescimento eram a taxa de poupança e a relação capital-produto. A taxa de crescimento da economia no modelo de Harrod-Domar, por exemplo, é diretamente proporcional à taxa de poupança e inversamente proporcional à relação capital-produto.

Na produção, o único elemento essencial e insubstituível é o trabalho, e trabalho são pessoas, isto é, o fator humano. Fator humano que pode ser entendido em dois sentidos: como características culturais de um país e como resultado da educação, ou seja, do nível de instrução e capacitação profissional da população.

David Landes apresenta uma sugestiva formulação com o intuito de repensar o desenvolvimento: "se as pessoas, os povos, são diferentes... bem, isto torna a história do crescimento muito diferente" (1991, p. 70).

Motor de qualquer transformação econômica é o fator humano

Se as características culturais (mentalidade, costumes, hábitos) são diferentes, se os níveis educacionais e de treinamento profissional são diferentes, a história econômica dos países também será diferente. No passado, privilegiou-se a explicação do crescimento em termos de recursos naturais, capacidade de atrair capital e tecnologia e deixou-se um pouco de lado o elemento fundamental, motor de qualquer transformação econômica, o fator humano.

O desenvolvimento econômico está associado a características, tais como hábitos de poupança, programação e planejamento futuros, aversão pelo risco etc., hábitos que variam de pessoa para pessoa. Assim como a capacidade de consumo futura depende, em boa parte, do sacrifício presente, assim também o desenvolvimento futuro é fruto do esforço presente. Cabe então indagar: Qual o nível ideal ou desejável de sacrifício presente? Não há uma resposta exata nem definitiva para essa questão, do mesmo modo que não existe essa resposta no plano pessoal.

O crescimento, portanto, é uma condição necessária de um maior bem-estar econômico, mas não suficiente. É imperativa a erradicação da miséria e desejável a minimização da pobreza, mas, alcançadas as condições materiais que permitam levar uma vida digna, o grau desejável de bem-estar e os meios para alcançá-lo são questões abertas ao debate.

Com relação à educação e treinamento profissional, amplo consenso afirma ser esta a chave do verdadeiro desenvolvimento econômico e social. Aplica-se à educação o célebre provérbio: oferecer um peixe a quem não tem comida tira a fome um dia; ensinar a pescar resolve o problema da fome para a vida inteira.

No caso brasileiro, o estudo de Langoni, *Distribuição de renda e desenvolvimento econômico*, ilustra convincentemente esse tema. O fator de maior significação para explicar as diferenças de renda no Brasil no período de 1960 a 1970 foi a educação. A análise comparativa de cinco variáveis (região, idade, sexo, setor de atividade e educação) evidenciou ser a educação o elemento com maior capacidade de explicação para a maior concentração de renda no período considerado. O estudo sugere que no processo de aceleração do crescimento econômico há um aumento substancial de demanda de mão de obra qualificada, que acaba conduzindo a uma maior concentração da renda. Estudos atuais confirmam os resultados de Langoni.

Barros e Mendonça (1995) examinam os determinantes da desigualdade no Brasil com base no papel do mercado de trabalho no processo de geração e transformação das desigualdades. E concluem que "o Brasil não é somente um dos países do mundo com o mais alto grau de desigualdade em educação, mas também um dos países com a maior sensibilidade dos salários ao nível educacional do trabalhador. Estes dois fatores em conjunto levam a que a contribuição da desigualdade educacional para a desigualdade salarial no Brasil seja, também, uma das mais elevadas no mundo" (1995, p. 48).

Alterar o perfil da distribuição de renda é uma meta a ser perseguida a longo prazo, mediante uma política educacional adequada em todos os níveis. A educação, sob esta perspectiva, deve ser considerada um condicionante ético do desenvolvimento econômico e humano.[7]

Em termos gerais, a experiência mundial mostra que, apesar do crescimento econômico observado na segunda metade do século XX, a pobreza e a distribuição de renda ainda representam um desafio para o mundo moderno. O crescimento econômico ajudou os pobres, mas não os resgatou da situação econômica em que se encontram. Aprofundando na questão, é possível concluir que, como no caso brasileiro, há situações em que a distribuição de renda é tal, que mesmo um crescimento econômico acelerado não garante uma melhora substancial no padrão de vida dos mais pobres.

O desafio que persiste: pobreza e distribuição de renda

Com base nessa perspectiva, ganha força o argumento de que, para alcançar uma melhor distribuição de renda, é preciso oferecer os meios para que os pobres possam ganhar a vida dignamente. Sob esse ponto de vista, a educação adquire particular relevância como alavanca do verdadeiro desenvolvimento pessoal e humano. Por meio da erradicação do analfabetismo e da educação formal, o pobre tem acesso a um mercado de trabalho que permitirá a ele sair da pobreza sem esperar que um elevado crescimento econômico geral solucione sua situação em um futuro distante e ignorado.

Concluindo, pode-se afirmar que o crescimento econômico é algo desejável, em termos éticos, na medida em que pode contribuir para o aperfeiçoamento das pessoas e da sociedade. Entretanto, esse crescimento não deve ocorrer à margem de um aumento da pobreza ou de uma maior desigualdade na distribuição da renda. A questão-chave desse processo encontra-se no âmbito educacional, em proporcionar os recursos educativos que permitam às pessoas ganhar a vida honestamente.

---

[7] Na América Latina, diversos estudos, como, por exemplo, Londoño (1996) e Kliksberg (1998), têm sublinhado o papel e a importância do papel da educação para o desenvolvimento econômico e humano da região. No caso brasileiro, estudo desenvolvido por Barros e Mendonça (1997a), baseado na metodologia de Behrman (1996), sobre o relacionamento entre investimentos em educação e desenvolvimento econômico, conclui que três anos de esforço para eliminar o atraso educacional *elevariam o crescimento* da renda *per capita* dos salários industriais e das exportações em 15 a 30%.

Referências bibliográficas

ADELMAN, I.; MORRIS, C. T. *Economic growth and social equity in developing countries.* Stanford, CA: Stanford University Press, 1973.

ALESINA, A.; PEROTTI, R. The political economy of growth: a critical survey of the recent literature. *The World Bank Economic Review*, nº 8, 1994.

ARGANDOÑA, A. La contribución de la ética al desarrollo económico. In: *I Congresso de Ética, Negócios e Economia na América Latina.* São Paulo: FGV-EAESP, 1998.

ARNDT, H. W. The "Trickle-down" Myth. *Economic Development and Cultural Change*, v. 32. nº 1:1-10, Oct. 1983.

BARROS, R. P.; MACHADO, A. F.; MENDONÇA, R. S. P. *A desigualdade da pobreza*: estratégias ocupacionais e diferenças por gênero. Rio de Janeiro: IPEA, 1997. Texto para Discussão nº 453.

BARROS, R. P.; MENDONÇA, R. S. P. *Os determinantes da desigualdade no Brasil.* Rio de Janeiro: Ipea,1995. Texto para Discussão nº 377.

_____. *Investimento em educação e desenvolvimento econômico.* Rio de Janeiro: IPEA, 1997a. Texto para Discussão nº 525.

_____. *O impacto do crescimento econômico e de reduções no grau de desigualdade sobre a pobreza.* Rio de Janeiro: IPEA, 1997b. Texto para Discussão nº 528.

BEHRMAN, J. *Human resources in Latin America and the Caribbean.* Washington, D.C.: Inter-American Development Bank, 1996.

CAMAROTTI, I.; SPINK, P. (Org.). *Parcerias e pobreza*: soluções locais na implementação de políticas sociais. Rio de Janeiro: FGV, 2000a.

_____. *Parcerias e pobreza*: soluções locais na construção de relações socioeconômicas. Rio de Janeiro: FGV, 2000b.

CRAFTS, N. Globalization and growth in the twentieth century. *IMF Working Paper*, WP/00/44. Washington: International Monetary Fund, 2000.

DOLLAR, D.; KRAAY, A. A. *Growth is good for the poor.* Development Research Group. Washington: The World Bank, 2000.

ESTATÍSTICAS HISTÓRICAS DO BRASIL. Rio de Janeiro: IBGE – Instituto Brasileiro de Geografia e Estatística, 1990.

GALBRAITH, J. K. Sociedade sem coração. *The affluent society.* (Prefácio à 4ª edição, 1984.) *Jornal do Brasil*, 23 set. 1984. Suplemento Especial, p. 1.

GALENSON, W.; LEIBENSTEIN, H. Investment criteria, productivity, and economic development. *Quarterly Journal of Economics*, v. 69: 343-370, 1955.

INSTITUTO BRASILEIRO DE GEOGRAFIA E ESTATÍSTICA – IBGE. *Síntese de Indicadores Sociais*: Uma análise das condições de vida da população brasileira 2015. Rio de Janeiro, 2015.

KLIKSBERG, B. La inequidad en América Latina: un tema clave para el desarrollo y el perfil ético de la sociedad. In: *I Congresso de Ética, Negócios e Economia na América Latina*. São Paulo: FGV-EAESP, 1998.

LANDES, D. Repensando o desenvolvimento. *Diálogo*,24(2):66-71, 1991.

LANGONI, C. G. *Distribuição e renda e desenvolvimento econômico*. Rio de Janeiro: Expressão e Cultura, 1973.

LONDOÑO, C. *Poverty, inequality, and human capital development in Latin America*, 1950-2025. World Bank Latin American and Caribbean Studies. Washington: The World Bank, 1996.

MIRANDA, K. *Teorias do desenvolvimento econômico dos anos 80 e 90*: definições, estratégias precedentes e propostas atuais. 1999. Dissertação (Mestrado) – Universidade Presbiteriana Mackenzie, São Paulo.

PERSSON, T.; TABELLINI, G. Is inequality harmful for growth? *American Economic Review*, 108: 97-125, 1994.

PESQUISA NACIONAL POR AMOSTRA DE DOMICÍLIO – PNAD. Rio de Janeiro: Instituto Brasileiro de Geografia e Estatística, 1997.

PNUD. *Relatório do desenvolvimento humano*. Lisboa: Trinova, 1999.

PSACHAROPOULOS, G. et al. *Poverty and income distribution en Latin America*: the story of the 1980s. Latin America and the Caribbean Technical Department. Regional Studies Programme Report nº 27. Washington: The World Bank, 1996.

RAMOS, José Maria Rodriguez. *Conceito de desenvolvimento econômico*. Natureza, fundamentos e evolução histórica a partir de 1945. 1985. Dissertação (Mestrado). Universidade de São Paulo, São Paulo.

ROCHA, S. *Desigualdade regional e pobreza no Brasil*: a evolução 1981-1995. Texto para Discussão nº 567. Rio de Janeiro: Ipea, 1998.

SEN, A. *Desenvolvimento como liberdade*. São Paulo: Companhia das Letras, 2000.

STEWART, F. Income distribution and development. *UNCTAD X*. TD(X)RT.1/1., 2000.

TODARO, M. P. *Economic development in the third world*. New York: Longman, 1977.

UNITED NATIONS. *The Millennium Development Goals Report* – 2015. New York, United Nations, 2015.

VELLOSO, J. P. R.; ALBUQUERQUE, R. C. (Coord.). *Pobreza, cidadania e segurança*. Rio de Janeiro: José Olympio, 2000.

WORLD DEVELOPMENT INDICATORS 2016. Washington: The World Bank, 2016.

WORLD DEVELOPMENT REPORT: Poverty. Washington: The World Bank, 1990.

WORLD DEVELOPMENT REPORT. Washington: The World Bank, 1999.

Ética e microcrédito 17

Neste capítulo, não serão apresentados conceitos teórico-práticos, na forma utilizada no restante do livro. Dado o interesse despertado pelo assunto atualmente no Brasil, optou-se por reproduzir, na íntegra, uma entrevista com o Prof. Muhammad Yunus, idealizador dos microcréditos, de Bangladesh, e merecedor do Prêmio Nobel da Paz em 2006. É uma aplicação da ética econômica e social que leva em consideração a integridade da pessoa humana, restituindo aos pobres a dignidade e os direitos que descobriram em contato com seu trabalho.[1]

A propósito do empréstimo a pessoas miseráveis, para as quais se descortina a possibilidade de assumir o compromisso de restituir em parcelas mínimas o valor recebido, que também é pequeno, Yunus descreve a emoção experimentada por essas beneficiárias do microcrédito:

"Quando a pessoa que nunca havia tomado dinheiro emprestado antes paga a primeira prestação, sua felicidade é imensa, pois ela provou ser capaz de ganhar o suficiente para pagar suas dívidas. Depois vêm a segunda e a terceira prestações. É uma experiência extraordinária. Ela descobre a sua própria capacidade, e transborda de alegria, uma alegria palpável e contagiosa que se transmite a todos. Ela percebe que vale mais do que as pessoas pensavam, e que tem em si potencialidades insuspeitadas.

O empréstimo do Grameen *não é apenas dinheiro, é uma espécie de passaporte para a autodescoberta, e a* autoexploração. Quem o recebe começa a explorar seu potencial e a perceber sua criatividade oculta."[2]

---

[1] Para maior conhecimento da vida e obra do Prof. Yunus, sugere-se a leitura de seu livro traduzido para o português: YUNUS, Muhammad; JOLIS, Alan. *O banqueiro dos pobres*. São Paulo: Ática, 2000.
[2] YUNUS. Op. cit. p. 139.

O banco que ajuda apenas os pobres[3]

Muhammad Yunus, também conhecido como professor da Universidade de Chittagong, dedicou-se às aulas e à direção do Grameen Bank. Recebeu doutorados *honoris causa* pelas universidades de Toronto, Warwick, East Anglia, Saint Xavier e Louvain, além de contar com numerosos prêmios, como o World Food Prize, o Pfeffer Peace Prize e o Humanitarian Award, entre outros. Em maio de 1998, convidado pelo Grupo de Debates da Universidade Complutense de Madri, esteve na capital espanhola para encerrar as *Jornadas do Voluntariado* organizadas pela associação IUVE. Na conferência intitulada *Para um mundo sem pobreza: o que são os microcréditos?*, este consagrado empreendedor defendeu diante de centenas de universitários que a pobreza não é um inimigo invencível.

Onde está a raiz da pobreza? O senhor afirma tê-la encontrado...

Yunus: Não são os pobres que criam a pobreza, como se imagina às vezes: ela não se deve nem às limitações dos pobres, nem à falta de oferta de trabalho. Essas coisas não são causas, mas sintomas da pobreza. Ela vem do fato de não sabermos descobrir as possibilidades humanas, e não conseguirmos criar um esquema teórico, com conceitos, instituições e políticas que as apoiem. Por isso, defendo que a ciência econômica, em sua situação atual, não apenas não ajuda aos pobres a sair da pobreza, como também os prejudica, porque os esquece e, assim, não tem consciência social.

Como surgiu a ideia de fundar um banco para os pobres?

Yunus: Convivendo com os camponeses da aldeia de Jobra, perto da Universidade de Chittagong, onde eu ensinava, percebi que a pobreza continua porque os pobres são mantidos fora da economia. Os bancos não concediam empréstimos para quem não pudesse oferecer garantias, gerando um círculo vicioso de pobreza. Para rompê-lo, em 1976 decidi fundar meu próprio banco, o Grameen Bank, que começou a emprestar pequenas quantias a camponeses pobres (entre 15 e 35 dólares). Eles usam o dinheiro para comprar gado, sementes, ferramentas ou matéria-prima para sua atividade artesanal.

---

[3] YUNUS, Muhammad. O banco que ajuda aos pobres. *Interprensa*, E5/98, jul. 1998. (Entrevista.)

Alguns economistas sugerem que a solução do problema da pobreza está na criação de empregos.

Yunus: Um trabalho assalariado talvez mantenha a pessoa na pobreza para sempre, se seu salário não for suficiente para satisfazer as suas necessidades básicas. A erradicação da pobreza deve ser um processo contínuo de criação de ativos, de forma que a base dos recursos de cada família se fortaleça a cada ciclo econômico, permitindo a entrada de divisas e novos investimentos. Nesse sentido, acredito que, para aumentar os recursos dos pobres, o autoemprego, apoiado por créditos, tem um potencial maior que o emprego assalariado.

Mas como é possível que um banco ao qual ninguém dá garantias continue funcionando?

Yunus: Para compensar a falta de garantias, que os pobres não podem oferecer, o sistema do Grameen Bank baseia-se na pressão social e nos incentivos econômicos. Em um povoado, formam-se grupos de cinco pessoas que aceitam coletivamente a responsabilidade de devolver os empréstimos concedidos aos membros do grupo e ocupam-se das tarefas de supervisão.

A disciplina na devolução dos empréstimos também é estimulada com uma série de incentivos econômicos, como a possibilidade de obter empréstimos escalonados. Hoje, o banco funciona em 37 mil aldeias, das 68 mil que existem em Bangladesh. Dos 2,3 milhões de pessoas que receberam empréstimos, 94% são mulheres pobres. Nossa taxa de devolução é de 97%. Nosso êxito confirma a tese de que os empréstimos não precisam de garantias para serem devolvidos.

Logo, o senhor resgatou a ideia de que as pessoas valem por si mesmas, por suas capacidades humanas e não pelo dinheiro que tenham.

Yunus: Sim. No Grameen Bank, seguimos o princípio segundo o qual quem empresta sabe o que é melhor para si mesmo. Nós estimulamos a pessoa para que tome suas próprias decisões, de forma que se envolva no processo desde o início. Minha convicção e minha experiência no Grameen Bank mostram que todos os seres humanos são empresários potenciais, ainda que nem todos tenham a oportunidade de expressar esse talento.

Entretanto, o senhor faz discriminação por causa do sexo. Se não é assim, por que 94% de seus clientes são mulheres?

Yunus: Comprovei que, para ajudar realmente aos pobres, devemos prestar muita atenção às mulheres, pois são elas que experimentam a pobreza e a fome de modo mais intenso. É a mãe que sofre a experiência traumática de não poder alimentar seus filhos nos dias de fome ou escassez. Por isso, a mulher costuma ser mais lutadora que o homem, administra melhor o dinheiro, zela pelo bem de seus filhos e está disposta a fazer maiores sacrifícios.

Sua teoria não é um golpe no capitalismo?

Yunus: Acredito na tese central do capitalismo: o sistema econômico precisa ser competitivo. A competição é a força que impulsiona as mudanças tecnológicas e as inovações. Todavia, também acredito que precisamos substituir o princípio capitalista da maximização do benefício por outro, mais geral, que englobe tanto a maximização do benefício pessoal como dos benefícios sociais.

A economia capitalista não tem por que ser sempre movida pela cobiça. As empresas nascidas da consciência social podem ser ótimas competidoras. Um exemplo evidente de seu sucesso são as duas companhias fundadas pelo Grameen: Grameen Phone e Grameen Cybernet.

O Grameen Bank, nesse sentido, é uma inovação.

Yunus: De fato, trata-se de uma nova categoria empresarial. Tradicionalmente, tendemos a distinguir entre empresas baseadas na obtenção de lucros (ou "com fins lucrativos") e empresas de interesse social (ou "sem fins lucrativos"). Enquanto as primeiras são autossustentáveis, as outras, em muitos casos, não são viáveis, porque dependem de doações e subsídios. Eu proponho uma nova categoria: empresas que geram lucro e, portanto, são autossustentáveis, mas cujo objetivo não é o enriquecimento pessoal, mas a melhoria social.

Como professor, o senhor acredita que a instituição universitária pode desempenhar algum papel importante nesse sentido?

Yunus: Certamente. A universidade é uma imensa reserva de conhecimentos, com um papel fundamental para configurar o modo como as pessoas veem o mundo. Dela depende, portanto, que nossa sociedade não seja formada por cabeças rígidas com uma visão de mundo estática, mas por pessoas dispostas a aprofundar-se em seus problemas e introduzir elementos inovadores em seu interior. Além disso, a universidade deve estimular os estudantes para que entrem no mercado de trabalho não apenas com a finalidade de enriquecer, mas também de ajudar a resolver os problemas sociais, como o desemprego, a pobreza, as drogas ou a agressão ao meio ambiente.

Mas esta ideia não encontra muito eco na sociedade atual, que tende a valorizar a profissão em função dos benefícios econômicos que traz, e não com a mentalidade de serviço prestado aos outros. O senhor acha que perdemos o sentido mais profundo do trabalho humano?

Yunus: A visão que temos hoje do trabalho é fruto do sistema de valores que criamos. Aquilo a que devemos aspirar nos é imposto de fora. Todos procuram adaptar-se às necessidades do mercado de trabalho e competem para conseguir o que as pessoas imaginam ser os melhores postos. Acredito que não deve ser assim. Teríamos que ser capazes de configurar nosso próprio projeto de vida, sem nos deixarmos influenciar pelo que os outros pensam. Isso nos faria mais felizes, porque não estaríamos tão preocupados em nos adequar ao perfil que se procura, mas em servir à sociedade dando o melhor de nós mesmos.

O senhor o fez. Mesmo assim, muitos problemas ainda estão por resolver. Por exemplo, há alguma solução para o problema da dívida externa?

Yunus: Há pouco tempo estive nas Filipinas, um dos países mais afetados por esse problema, e coloquei os filipinos diante da chance de ver esse assunto por uma nova perspectiva. o problema da dívida externa tem dois responsáveis: o país devedor e as instituições que o ajudaram em determinado momento. Propus a eles que reclamassem com o Banco Mundial, porque foram seus especialistas que avaliaram e deram sinal verde aos projetos que apenas produziram mais pobreza.

O senhor é a favor do perdão da dívida?

Yunus: Perdoá-la seria um ato de caridade, mas não fortaleceria o país devedor. Defendo que, em vez disso, o que se deveria fazer é criar fundos em moeda local, gerenciados também por instituições locais, que atuem com microcréditos e gerem riqueza. Além disso, dever-se-ia permitir que os Estados devolvessem o empréstimo em moeda local, não afetada pela variação da taxa de câmbio.

Referências bibliográficas

YUNUS, Muhammad. O banco que ajuda aos pobres. *Interprensa*, E5/98, jul. 1998. (Entrevista.)

_____ ; JOLIS, Alan. *O banqueiro dos pobres*. São Paulo: Ática, 2000.

PARTE IV

Desafios éticos no início do milênio

Ética na era da informação 18

O início de cada ano é tradicionalmente um tempo para avaliar o ano anterior e fazer projetos para o novo. O início de cada século oferece uma nova oportunidade para lançar um olhar para o passado e para o futuro. E o começo de um novo milênio apresenta o desafio de uma visão ainda mais ampla para trás, embora seja pouco factível planejar a tão longo prazo.

Depois de analisar os vários aspectos da ética empresarial e econômica, impõe-se a reflexão sobre um dos grandes desafios neste início de milênio: a *ética em tecnologia da informação*.

Em meados da década de 1990, um grupo de estudantes norte-americanos desenvolveu um programa que possibilitava o uso da Internet em uma linguagem multimídia: *browser*. Essa ideia simples possibilitava ao usuário navegar pelas informações na rede, de maneira eficiente e intuitiva: era a *World Wide Web*.

Uma malha de usuários conectados com outras pessoas por meio de computadores ligados a cabos que chegam a outros micros, gerando e recebendo informações, foi o resultado da simples ideia daqueles jovens. Começou a funcionar a maior rede de distribuição e coleção de informações até então existente.

De George comenta algumas de suas teses sobre a contribuição e a necessidade da ética para os negócios na por ele denominada *Era da Informação*.[1]

> 1. *Muitas pessoas e empresas não perceberam a chegada da era da informação, ou não perceberam sua importância.*

O impacto causado pelo desenvolvimento da informática é tão intenso que seria insano discordar dessa realidade. Entretanto, o sentido da informática é compreendi-

---

[1] Os sete pontos a seguir foram extraídos da Conferência proferida no encerramento do II Forum Federasul de Ética. Porto Alegre, 16 maio 2000, pelo Prof. Richard T. de George, que discorreu sobre o tema *Business ethics in the information age*.

do de forma diferente pelas diversas pessoas. As mudanças decorrentes dos avanços da tecnologia da informação não se encontram apenas nas atividades econômicas e de produção, mas também na forma de trabalhar, de viver e de aprender, de relacionar-se e de organizar-se de cada cidadão.

Em 1998, por exemplo, nos Estados Unidos havia mais profissionais empregados no ramo de alta tecnologia do que na indústria automobilística. Estima-se que um terço da economia norte-americana provenha do setor ligado à tecnologia da informação.[2]

Cada país absorve a tecnologia de informação na medida de suas possibilidades. Aproximadamente, metade da população das nações menos desenvolvidas nunca usou o telefone. O contraste que surgirá em termos de comunicação poderá criar barreiras, talvez maiores do que as existentes até então. Tem-se notícia de que em alguns países da África o sistema de correios e telégrafos é extremamente deficiente. Nesses lugares, o correio eletrônico, ainda que restrito a pequena parcela da população, constitui uma das poucas formas eficazes de comunicação.

Outra situação conhecida pelos usuários de computadores é a rápida evolução tecnológica dos *softwares*, obrigando as pessoas a gastar acima de suas possibilidades, para se manterem atualizadas com respeito às versões dos programas disponíveis no mercado local. Uma substituição frequente de equipamentos é impossível em muitas regiões do mundo, o que acelerará e aumentará a desigualdade entre elas, impossibilitando o relacionamento principalmente profissional entre os países desenvolvidos e os mais necessitados. Além de uma questão ética, isso parece ser um risco para a economia mundial, e um perigo político de suscitar novas formas de dominação.

Outro aspecto dessa primeira tese é a mudança demandada pelo marketing na forma de compra, já que os clientes veem a Internet como substituição à venda direta e às lojas de departamento. Isso requer novas maneiras de fazer propaganda, de fechar pedidos, de efetuar pagamentos, de distribuição e de pós-venda. Na mesma medida em que avança a tecnologia nesse setor, crescem as condutas antiéticas de *concorrentes* no mercado. A pirataria de *softwares*, discos e livros digitais é um sinal de quão rápido se desenvolve o mercado *paralelo*. Os profissionais de ética devem antecipar-se a problemas como esse, cooperando com as empresas na busca de soluções eficazes em termos éticos e técnicos.

---

[2] CLINTON, Pres. William J. *Commencement address*. Massachusetts Institute of Technology. 5 June 1998 White House Office of the Press Secretary. Lincoln, Mass. Disponível em: <http://web.mit/edu/newsoffice/nr/1998/clintonspeech.html>.

2. *O mito da amoralidade dos sistemas de informação e computação permeia a mentalidade pública e a dos negócios, aceita o imperativo tecnológico e solapa a responsabilidade ética dos negócios.*

O mito diz que os sistemas de informação e os computadores não são nem bons nem maus, e que não faz sentido falar em ética. Quedas ou paradas no sistema de computação não constituem falta de ninguém, porque a tecnologia da informação tem uma vida própria e não é suscetível de avaliações morais ou censuras.

Parte desse mito é compreensível, pois muito poucas pessoas, dentro ou fora da área empresarial, entendem profundamente de computação e tecnologia da informação. No entanto, esse fato não exime de responsabilidade aqueles que detêm as ferramentas e o conhecimento que todos os demais gostariam de possuir. Nos países mais desenvolvidos, os gerentes das organizações são adeptos da estratégia de manter fora da empresa o conhecimento, a manutenção e o controle dos sistemas e computadores da instituição.

Consideram que se trata de uma prestação de serviços desenvolvidos em um centro fora da alçada da corporação, cujos administradores se responsabilizam totalmente pelos serviços de informática e de computação fornecidos à empresa contratante.

A interação que deve estabelecer-se entre as empresas tem que ser de tal ordem que a organização contratante não sofra solução de continuidade em seus trabalhos.

3. *Uma tarefa que as empresas estão encarando neste período de transição é antecipar-se aos desenvolvimentos e facilitar a transição, não perdendo de vista seus efeitos sobre as pessoas.*

Infelizmente, hoje ainda são poucas as organizações preocupadas com essa questão. A passagem da Era Industrial para a da Informação vem sendo feita sem uma orientação conscienciosa. Na transição do trabalho manual para o fabril, as consequências éticas advindas foram rapidamente detectadas. Atualmente, com a transição da Era Industrial para a da Informação, identificar problemas de caráter moral demanda um esforço conjunto do profissional de ética e do empresário para avaliar os prejuízos atuais ou potenciais e as mudanças emergentes, no sentido de encontrar as soluções adequadas.

A sociedade, eventualmente, poderia aguardar o aparecimento dos problemas éticos ou injustiças provocados pela Era da Informação, para então procurar suas soluções. Preferível seria prever injustiças, evitando que cheguem a acontecer, construindo estruturas eticamente justificáveis, em vez de ter que destruí-las ou reformá-las, quando alguém já estiver sendo prejudicado, injustiçado ou lesado.

Esse esforço por antecipar-se aos fatos não pode ser um estudo meramente intelectual ou reflexivo. Importa que a experiência empírica esteja presente, a fim de que especialistas em ética e empresários cheguem juntos a conclusões realistas e eficazes. O caminho dos conceitos e da lógica aliados permite ultrapassar as expectativas e exigências do mundo cibernético. Impõe-se revisar e adaptar as organizações para que ofereçam seus bens, ideias e serviços de acordo com os requisitos e necessidades atuais da sociedade. Não é necessário criar uma nova ética, basta aplicar à nova realidade os princípios éticos que, como examinado ao longo do livro, são perenes. O início do milênio é o momento ideal para se começar esta análise e direcionar o rumo da transição já iniciada, e implementar as estratégias éticas de negócios que tornarão menos árdua a entrada da Era da Informação.

No Brasil, por exemplo, já se previu que a eletricidade, que faz funcionar microcomputadores e redes inteiras de provedores, está escasseando e dificilmente poderá ser expandida sem um investimento de longo prazo. As empresas que tiverem sensibilidade para detectar esse fenômeno levarão vantagens sobre as que estiverem assentadas sobre bases irreais, vítimas da miopia que não lhes permite enxergar a longa distância.[3]

4. *Objetivando minimizar os problemas éticos da Era da Informação nos negócios, impõe-se atentar, especialmente, para a análise do conceito de informação e os conceitos correlatos, em um contexto holístico, isto é, com uma visão do todo.*

Importa conhecer o conceito de informática, à luz das virtudes e vícios que essa atividade possibilita os profissionais desenvolverem. A informação, normalmente, é entendida como um conhecimento verdadeiro em alguma área. Fala-se em *verdadeiro* porque, se não for assim, o conhecimento será apenas *dado e não informação*, sujeito a falsidades, erros e enganos. Com esse conceito em mente, duas virtudes manifestam-se: confiança ou transparência e precisão, não tão importantes na Era Industrial, em que a eficiência era fundamental.

Um sistema fundamentado na informação pressupõe a verdade, pois qualquer distorção dela significa descrédito, falsa representação da realidade, e pode levar a consequências econômicas e sociais insuspeitadas. Politicamente, pode comprometer o regime democrático.

O computador, tão essencial na Era da Informação, tem a prerrogativa de alterar o conceito que as pessoas têm a respeito do ser humano. Como ferramenta, pode libertar as pessoas, tornando-as verdadeiros seres humanos. Se os computadores se tornarem modelos para medir a sociedade, poderão dominar o pensamento das pessoas, levan-

---

[3] CAUCHOIS, Thomas. Detalhe estratégico. Internet *Business*, ano 4, nº 38, p. 76-77, out. 2000.

do-as a se considerarem, elas mesmas, computadores, memórias, manipuladoras de informação ou robôs, perdendo a liberdade e a dignidade. Caso esse comportamento se alastre, a tecnologia poderá levar as relações sociais a abusos.

Nesse sentido, pensa-se na vulnerabilidade das redes de computadores, em face do perigo de sabotagem nas empresas, agências governamentais e demais segmentos da sociedade. As conexões tornam-se mais frágeis e a interdependência, maior, exigindo complexos sistemas de controle que apenas funcionam como pressão. Em vez de se canalizarem todos os esforços no sentido de aprimorar a tecnologia e beneficiar toda a economia, há um desperdício financeiro e intelectual, pela necessidade de vultosos investimentos em recursos tecnológicos para controlar e sanar os danos causados pelas fraudes. Ao final, será a sociedade que perde, e não apenas os indivíduos.

5. *A informação sem a comunicação é inútil e a comunicação sem a informação é vazia. A ética da comunicação divide o podium com a ética da informação na nova Era da Informação.*

A informação deve ser comunicada, ou não será útil, mesmo que verdadeira e precisa. Na Era da Informação, a comunicação é essencial e pressupõe as virtudes da veracidade e precisão. Com a explosão da comunicação, ocorreu um excesso de informação, chegando a gerar angústia nas pessoas, em face da impossibilidade de sua absorção. Ademais, internautas inescrupulosos, em nome da liberdade de expressão, arvoram-se a publicar, via rede, informações pouco confiáveis e, por vezes, criminosas. O anonimato favorece a irresponsabilidade dos que adotam esse procedimento.

Há que se levar em conta que, nos negócios, tanto os consumidores, quanto os fornecedores, dependem da informação disponível na rede. Uma preocupação ética deve existir, para evitar que uma informação seja considerada propaganda, lavagem cerebral ou manipulação, fato que não ocorre com tanta facilidade nos instrumentos tradicionais de marketing.

Embora já amplamente estendido no meio empresarial, o correio eletrônico ainda não goza de regulamentação clara que assegure a eticidade de seu uso pelos profissionais. Permanecem sem conclusão uniforme as discussões sobre uso da Internet, durante ou após o expediente de trabalho, para necessidades ou interesses particulares. Outrossim, a confidencialidade das mensagens recebidas ou transmitidas deve ser assegurada, embora ainda não se tenha definido com clareza: as informações são de propriedade do usuário ou da empresa? Essa preocupação tem lugar até mesmo em se tratando de correspondência profissional.

A discussão sobre o uso do correio eletrônico é comum nos veículos de comunicação de massa. Do ponto de vista da ética, algumas questões vêm sendo há tempos debatidas na busca de formulação de um critério geral. São interessantes as recomendações mencionadas a seguir,[4] coletadas entre profissionais de várias empresas:

a) seja conciso e só envie mensagens que tenham utilidade. Não faça o colega perder tempo com bobagens;

b) nunca espalhe piadas, correntes ou boatos. Além de entulhar lixo na caixa postal alheia, você pode congestionar o sistema;

c) evite mensagens com intrigas ou comentários negativos sobre colegas e chefias;

d) jamais envie mensagens com conteúdo pornográfico, racista ou discriminatório;

e) evite grosserias que possam ser interpretadas como assédio, por correio eletrônico;

f) apesar de ser mais informal que uma carta ou fax, mantenha certa formalidade, educação e cortesia no trato profissional;

g) lembre-se de que a segurança da privacidade da correspondência não é certa; assim, seja discreto ao formular seu conteúdo;

h) só use o comando *responder a todos* quando sua réplica for realmente de interesse geral.

6. *A privacidade da informação pessoal levanta questões de privacidade, prejuízo e coordenação legal internacional.*

A Lei nº 9.609, de 19-2-1998, dispõe sobre a proteção da propriedade intelectual de programa de computador, sua comercialização no país e dá outras providências. A Lei nº 9.610, de 19-2-1998, altera, atualiza e consolida a legislação sobre direitos autorais. A lei protege a criação do espírito humano, independentemente do meio físico em que ela se apresenta (CD, DVD, livro impresso ou virtual etc.).

Informação sobre consumidores facilita o conhecimento do mercado-alvo da empresa e o estabelecimento de políticas de marketing adequadas.[5] No entanto, há países que questionam a ética do fornecimento para consumidores ou outros funcionários da empresa de informações sobre concorrentes, coletadas na Internet.[6]

---

[4] NUNES, Angela. *E-mail bem mais eficaz*. Veja, São Paulo: Abril, ed. 1673, ano 33, nº 44, p. 130-131, 1º nov. 2000.
[5] *Vide* Código de Ética AntiSPAM e Melhores Práticas de Uso de Mensagens Eletrônicas, de 31-10-2003. Fonte: <www.aba.org.br>. Acesso em 11 ago. 2016.
[6] Vide pesquisa que revela como as empresas tratam os problemas gerados pelo uso da Internet. In: Freitas et al. *Ética e Internet*, p. 73-92.

Por tratar-se de matéria nova, em época de globalização, todos os países são afetados e nem todos dispõem de legislação específica para solucionar os diferentes problemas. Ao esforço de uma interpretação uniforme, surge a chamada *coordenação legal internacional*.

O último e não menos importante aspecto refere-se à proteção da privacidade. Com efeito, as pessoas não estão tão preocupadas com o *direito* à privacidade da informação pessoal, quanto a sua proteção em relação à segurança. Temem o mau uso público e a disseminação descontrolada das informações pessoais, especialmente no que diz respeito ao roubo da carteira de identidade, do cartão de crédito, ações que causam prejuízos não só financeiro, mas psicológicos e físicos, uma vez que a informação é exponencialmente divulgada e facilmente acessível. A proporção da consequência do dano causado torna-se cada vez maior, porque atinge esferas insuspeitadas, envolvendo prejuízos cada vez maiores.

7. *A informação é um bem muito diferente de máquinas e produtos tangíveis, e assim requer uma nova concepção da propriedade e sua proteção.*

A propriedade intelectual é normalmente discutida em relação a direitos autorais, marcas e patentes. Seu uso na Era da Informação ainda está sendo estudado, pois o que existia nesse campo nem sempre se aplica à propriedade intelectual. Nesse sentido, os profissionais de ética têm um papel fundamental para contribuir na discussão com os conceitos éticos necessários para a definição das doutrinais jurídicas que nortearão as leis e regulamentos específicos.

Na legislação brasileira, o Instituto Nacional de Propriedade Industrial (INPI) é responsável pelo registro de marcas e patentes. O cadastro de domínios na Internet antes estava a cargo da Fundação de Amparo à Pesquisa do Estado de São Paulo (FAPESP), uma entidade estadual que criou o Núcleo de Patenteamento e Licenciamento de Tecnologia, atuando em nível nacional. Atualmente, o Núcleo de Informação e Coordenação do Ponto BR (NIC.br), entidade civil sem fins lucrativos, tem as funções administrativas e operacionais relativas ao domínio ".br". Tornou-se responsável por coordenar e integrar as iniciativas e serviços da Internet no Brasil, implementando as decisões e os projetos do Comitê Gestor da Internet no Brasil (CGI.br), do qual é considerado o braço executivo.[7]

---

[7] Disponível em: <www.nic.br>; <www.registro.br>.

Referências bibliográficas

CAUCHOIS, Thomas. Detalhe estratégico. *Internet Business*, ano 4, nº 38, p. 76-77, out. 2000.

CHEPAITIS, Elia V. Ethics across information cultures. In: ENDERLE, Georges (Ed.). *International business ethics*: challenges and approaches. Notre Dame. In: The University of Notre Dame Press, 1999.

CLINTON, Pres. William J. *Commencement address*. Cambridge, Mass.: Massachusetts Institute of Technology. 5 June 1998. Lincoln, Mass: White House Office of the Press Secretary. Disponível em: <http://web.mit/edu/newsoffice/nr/1998/clintonspeech.html>.

DE GEORGE, Richard T. *Business ethics in the information age*. Conferência proferida no encerramento do II Forum Federasul de Ética. Porto Alegre, 16 maio 2000.

DUPAS, Gilberto: *Ética e poder na sociedade de informação*: de como a autonomia das novas tecnologias obriga a rever o mito do progresso. São Paulo: Editora UNESP, 2000.

FORT, Timothy. A ética virtual. Você S.A., ano III, nº 25, p. 37, jul. 2000. (Entrevista)

FREITAS, Lourdes Maria Silva; WHITAKER, Maria do Carmo; SACCHI, Mario Gaspar. *Ética e internet*: uma contribuição para as empresas. São Paulo: DVS Editora, 2006.

NUNES, Angela. *E-mail* bem mais eficaz. *Veja*, São Paulo: Abril, ed. 1673, ano 33, no 44, p. 130-131, 01 nov. 2000.

19 Dimensões da globalização: comunicações, economia, política e ética

Introdução

Nas duas últimas décadas, o tema da globalização tem ocupado espaço cada vez maior nas pautas das reuniões de organizações internacionais e nos fóruns de debate mundiais. O recente fim de século e de milênio propiciou uma oportunidade de reflexão em escala mundial sobre os rumos da história ao longo dos últimos cem anos, e estimulou o pensamento sobre o futuro da humanidade face aos novos desafios e dilemas do mundo moderno.[1]

Não é possível afirmar que exista qualquer consenso ou diagnóstico definitivo sobre o passado, presente e futuro do processo de globalização por que atravessa o mundo moderno. A tentativa de comparar a atual integração mundial com épocas de globalização no passado não está isenta de perigos e armadilhas, em função das novas circunstâncias e variáveis em que se insere o processo de reestruturação da nova ordem internacional.

Para procurar compreender um fenômeno, é preciso, em primeiro lugar, definir os termos e, depois, dividir a questão de modo a separar as possíveis variáveis que contribuem para explicar o conjunto. Dada a complexidade do fenômeno da integração mundial, torna-se especialmente necessária essa separação dos fatores que estão contribuindo para a nova conformação do cenário internacional.

Antes, porém, de iniciar a análise, é importante comentar que há duas visões, contraditórias e irreconciliáveis, em relação à globalização. Uma delas, em face da complexidade do tema, renuncia a uma tentativa de compreensão global do fenôme-

---

[1] Texto de autoria de José Maria Rodriguez Ramos, publicado na *Revista de Economia & Relações Internacionais*, v. 1(1), jul. 2002:97-112, e reproduzido mediante aprovação do editor.

no e enuncia fatos ocorridos ao redor do globo sem procurar uma explicação unitária, impossível de ser alcançada sob este ponto de vista. A tentativa de interpretação unitária, como um trabalho de Sísifo, estaria condenada ao fracasso. Os eventos mundiais seriam apenas *flashes* que iluminariam o escuro cenário mundial, impossível de ser captado de modo unitário.

O outro enfoque, mais próximo da perspectiva científica, procura um método de análise, a partir da observação da realidade e, ao mesmo tempo, divide o estudo das questões, de modo a iluminar cada canto do cenário. A reconstituição metódica das luzes permitiria uma visão integrada do quadro mundial. Esta segunda perspectiva é mais desafiadora e fértil.

O presente estudo adota a segunda perspectiva e procura focalizar quatro importantes fatores que têm contribuído de forma diversa para configurar o processo de globalização nos últimos 20 anos, ou seja, desde o início dos anos 80: a globalização nas comunicações, a econômica, a política e a dos valores presentes no convívio em todos os níveis: pessoal, social, nacional e mundial. Cada um desses aspectos será abordado nas quatro seções deste texto.

A ligação entre eles é clara: a revolução nas comunicações favorece e permite a integração econômica. O fator econômico, por sua vez, tem implicações no cenário e no relacionamento político. E o elemento político, em última instância, está presidido por valores e princípios. A presença ou ausência de valores éticos e princípios morais nas pessoas que comandam a política, a cultura, a economia e as comunicações é fundamental para compreender a evolução da humanidade e o processo de globalização em curso.

Outra maneira de enunciar o mesmo processo é dizer que a informação – favorecida pela comunicação – é necessária para tomar decisões econômicas. A economia, por sua vez, está a serviço da política e a política deveria perseguir o bem da sociedade, norteada por princípios ou valores éticos. Este ponto de partida descansa na ideia de que a ação humana é intencional e as pessoas se dirigem a determinados fins quando atuam.

O triste atentado terrorista ao coração de New York, em 2001, é um exemplo claro desse ponto de vista. Embora condenável sob todos os pontos de vista, a motivação dos terroristas suicidas provinha de valores compartilhados. Apesar de os valores que motivaram suas ações serem totalmente condenáveis, nem por isso deixam de ser valores.

Nas entrelinhas da Carta da América, divulgada em fevereiro de 2002 pelo Institute for American Values e assinada por 60 intelectuais americanos, dentre eles Samuel Huntington e Francis Fukuyama, condenando todos os radicalismos e extremismos que matam em nome da fé, suprimem a liberdade das consciências, desrespeitam a liberdade humana e ferem a dignidade da pessoa humana, encontram-se valores que vão muito além dos interesses comerciais ou econômicos.

Revolução nas comunicações

O relacionamento humano, assim como o relacionamento comercial ou entre países, está baseado na comunicação. É preciso comunicar-se para estabelecer elos que permitam a integração. A língua e a linguagem são os meios que facilitam essa comunicação. Nas últimas décadas, a integração econômica mundial foi impulsionada pela revolução das comunicações que, por sua vez, foi favorecida pelos avanços na tecnologia.

Os avanços tecnológicos na área da informática e das comunicações, tais como o microcomputador, os satélites, a fibra ótica, a internet, multiplicaram as possibilidades e oportunidades de negócios a um custo cada vez menor. O deus Hermes, na mitologia grega, filho de Zeus e de Maia, é o deus do comércio, por sua versatilidade, decisão, astúcia e rapidez de comunicação. Era o mensageiro de Zeus. As sandálias aladas e asas no chapéu, com que é representado, emprestavam ao deus a velocidade e a mobilidade necessárias ao exercício da atividade comercial.

Comunicar-se é o primeiro passo no mundo dos negócios. Consideremos, por exemplo, o preço das comunicações. Em 1930, o custo de uma chamada telefônica de três minutos entre New York e Londres (a preços constantes) era 245 dólares. Quarenta anos depois, em 1970, o custo era quase um décimo, 32 dólares. Decorridos 20 anos, em 1990, o custo foi novamente dividido por dez, 3 dólares (PNUD, 1999).

O avanço das comunicações na década de 90 foi surpreendente, como mostram os indicadores de comunicação global divulgados pela International Telecommunication Unit (ITU). De 1990 a 2000, a receita do mercado de telecomunicações mais do que duplicou, passando de 508 bilhões para 1,16 trilhão de dólares (a preços correntes).

Os principais responsáveis pelo aumento das receitas no mundo das comunicações são os telefones celulares, os microcomputadores e a internet. De acordo com o relatório da ITU, o número de usuários de telefones celulares passou de 11 milhões, em 1990, para 650 milhões, em 2000, e estimava-se que esse número alcançaria 1 bilhão em 2002.

Na década de 90, de acordo com o mesmo relatório, quadruplicou o uso de computadores pessoais e duplicou o número de linhas telefônicas fixas. Em 1990, a ITU calculava que havia 2,6 milhões de usuários dos serviços de internet no mundo. No ano de 1999 seriam 230, em 2000, 311 e, para 2002, a projeção era de 500 milhões, um número próximo a 10% da população mundial.

Esse crescimento vertiginoso das comunicações, entretanto, não está ocorrendo de modo simétrico em todo o mundo. O mercado da indústria de tecnologia está concentrado nos países industrializados. De acordo com o European Information Technology Observatory (1998), Europa (30%), Estados Unidos (35%) e Japão (14%) concentram 79% do mercado mundial das tecnologias de comunicação e informação. Ao resto do mundo correspondem apenas 21% do mercado.

Os dados estatísticos do World Communication and Information Report de 2000, divulgados pela Unesco, confirmam essa tendência mundial. Enquanto serviços tradicionais de comunicação, tais como cartas postadas no correio, têm declinado nos últimos anos, as novas tecnologias alavancam o desenvolvimento das comunicações. O número de cartas *per capita* postadas nos correios, por exemplo, que em 1985 era 75, declinou para 69 em 1995, conforme dados da Universal Postal Union (Unesco, 2000, p. 150).

Com relação à imprensa diária, um veículo também tradicional de informação, o número de jornais diários publicados entre 1980 e 1995 permaneceu constante. De acordo com a Unesco (*Statistical Yearbook*, 1998), verificou-se um pequeno declínio na América do Norte e um pequeno aumento na Europa. No resto do mundo, não houve nenhuma alteração substancial. A circulação diária de jornais por 1.000 habitantes manteve-se constante nos anos 90, também em escala mundial.

O uso da internet, entretanto, cresceu vertiginosamente nos últimos anos. Se consideramos o número de provedores como variável para avaliar a expansão da rede mundial de microcomputadores ligados na internet, em apenas três anos, de 1995 a 1998, o número de provedores passou de cinco para 30 milhões, no mundo inteiro, ou seja, foi multiplicado por seis (Unesco, 2000, p. 157).

Essa evolução, entretanto, precisa ser qualificada. O relatório do Desenvolvimento Humano de 1999, publicado pelo Programa das Nações Unidas para o Desenvolvimento, divulgou dados que mostram que os países que se encontram no topo da pirâmide da riqueza mundial – os 20% mais ricos – concentram 93,3% dos usuários da internet.

De acordo com o mesmo relatório:

"nos últimos anos da década de 90, o quinto da população mundial que vive nos países de renda mais elevada tinha [...] 74% das linhas telefônicas mundiais, meios básicos de comunicação atuais, enquanto que o quinto de menor renda possuía apenas 1,5% das linhas. Alguns observadores previram uma tendência convergente. No entanto, a década passada mostrou uma crescente concentração de renda, recursos e riqueza entre pessoas, empresas e países" (PNUD, 1999, p. 5).

O avanço nas comunicações está relacionado com a globalização econômica à medida que a revolução na informação está abrindo novos espaços e perspectivas econômicas em todos os níveis, tanto para os países, quanto para as empresas e para as pessoas. Representa um avanço real e significativo para o futuro mundial, embora não esteja isento de perigos e desafios. O ideal de um mercado com informação perfeita e instantânea está deixando o status de utopia dos livros-textos de economia para tornar-se uma possibilidade real graças ao baixo custo e rapidez da informação, principalmente pelo uso da internet.

A conclusão é clara: a revolução nas comunicações transformou a atividade econômica nos últimos 20 anos e – muito embora a sua distribuição tenha sido assimétrica – favoreceu a integração entre países e o processo de globalização.

Globalização econômica

A globalização econômica é uma faca de dois gumes. De um lado, descortina novos horizontes para a economia mundial, de outro, entretanto, pode abrir o fosso que separa pessoas e países, aumentando o abismo entre os beneficiados com o processo e os desfavorecidos da fortuna. Há um claro divisor de águas entre aqueles que defendem os aspectos positivos da integração econômica e aqueles que somente veem as mazelas do processo, que são consequência, mesmo que por vezes involuntária, da integração econômica mundial.

Um estudo dessas questões, que procure ser objetivo, necessita olhar tanto para as vantagens quanto para os inconvenientes da globalização econômica à luz de dois aspectos: os dados compilados sobre a economia mundial e, principalmente, os valores e os princípios que deveriam nortear esse processo.

Para muitos países, a divisão internacional do trabalho e a teoria das vantagens comparativas do comércio internacional estão alterando significativamente as relações comerciais entre eles. Em 2000, o volume de comércio mundial cresceu 12%. A taxa média de crescimento do comércio mundial nos anos 90 foi de 7% ao ano. Em 2001, por causa dos atentados terroristas contra os Estados Unidos, o comércio internacional estagnou. Essa reversão foi encarada por vários autores como um fim da era da globalização, porém ainda é cedo para emitir diagnósticos definitivos.

Para as empresas, a globalização abriu novas fontes de tecnologia, financiamento, trabalho e difusão dos seus produtos e serviços. Ao mesmo tempo, a globalização acelerou o processo de fusão e incorporação de empresas. Observa-se uma concentração do capital e uma expansão das empresas multinacionais. Novas marcas mundiais, com *know-how* e tecnologia próprios avançam na maioria dos países. Tanto na indústria automobilística quanto no setor bancário ou nos supermercados, para não citar o caso da indústria da informática, verifica-se uma concentração do capital.

Também para as pessoas a globalização abre novas perspectivas e modalidades de trabalho. Muitas tarefas podem ser realizadas, graças à internet, fora do local habitual de trabalho. A globalização, entretanto, também ameaça muitas ocupações que, em função do avanço das comunicações, não são mais necessárias. O estudo desses aspectos é extremamente vasto e interessante, porém foge ao propósito do presente estudo, que pretende concentrar-se na análise econômica.

Restringindo a globalização ao âmbito da economia durante o século XX, é importante distinguir dois períodos: do início do século até 1980 e nas duas últimas décadas. É dos anos 80 em diante que ganha força a globalização econômica.

Crescimento econômico do início do século XX até 1980

O século XX, apesar das duas guerras mundiais e da grande depressão dos anos 30, foi um século de crescimento econômico, principalmente após a Segunda Guerra. A crise do petróleo de 1973 brecou, porém não interrompeu, o crescimento econômico mundial. De acordo com o relatório do Banco Mundial de 1999, de 1975 a 1995 a taxa média de crescimento do Produto Nacional Bruto mundial foi 2,8% ao ano. Em termos *per capita* essa taxa foi 1,1%.

O crescimento econômico favoreceu os pobres, porém não solucionou o problema da pobreza no mundo. Com base em dados de 80 países ao longo de quatro décadas, um estudo desenvolvido por Dollar e Kraay concluiu que "o relacionamento entre o crescimento da renda dos pobres e o crescimento da renda geral é um para um" (2000, p. 27). Ou seja, a renda dos pobres aumentou na mesma proporção da renda em geral.

Se ao longo do século passado o crescimento econômico foi uma tendência generalizada, a riqueza gerada não se distribuiu simetricamente. De acordo com o relatório do Desenvolvimento Humano (1999), publicado pelas Nações Unidas, 20% dos países mais ricos detêm 86% do PIB mundial, enquanto os 20% mais pobres participam apenas com 1% da produção mundial.

Em relação às diferenças de renda entre países, estudo desenvolvido por Nicholas Crafts sobre o crescimento econômico no século XX conclui que houve um

> "generalizado e sem precedentes distanciamento em termos de nível de renda e desempenho entre países, e especialmente entre a OCDE e muitos países em desenvolvimento, tanto na primeira quanto na segunda metade do século XX" (2000, p. 4).

Independentemente dessa observação, a análise do Índice de Desenvolvimento Humano (IDH) ao longo do século passado mostra que houve avanços significativos, fundamentalmente por causa da redução generalizada da mortalidade. O estudo histórico da evolução da renda nacional subestima o crescimento nos padrões de vida.

Globalização econômica de 1980 em diante: crescimento, pobreza e distribuição de renda

Para avaliar como a globalização afetou o crescimento econômico, a pobreza e a distribuição de renda, Dollar e Kraay (2001) reuniram dados de um grupo de mais de cem países. Eles foram divididos em três grupos: países ricos, países inseridos no processo de globalização (*globalizers*) e países não inseridos na globalização (*non-globalizers*). O critério para diferenciar os países inseridos na globalização do resto dos países em desenvolvimento, de 1980 em diante, foi fixado em função de duas variáveis: cortes de tarifas e aumento do volume de comércio exterior.

Os países inseridos na globalização tiveram mudanças significativas no volume de comércio exterior em relação ao Produto Interno Bruto, passando de 16% para 32% nos últimos 20 anos. Como elemento de comparação, nos países ricos esse aumento foi de 29% para 50%. Ao mesmo tempo os países inseridos na globalização reduziram as suas tarifas em 22 pontos percentuais (de 57% para 35%). Os países inseridos na globalização representam metade da população mundial, ou seja, mais de três bilhões de pessoas. Dentre eles, encontram-se China, Índia, Brasil, México e Argentina.

As conclusões do estudo mostram que

"enquanto as taxas de crescimento dos países ricos declinaram nas décadas passadas, as taxas de crescimento dos 'globalizers' tem seguido o caminho inverso, acelerando-se dos anos 70 para os 80 e 90. O resto do mundo em desenvolvimento, por outro lado, seguiu o mesmo caminho que os países ricos: desaceleração do crescimento dos anos 70 para os 80 e 90. Nos anos 90 os países inseridos na globalização tiveram um crescimento *per capita* de 5% ao ano; os países ricos cresceram a 2,2% *per capita* e os países não inseridos cresceram apenas 1,4%" (DOLLAR; KRAAY, 2001, p. 27).

Ou seja, a distância entre países ricos e em desenvolvimento declinou nas duas últimas décadas em relação aos países inseridos na globalização e aumentou para aqueles países não inseridos no processo.

O estudo sugere também que a taxa de inflação dos países com maior abertura para o exterior declinou nas últimas décadas.

Dos anos 80 para os anos 90, a inflação média desses países passou de 24% ao ano para 12%. A estabilização monetária deverá contribuir para que a renda dos pobres cresça em torno de 0,4%. Em função desses resultados, os autores do estudo comentam:

"podemos esperar que uma maior abertura deverá melhorar a vida material dos pobres. Também sabemos que no curto prazo haverá alguns perdedores entre os pobres e que a efetiva proteção social pode facilitar a transição para uma economia mais aberta, de tal maneira que todos os pobres se beneficiem com o desenvolvimento" (DOLLAR; KRAAY, 2001, p. 6).

A globalização econômica – aumento de comércio exterior e redução de tarifas – favorece o crescimento e a diminuição da pobreza. O grande desafio da globalização, entretanto, continua a ser a distribuição de renda entre países e entre pessoas: "países que reduziram a inflação e expandiram o comércio e viram acelerar suas taxas de crescimento nos últimos 20 anos não tiveram mudanças significativas na distribuição de renda" (DOLLAR; KRAAY, 2001, p. 5).

Analisando o índice de Gini de 23 países em desenvolvimento inseridos no processo de globalização, em 11 deles a distribuição de renda melhorou enquanto em 12 esse índice foi pior, dentre eles na China. Assim, em função das evidências empíricas disponíveis, não é possível concluir que a globalização tenha contribuído para uma melhor distribuição de renda.

O Banco Mundial também tem procurado evidências empíricas do impacto da globalização sobre o crescimento econômico e a pobreza, como mostra relatório de pesquisa sobre o tema, publicado em 2002. A partir do diagnóstico da aceleração da integração mundial nas últimas décadas, enfatiza a divisão econômica do mundo em três esferas: os países ricos, que representam um sexto da população mundial e detêm a maior parte da riqueza do mundo, os países em desenvolvimento abertos à globalização, com metade da população mundial – três bilhões de pessoas – e com elevadas taxas de crescimento da renda nos últimos anos e, por último, um grupo de países que está à margem da globalização e da riqueza em que vivem dois bilhões de pessoas, isto é, um terço da população mundial.

Este último grupo de países representa um desafio para o futuro econômico e político mundial. Na avaliação do Banco Mundial, os países mais pobres, assim como os países em desenvolvimento de modo geral, têm enfrentado diversas dificuldades para crescer e competir com os países mais ricos. A primeira delas é o protecionismo desses países:

"as tarifas dos países ricos são baixas, mas eles mantêm barreiras exatamente nas áreas em que os países em desenvolvimento têm vantagens comparativas: agricultura e manufaturas intensivas em trabalho" (WORLD BANK, 2002, p. 9).

Um segundo desafio são as restrições para o investimento externo:

"enquanto fluxos de capital privado para países novos em termos de globalização têm crescido dramaticamente, os países menos globalizados têm experimentado com frequência fugas de capital – desde 1990 perto de 40% da riqueza privada da África foi enviada para fora do continente" (WORLD BANK, 2002, p. 10).

A migração representa a terceira dificuldade. Se, de um lado, as pressões econômicas para a migração aumentam, do outro, a migração legal é altamente restritiva:

"Em comparação com cem anos atrás, o mundo é muito menos globalizado no que se refere a fluxos de mercado de trabalho. O número de migrantes residindo em países diferentes da sua nacionalidade representa apenas 2% da população mundial" (WORLD BANK, 2002, p. 11).

Além desses desafios, específicos dos países mais pobres, a abertura econômica promovida pela globalização aumentou a competição entre as empresas, valorizando o fator educacional, as habilidades técnicas dos trabalhadores e a experiência profissional. Ou seja, o fator capital humano adquiriu maior importância com a globalização. Ao mesmo tempo, prejudicou o trabalhador de mais idade, ao enfrentar maiores dificuldades para adaptar-se às novas tecnologias e aprender novos ofícios.

Em função desse diagnóstico,

"a combinação de abertura com uma força de trabalho bem treinada e educada produz especialmente bons resultados para a redução da pobreza e o bem-estar humano. Portanto, um bom sistema educacional que providencie oportunidades para todos é crítico para o sucesso neste mundo globalizado" (WORLD BANK, 2002, p. 14).

Também a partir dessa avaliação, o Banco Mundial propõe uma agenda para ação que permita que os países mais pobres se beneficiem da globalização nas seguintes áreas-chaves: (1) participação do mercado global em expansão, favorecido por uma redução das barreiras comerciais e uma nova rodada de negociações comerciais; (2) melhora do clima de investimento nos países em desenvolvimento; (3) aperfeiçoamento dos serviços de educação e saúde; (4) providência de proteção social adequada a um mercado de trabalho dinâmico em uma economia aberta; (5) maior volume de ajuda externa; (6) perdão das dívidas, especialmente para os países africanos; (7) preocupação com o meio ambiente: aquecimento global e emissão de gases.

As propostas do Banco Mundial são importantes e relevantes. Não há dúvida de que contribuiriam para elevar a renda e os padrões de vida mundiais, principalmente nos países mais pobres, ou seja, para um terço da população mundial. A questão, entretanto, é como colocar em prática essa agenda para a ação. A componente fundamental é política e não econômica.

À guisa de resumo

Resumindo, a análise comparativa da evolução econômica mundial ao longo do século XX e nas duas últimas décadas mostra resultados interessantes. O século XX foi um século de crescimento econômico. Esse crescimento, embora não tenha solucionado o problema da pobreza no mundo, que continua a desafiar o mundo moderno, favoreceu os pobres. O crescimento econômico, por outro lado, não teve uma distribuição equitativa entre os países e, em muitos casos, a distância entre países ricos e pobres aumentou.

Esta conclusão geral que deriva da evidência empírica observada no século XX assume características diferentes com o advento do fenômeno da globalização, nos anos 80. O balanço das evidências empíricas sobre como a globalização afetou o mundo nas últimas duas décadas torna-se mais claro quando se distinguem três grupos de países: países ricos, países em desenvolvimento inseridos na globalização e países em desenvolvimento não integrados no processo de globalização. Tanto o primeiro – países ricos – quanto o segundo grupo se beneficiaram com a maior integração econômica, em termos de crescimento e de redução da pobreza. O crescimento econômico do segundo grupo foi inclusive superior ao primeiro. Entretanto, no último grupo, que corresponde a países pobres não integrados na globalização, as suas taxas de crescimento econômico foram as menores, o que provocou um aumento da distância entre eles e o resto do mundo. Ao considerar que nesses países reside um terço da população mundial, o desafio econômico é significativo e urgente. A distribuição de renda, com base no índice de Gini, não parece ter melhorado com a globalização em nenhum desses grupos de países.

As soluções para modificar as sombras desse quadro mundial passam pela política. Decisões como perdão da dívida, ajuda e financiamento externo, redução de barreiras não tarifárias, e muitas outras, implicam decisões políticas. Tal como aponta o relatório do Banco Mundial, "a redução do custo das comunicações, informação e transporte que contribuiu para a globalização não deverá ser revertida, mas a redução do comércio e as barreiras ao investimento podem ser revertidas pelo protecionismo e nacionalismo, como aconteceu nos anos 30. Protecionismo e nacionalismo poderão provocar uma reação profundamente prejudicial para as oportunidades criadas pela globalização" (WORLD BANK, 2002, p. 22).

Embora a face mais visível da globalização seja econômica, o processo como um todo não deve estar subordinado aos interesses exclusivamente econômicos, mas, antes de tudo, aos valores humanos. A globalização deve estar a serviço da humanidade e não a humanidade a serviço da globalização. Os interesses econômicos devem estar subordinados à ética e não os valores éticos à globalização.

É por essa razão que as Nações Unidas dedicaram o Relatório Mundial de 1999 ao tema: Globalização com uma face humana. O primeiro Relatório do Desenvolvimento Humano, de 1990, afirmava:

"A verdadeira riqueza de uma nação é o seu povo. E o objetivo do desenvolvimento é a criação de um ambiente que permita às pessoas desfrutarem de uma vida longa, saudável e criativa. Esta simples verdade é muitas vezes esquecida quando se persegue a riqueza material e financeira" (apud PNUD, 1999, p. 4).

Valores que presidem o processo de globalização

A questão fundamental envolvida na globalização diz respeito, portanto, aos valores que presidem o processo. Quando os interesses econômicos são privilegiados em detrimento dos valores humanos, éticos, surge a face perversa da globalização. É nessa direção que aponta o Relatório das Nações Unidas quando afirma que "a crescente interdependência da vida das pessoas apela para valores e compromissos compartilhados em prol do desenvolvimento humano de todos os povos" (PNUD, 1999, p. 4).

Antes, porém, de analisar os valores, é importante tratar da globalização em termos de política internacional.

Globalização política

Se a integração nas comunicações impulsionada pelo avanço tecnológico é um fato incontestado e a globalização econômica alcançou dois terços da população mundial nos últimos 20 anos, a globalização política está distante de ser uma realidade concreta e prática na vida dos países.

Com a queda do Muro de Berlim e o fim da Guerra Fria, a livre-iniciativa e o sistema de mercado se espalharam pelos países da antiga Cortina de Ferro e pelo Extremo Oriente. A onda de liberalização econômica, entretanto, não teve o mesmo impacto na arena política. As fronteiras e a soberania nacional não se alteraram e o Estado-nação continua a prevalecer no âmbito das relações internacionais.

A questão de como a globalização está afetando e afetará a soberania nacional e a delimitação das fronteiras políticas dos países é polêmica. De um lado, há analistas que preveem uma diminuição e enfraquecimento do Estado-nação, enquanto, do outro lado, há aqueles que olham com desconfiança e ceticismo para a globalização política.

Este tema já estava presente nas primeiras décadas do século XX. E. H. Carr (1939), analisando as relações internacionais no período entre guerras, descrevia a interdependência mundial com base na explicação oferecida por duas correntes de pensamento opostas: utópica e realista.

O ponto de vista utópico descrevia um mundo ideal. O paradigma utópico privilegiava o direito internacional, o cumprimento das obrigações internacionais e via a paz como fruto da harmonia e do interesse mútuos dos países. A razão humana aplicada às relações internacionais conduziria à paz entre os países.

Do outro lado, o ponto de vista realista estava baseado na ideia de poder. O ideal utópico, que ignorava a política de balanço do poder entre Estados, não corresponderia a uma percepção correta da realidade internacional. A partir de uma visão pessimista da natureza humana, o realismo analisa a política como confronto de interesses em função do poder. O conceito-chave é o de Estado-nação, que representa o elemento básico das relações internacionais e, na luta pelo poder, a moralidade deve estar subordinada aos interesses políticos.

Para o ponto de vista neorrealista atual, a globalização política não passa de uma utopia. As fronteiras políticas e o poder do Estado-nação dominam e devem continuar a dominar o cenário mundial. O debate utópico-realista não teve continuidade ao longo das últimas décadas, mas a chama das divergências em torno da globalização política continua acesa. David Held e Anthony McGrew (2001), por exemplo, resumem o debate acadêmico a favor e contra a globalização como o confronto entre duas visões: de um lado, a perspectiva dos céticos e, do outro, a dos assim denominados pelos autores como globalistas.

Os céticos olham com desconfiança para a globalização, enfatizando o predomínio do Estado nacional e do poder: "frequentemente associado a essa postura cética está um sólido apego a uma ontologia essencialmente marxista ou realista" (HELD; MC-

GREW, 2001, p. 16). A ordem internacional – sob a égide cética –, ao estar associada à atuação das nações econômica e militarmente mais poderosas, dependeria das políticas e preferências das grandes potências.

Os globalistas, por sua vez, salientam que, no novo cenário internacional, o conceito de soberania, autonomia e legitimidade do Estado está perdendo força. O Estado-nação está declinando em áreas do multilateralismo entre países: "três aspectos tendem a ser identificados na literatura globalista: a transformação dos padrões dominantes da organização socioeconômica, a do princípio territorial e a do poder. Ao fazer desaparecer as limitações do espaço e do tempo nos padrões de interação social, a globalização cria a possibilidade de novas formas de organização social transnacional" (HELD; MCGREW, 2001, p. 21).

O debate deverá continuar nas próximas décadas. A realidade mundial, entretanto, seguirá o seu curso, obrigando a repensar os conceitos teóricos e a reformular as teorias das relações internacionais, como de fato está ocorrendo desde o tristemente famoso 11 de setembro de 2001.

O cenário atual, independentemente do que venha a ocorrer em um futuro mais ou menos próximo, é de um mundo construído com base em Estados-nações. Tal como comentava Fernando Henrique Cardoso, por ocasião da sua visita à Rússia em janeiro de 2002, "a economia está globalizada, mas a política não" (*O Estado de S. Paulo*, 16 jan. 2002, p. A3).

A mesma opinião manifestou George Kennan, experiente diplomata americano, ao ser indagado pela revista *Veja* (10 dez. 1997) sobre o que significava globalização:

> "Para mim nada. No sentido comercial e financeiro hoje há comunicações mais eficientes entre países do que em outros tempos. No campo político, ainda estamos longe disso. Graças a Deus! É uma boa política temer qualquer tipo de arranjo que se pretenda global. Sou a favor dos arranjos regionais, porque são os que realmente funcionam. Portanto, não vejo nada de novo que justifique o uso e abuso de palavras pomposas para descrever a presente situação internacional."

Um último comentário de Joseph Nye, diretor da Kennedy School of Government, de Harvard, escrevendo a respeito do poderio americano no novo século, confirma os pontos de vista citados anteriormente: "A revolução na informação, a mudança tecnológica e a globalização não deverão substituir o Estado-nação, porém deverão contribuir para complicar os atores e questões no mundo político" (2002, p. 25).

Conclui-se, portanto, que a globalização política, em termos práticos, ainda não passa de um projeto não realizado. O Estado-nação continua a ser o elemento-chave do relacionamento internacional.

Globalização e ética

A análise da globalização conduz-nos, finalmente, ao tema crucial da globalização: os valores que presidem o relacionamento internacional neste início de século e de milênio. O atentado ao World Trade Center surpreendeu o mundo. Após a fase inicial de estupor e revolta diante da tragédia, o desastre começou a ser esclarecido. Ao compasso das investigações sobre a ação terrorista, surgiram as tentativas de explicação e a ética nas relações internacionais tornou-se o tema do momento.

Inicialmente, ganhou força a tese do choque das civilizações enunciado por Samuel Huntington (1997). O futuro das relações internacionais estaria associado ao fator cultural. As culturas que impregnam as diversas civilizações entrariam em conflito em uma conjuntura de integração mundial. A globalização, de acordo com Huntington, contribuiu para esse cenário e tem a sua parte de responsabilidade: "a globalização incentiva e permite que gente como Bin Laden trame seus ataques ao centro de Manhattan, enquanto está em uma gruta do Afeganistão pobre" (*O Estado de S. Paulo*, 28 out. 2001, p. A23). O ataque terrorista, na opinião de Huntington, restituiu ao Ocidente sua identidade comum.

A interpretação dos ataques aos Estados Unidos levantou a questão de quais são os valores que presidem as diversas civilizações como elementos subjacentes à explicação dos acontecimentos e da história. É preciso esclarecer, entretanto, que o responsável pela tragédia não foi o mundo islâmico, mas apenas um grupo radical que não representa adequadamente o Islã. Como apontou Henry Kissinger,

> "a América e seus aliados precisam tomar cuidado para não apresentar esta nova política como choque de civilizações entre o Ocidente e o Islã. A batalha é contra uma minoria radical que macula os aspectos humanos manifestados pelo islamismo em seus períodos grandiosos" (*Folha de S. Paulo*, 20 nov. 2001, Especial, p. 6).

O episódio das Torres Gêmeas, entretanto, alertou o mundo quanto à importância dos valores que presidem as culturas e as civilizações. Ou seja, a ética nas comunicações, na economia, na política e na cultura é o elemento-chave para o futuro do mundo. Este é o fator fundamental que deve ser analisado na globalização.

Antes de avançar nesse estudo é necessário indagar: há uma única ética correta, aplicável a determinada situação, ou a ética é passível de interpretação diversa em função de fatores circunstanciais? Mais: há valores universais, que se aplicam a todos os povos de todos os tempos, ou os valores éticos são relativos?

O mundo presente vive mergulhado no relativismo ético. Sob a égide do relativismo, a ética torna-se subjetiva, sendo impossível chegar a qualquer conclusão objetiva e permanente. Esse é o grande dilema e limitação do mundo moderno: a ética esqueceu as suas origens como estudo filosófico, na Grécia clássica, sob a poderosa luz da inteligência de Sócrates.

Ética da convicção e ética da responsabilidade

Nas relações internacionais, por exemplo, o dualismo ético foi formulado por Max Weber, ao distinguir entre uma ética da convicção e uma ética da responsabilidade: "toda a atividade orientada segundo a ética pode ser subordinada a duas máximas inteiramente diversas e irredutivelmente opostas. Pode orientar-se segunda a ética da responsabilidade ou segundo a ética da convicção" (WEBER, 1968, p. 113). O partidário da ética da convicção deve velar pela doutrina pura. Seus atos "visam apenas àquele fim: estimular perpetuamente a chama da própria convicção" (WEBER, p. 114). A ética da responsabilidade, por sua vez, tem como guia as previsíveis consequências dos atos: "o partidário da ética da responsabilidade, ao contrário, contará com as fraquezas comuns do homem [...] e entenderá que não pode lançar a ombros alheios as consequências previsíveis da sua própria ação" (WEBER, p. 113-114).

Sob este ponto de vista, Weber afirma que os meios podem justificar os fins:

"para alcançar fins 'bons', vemo-nos, com frequência, compelidos a recorrer, de uma parte, a meios desonestos ou, pelo menos, perigosos, e compelidos, de outra parte, a contar com a possibilidade e mesmo a eventualidade de consequências desagradáveis" (WEBER, p. 114).

A diferença entre essas duas éticas, tal como resume Dahrendorf, consiste em que "a primeira abraça valores absolutos; é a moralidade dos santos. A segunda reconhece a complexidade das relações meios-fins; é a ética dos políticos" (1997, p. 86).

É possível conviver com as duas éticas? Tanto para Weber, quanto para muitos políticos e teóricos das relações internacionais, sim. Para Dahrendorf, não, e explica:

"a insistência na qualidade absoluta de determinados valores fundamentais foi, creio eu, a razão de ser da tese que apresentei em Homo Sociologicus. Nunca confie na autoridade, pois é possível usá-la de forma horrivelmente abusiva. É certo que há condições – e as vimos prevalecer em tantos países, durante este século – nas quais a 'ética da convicção' é a única moralidade válida" (1997, p. 87).

É somente a partir de uma ética da convicção que a análise dos valores nas relações internacionais e, portanto, na presente conjuntura de globalização por que atravessa o mundo pode ser frutífera. E precisamente a ética que presidiu o pensamento de Sócrates, Platão e Aristóteles, na Grécia clássica.

A ética não é relativa

A partir do momento em que há um reconhecimento de que a ética não é relativa, é possível analisar quais os valores que devem estar presentes nos diversos aspectos da globalização. Estudar os valores presentes na globalização é analisar as motivações humanas. Muitas respostas foram dadas a esta questão, porém a proposta de Aristóteles na sua obra *Ética a Nicômaco* permanece atual e importante. Para Aristóteles, as pessoas atuam procurando um bem, sendo que o bem mais importante é a felicidade.

É possível estabelecer uma ponte entre os valores da globalização e a obra de Aristóteles. Reconhecendo que há diversas opiniões sobre a felicidade, Aristóteles afirma que alguns colocam a felicidade no prazer, ou na riqueza, ou em outras coisas. A maioria das pessoas coloca a felicidade na riqueza e no prazer, porém, de acordo com o filósofo, nesse objetivo não reside a felicidade. Espíritos mais refinados põem a felicidade na glória, porém também não é nas honras que reside a felicidade. A felicidade se encontra na virtude. É na virtude que reside o fim do homem.

Para quem coloca a felicidade na riqueza, a globalização econômica pode ser uma fonte de oportunidades. Para Aristóteles, a riqueza é um bem exterior necessário como um meio, pois é impossível fazer o bem quando faltam recursos, porém não deixa de ser um meio e não um fim da vida humana.

A glória da vida pública está associada ao poder político. Também não é o fim da vida humana, de acordo com Aristóteles. A virtude é o verdadeiro fim do homem. É por essa razão que Aristóteles dedica a sua ética ao estudo da virtude. Como definir e alcançar as virtudes como meio para uma vida feliz? No processo de globalização, os fatores econômicos e políticos são importantes como meios para que as pessoas possam praticar as virtudes. A virtude que destaca nesse processo é a justiça. E a esta virtude é que o filósofo grego dedica o livro V da sua obra.

A justiça e a solidariedade

A justiça deveria presidir a evolução da globalização como um valor universalmente presente no processo. O reconhecimento do valor universal da justiça como virtude para todos e a ser praticada por todos seria um bom começo para o futuro dos âmbitos econômico e político. Entretanto, a prática da justiça pura e simples não conduziria a eliminar o fosso existente entre países ou a superar as limitações e dificuldades econômicas de países ou pessoas que carecem dos mínimos meios para a própria subsistência. É nesse ponto que entra um novo valor, não econômico, para amenizar e corrigir as distorções ou assimetrias promovidas pela globalização: a solidariedade.

A solidariedade não se impõe. É um valor humano que vem de dentro. Somente a solidariedade pode ajudar a mudar o que a simples justiça não pode alterar. Nas últimas décadas, *pari passu* com a globalização, tem aumentado o número de organizações de voluntários, ONGs, instituições religiosas e entidades diversas que têm contribuído para sarar as feridas abertas da desigualdade, porém ainda 12% da população mundial (836 milhões de pessoas) vivia em uma situação de extrema pobreza em 2015 – renda inferior a US$1,25 por dia – , de acordo com as Nações Unidas (2015). Se a linha de pobreza considerada é receber uma renda de US$2,50 por dia, então 25% da população mundial se encontra abaixo da linha de pobreza (1,8 bilhões de pessoas).[2]

Há muito a ser feito e somente a partir dos valores é possível corrigir aquilo que a política e a economia, no novo mundo a caminho de uma maior integração, não conseguem solucionar de modo satisfatório.

São, portanto, os valores presentes nas civilizações os verdadeiros responsáveis pelo destino do futuro mundial nas próximas décadas e séculos. Se a justiça e a solidariedade prevalecerem sobre a riqueza e o poder, ainda há esperança para o nosso futuro comum.

Referências bibliográficas

ARISTÓTELES. *Ética Nicomaquea*. Madri: Gredos, 1998.

CARR, E. H. [1939]. *Vinte anos de crise*: 1919-1939. Brasília: Editora Universidade de Brasília, 2002.

CARTA DA AMÉRICA. O *Estado de S. Paulo*, 17 fev. 2002, p. A14-15.

CRAFTS, N. Globalization and growth in the twentieth century. *IMF Working Paper*, WP/00/44, Washington: International Monetary Fund, 2000.

DAHRENDORF, Ralf. *Após 1989*. Rio de Janeiro: Paz e Terra, 1997.

DOLLAR, D. *Globalization, inequality and poverty since 1980*. Development Research Group, The World Bank, 2001.

_____ ; KRAAY, A. *Growth is good for the poor*. Development Research Group, The World Bank, 2000.

---

[2] UNITED NATIONS. *The Millennium Development Goals Report 2015*. New York: United Nations, 2015.

DOLLAR, D; KRAAY, A. *Trade, growth and poverty*. Development Research Group, The World Bank, 2001.

HELD, D.; McGREW, A. *Prós e contras da globalização*. Rio de Janeiro: Zahar, 2001.

HUNTINGTON, S. *O choque das civilizações e a composição da ordem mundial*. Rio de Janeiro: Objetiva, 1997.

_____. Entrevista a Nathan Gardels (*Global Viewpoint*). Reproduzida em *O Estado de S. Paulo*, 28 out. 2002, p. A23.

INTERNATIONAL TELECOMMUNICATION UNION (ITU). Key global telecom indicators for the World Telecommunication Service Sector.htm. 26 Aug. 2001.

KENNAN, G. Entrevista: Um século trágico. *Veja*, nº 1525, p. 12, 10 dez. 1997. (Entrevistador: Eurípedes Alcântara).

KISSINGER, H. Ataque terrorista exige resposta nova. *Folha de S. Paulo*, 20 set. 2001, Caderno Especial, p. 6.

NYE, J. The new Rome meets the new barbarians. *The Economist*, 362 (8265): p. 23-25, 23 Mar. 2002.

PNUD. *Relatório sobre o desenvolvimento humano*. Lisboa: Trinova Editora, 1999.

RAMOS, J. M. R. Ética e crescimento econômico: pobreza e distribuição de renda. In: *Second ISBEE (International Society of Business, Economics and Ethics) Congress*: The ethical challenges of globalization. São Paulo: Fundação Getulio Vargas, 19 a 23 jul. 2000.

UNESCO. *Statistical yearbook*, 1998.

_____. *World Communication and Information Report*, 2000.

UNITED NATIONS. *The Millennium Development Goals Report 2015*. New York: United Nations, 2015.

WEBER, M. *Ciência e política*. São Paulo: Cultrix, 1968.

WORLD BANK. *Globalization, growth, and poverty*: building an inclusive world economy. Oxford: Oxford University Press, 2002.

Ética nas relações internacionais: desafios da globalização[1]

Resumo: Com o fim da Guerra Fria cresceu o interesse pelos estudos de Ética nas relações internacionais. No novo contexto mundial dois aspectos são particularmente importantes: de um lado, quais seriam os elementos que devem ser considerados pelos estadistas e políticos para tomar decisões éticas no âmbito das Relações Internacionais; e, de outro lado, que valores deveriam estar presentes nesse processo. As virtudes da justiça e da solidariedade devem orientar as decisões da política externa dos países.

Palavras-chave: Ética, Relações Internacionais, virtudes, globalização, política externa.

Introdução

A ética nas relações internacionais é um campo fértil de estudos. Nos últimos anos observa-se um interesse crescente por parte de pesquisadores em torno desta área do conhecimento. O estudo do tema exige uma fundamentação dos valores que devem presidir o relacionamento internacional. As raízes da ética, desde a Grécia clássica, são eminentemente filosóficas.

Em torno à ética na política externa dos países circulam duas questões fundamentais. Em primeiro lugar é necessário avaliar como o estadista deve tomar decisões éticas, isto é, quais os valores que devem presidir as suas decisões. O estadista, pelo fato de representar o país no seu cargo, assumindo uma responsabilidade política e social, não deixa de ser um cidadão com ideias próprias. A questão da dualidade estadista × cidadão exige uma resposta por parte da ética.

A ética nas relações internacionais também deve analisar, em segundo lugar, os conflitos entre as nações e as obrigações para com os cidadãos de outros Estados. A glo-

---

[1] Texto de autoria de José Maria Rodriguez Ramos, publicado na *Revista de Economia & Relações Internacionais*, v. 5(9), jul. 2006:86-92, e reproduzido mediante aprovação do editor.

balização também demanda respostas concretas para os problemas do relacionamento entre os países, com base no novo contexto internacional das últimas décadas.

Ética e relações internacionais

Com o fim da Guerra Fria, simbolizado pela queda do muro de Berlim em 1989, cresceu o interesse pela ética nas relações internacionais. De um lado, os interesses das superpotências deixaram de polarizar-se em torno do poderio militar e, do outro, os novos sopros de liberdade permitiam especular a respeito do que é mais conveniente nas relações entre países.

Como apontam Gelb e Rosenthal (2003), o debate sobre as questões éticas, sobre o que é certo ou errado, está presente na atualidade na pauta internacional e nas decisões dos países. Questões como proteção dos direitos individuais, genocídio e meio ambiente exigem uma tomada de posição por parte dos países e dos organismos internacionais. A intervenção humanitária, como nos casos da Bósnia e da Somália, é um exemplo claro da importância da ética nas questões internacionais.

De acordo com estes autores,

"passamos de uma era em que a defesa de ideais entrava em choque com o interesse próprio para uma era em que, embora as tensões entre ideais e interesses permaneçam, a justaposição do passado foi amplamente substituída. Na atualidade os ideais e o autointeresse são ambos considerados ingredientes necessários do interesse nacional" (GELB; ROSENTHAL, 2003, p. 7).

O fenômeno da globalização marcou o cenário internacional nos anos 80, impulsionado pela revolução na tecnologia das telecomunicações. O significado e alcance da globalização são hoje temas discutidos e debatidos em todos os fóruns mundiais, de Davos a Porto Alegre. Mesmo sendo palco de intensos debates, ninguém questiona o fato de que houve um crescimento do relacionamento entre países neste início de milênio.

Fundamentos da ética nas relações internacionais

Antes de examinar a questão do relacionamento entre a ética e a globalização, é necessário estudar, mesmo que brevemente, os fundamentos teóricos das relações internacionais. Economia, Política e Ética estão intimamente relacionadas. As três disciplinas estudam o comportamento humano, embora sob óticas diferentes e utilizando métodos próprios. A economia estuda o comportamento humano condicionado pela escassez, a política estuda a vida da cidade (*polis*) em ordem ao bem comum para todos os cidadãos. Nesse sentido, a economia é um instrumento para conduzir ao bem comum da sociedade e, também por essa razão, a ciência econômica está subordinada à política.

A ética, por sua vez, diz respeito ao âmbito mais importante da pessoa humana, isto é, à sua realização como ser humano. Estuda o comportamento humano em relação a um certo e a um errado, ao bem e ao mal. Por essa razão, tanto a política quanto a economia estão subordinadas, na ordem dos fins, à ética. Os fundamentos filosóficos da ética são uma referência obrigatória tanto no plano pessoal e no campo econômico quanto no plano político e no âmbito das relações internacionais.

A Grécia clássica, principalmente do século V a.C., é o ponto de partida de qualquer análise filosófica da ética. A própria origem da palavra ética encontra sua origem na filosofia grega, particularmente no humanismo grego. Humanismo é a tradução latina que melhor expressa a *paideia* grega, isto é, o ideal de educação na Grécia Antiga.

A análise da ética na tradição filosófica ocidental exige voltar a Sócrates, Platão e Aristóteles. Os clássicos gregos foram resgatados por Boécio, no século VI d.C., e, mais adiante, no século XIII (particularmente Aristóteles), por Tomás de Aquino. Francisco de Vitória, considerado um dos pais do Direito Internacional, atualiza o pensamento de Tomás de Aquino e é um importante pensador para a formulação da teoria da guerra justa.

Da tradição da filosofia clássica grega surge uma das principais correntes de pensamento em relação à ética, denominada Ética de Virtudes. Sua origem está em Sócrates, entretanto ela foi apresentada por seu discípulo Platão e consolidada por Aristóteles, na *Ética a Nicômaco*.

De acordo com a ética de virtudes, a justiça é essencial para o relacionamento entre Estados, entre o cidadão e o Estado e entre os cidadãos entre si. Na tradição clássica a definição de Platão de justiça continua válida até hoje. No livro primeiro da *República* afirma Platão: "[...] é justo dar a cada um o que lhe é devido" (1988, p. 668).

A justiça que deve presidir o relacionamento entre países é um bem em si, de acordo com Platão. No diálogo *Górgias*, o fundador da Academia insiste que

"cometer uma injustiça é tanto pior que sofrer uma injustiça" (1988, p. 399).

Ao mesmo tempo a justiça é uma condição para a felicidade:

"ou refutamos a consideração de que os homens são felizes pela posse da justiça e da moderação, e desgraçados pela maldade, ou, se é verdadeira, devemos pensar quais são as consequências" (1988, p. 399).

Platão criticou o argumento sofista que afirmava ser a oratória a arte mais importante, por convencer os ouvintes pelo dom da palavra. Para Platão era fundamental conhecer a verdade e segui-la. A sua finalidade era eminentemente prática, pois a ética era o caminho para a vida feliz.

Um dos dilemas fundamentais da ética moderna encontra-se no relacionamento entre prazer e bem. As éticas utilitaristas e consequencialistas enfatizam o prazer como critério ético. A ética da virtude salienta o papel do bem para viver eticamente. Indaga Platão, no diálogo *Górgias*:

"deve realizar-se o que produz prazer olhando para o bem ou o que é bom em vista do prazer? O prazer em vista do bem" (1988, p. 398).

Ou seja, para Platão, o prazer deve subordinar-se ao bem. Somos bons pela presença de qualidades que, no fundo, são as virtudes. Entre as virtudes que devem presidir os relacionamentos, ele destaca a justiça.

A justiça representa um bem a ser preservado e, nesse sentido, quem cometeu uma injustiça deve procurar o castigo pelos delitos cometidos:

"se a injustiça é o maior dos males para quem a comete, e se ainda é possível, mais grave do que isto, que já é grave, é não receber o castigo pelos delitos cometidos" (PLATÃO, 1988, p. 400).

As virtudes, na filosofia clássica, resumem o comportamento ético, condensam o sentido do bem e manifestam a vida que vale a pena ser vivida, ou seja, a vida feliz.

Com base nos fundamentos da ética nas relações internacionais, é importante estudar os fatores relacionados com o comportamento ético do estadista.

Cidadão *versus* estadista

Um dilema clássico no âmbito das decisões éticas na teoria das relações internacionais refere-se a como devem agir os responsáveis pelas decisões que afetam tanto os respectivos países quanto o mundo como um todo. Há dois pontos importantes sobre essa questão. O primeiro deles é que o estadista, pelo fato de ocupar um cargo público de responsabilidade, não por isso deixa de ser cidadão do seu país. Em algum momento foi apenas cidadão e, a não ser que morra desempenhando sua função pública, algum dia tornará à sua condição de cidadão. O segundo tema diz respeito a quais os elementos que o estadista deve considerar para tomar as suas decisões, ou seja, quais são os elementos que deve avaliar para tomar decisões éticas?

Como sublinha Joseph Nye (2004), a obrigação do governante é preservar e melhorar o bem-estar das pessoas, ou, utilizando uma terminologia mais abrangente, o bem comum. O estadista deve agir segundo a prudência, pois caso contrário perderia o apoio público; descumpriria sua obrigação de zelar pelos cidadãos e prejudicaria a reputação do país em relação à política externa, uma vez que esta descansa na consistência e confiabilidade do seu comportamento. A ação do governante, portanto, deve resultar de uma combinação de prudência e ética.

A dificuldade para encontrar soluções éticas para os problemas não deve ser uma desculpa nem uma justificativa para deixar de lado os princípios éticos, mesmo que muitas vezes represente um enorme desafio. O estadista deve agir seguindo princípios éticos. Como enfatiza Nye, "a tarefa de raciocinar em termos éticos em questões de política internacional não é simples" (2004, p. 115), mas essa constatação não justifica, entretanto, o ponto de vista cínico ou cético quanto ao papel da ética na política internacional.

Em relação aos elementos que devem ser considerados para tomar decisões e também para agir eticamente, de acordo com Rhonheimer (2000), há dois níveis que qualquer pessoa e, portanto, também o estadista, deve levar em consideração para avaliar o caráter ético da ação humana intencional: o objeto e o fim da ação.

Ao conteúdo intencional básico da ação damos o nome de objeto da ação, em sentido próprio e estrito. Esse é o primeiro nível. O segundo nível refere-se ao propósito em relação ao qual se escolhe essa ação e que pode ser denominado como intenção. Segundo Rhonheimer,

"do ponto de vista da teoria da ação, todos os objetos das ações são também intenções, isto é, baseiam-se em um 'para que' voluntário" (2000, p. 108).

Do ponto de vista ético é necessário analisar tanto os objetos quanto os fins das ações. Ambos devem ser corretos, isto é, bons, para que uma ação possa ser considerada ética.

O ponto de referência para a ação do cidadão e do estadista é o bem. Esse bem não pode ser dissociado na pessoa humana, que é única, em relação ao que ela é como cidadão e como estadista, caso ocupe um cargo público. A ação da pessoa, seja cidadão ou não, deve orientar-se pelo bem e, em relação à estrutura das ações intencionais, deve-se analisar a bondade do objeto e da intenção.

Ética e globalização

Examinados os elementos que o político e o estadista precisam levar em consideração para tomar decisões éticas no campo das relações internacionais, é importante examinar como relacionar a ética e a globalização. A questão mais importante da ética nas relações internacionais está ligada aos conflitos entre países. A nova realidade internacional está marcada por uma maior interação entre os países. Esse fenômeno, que representa o novo marco do cenário internacional a partir dos anos 80, recebeu o nome de globalização.

O conceito de globalização é um tema recorrente na literatura econômica dos últimos anos. A sua enorme abrangência exige que lhe sejam impostas restrições. Nesse sentido é importante não tentar observar a globalização como um fenômeno único e exclusivo, mas estudá-lo nas suas múltiplas dimensões. Entre essas dimensões cabe destacar a globalização promovida pelos avanços tecnológicos. A tecnologia teve um impacto nas comunicações, que, por sua vez, impulsionaram a globalização econômica. A economia, ao mesmo tempo, está intimamente relacionada com a globalização política e, em última instância, com a globalização civilizacional.[2]

Na evolução do estudo do relacionamento entre países podem ser destacadas três etapas: no período entreguerras tornou-se clássica a distinção enfatizada por E. H. Carr entre "utópicos" e "realistas". Mais adiante, durante a Guerra Fria, a questão do poder polarizou a atenção dos acadêmicos de relações internacionais. A terceira etapa, que tem por início a queda do muro de Berlim, coincide com o aparecimento da globalização.[3]

Em relação ao momento presente, Nye (2004) destaca, além da atitude cética, três correntes de pensamento sobre a questão da Ética na Política Externa e nas Relações Internacionais quanto às obrigações dos países com cidadãos de outras nações: Realismo, Moralismo de Estado e Cosmopolitismo. O realismo, em síntese de Nye (2004), aceita algumas obrigações morais mínimas com os estrangeiros, em função das consequências imorais que a desordem produziria caso essas obrigações não fossem observadas no cenário internacional. Ou seja, o realismo está apenas preocupado com a desordem e o caos que resultaria da não aceitação, por parte dos Estados-nação, de obrigações morais mínimas.

---

[2] Sobre este tema, ver Ramos (2002).
[3] Um resumo dos debates acadêmicos sobre a evolução das teorias das relações internacionais no século XX pode ser encontrado em Dougherty e Pfaltzgraff (1996).

Realismo

O realismo – ou, na sua versão moderna, o neorrealismo – tem como ponto de partida uma visão pessimista da natureza humana e, por essa razão, considera que a política nada mais é do que um jogo de interesses em função do poder. Sob esse ponto de vista, a moralidade deve estar subordinada aos interesses políticos do Estado-nação, que é o elemento-chave do jogo do poder. O realismo, portanto, enfatiza a sobrevivência nacional. A ordem tem um valor apenas instrumental.

Moralismo

No moralismo de Estado, a ética nas relações internacionais é compreendida como soberania e autodeterminação dos países. Nesse sentido, os países são obrigados a manter os tratados, porém defende-se a não intervenção de outros Estados nas questões internas de cada Estado-nação. A fraqueza do moralismo de estado, representado por Michael Walzer e John Rawls, é, na opinião de Nye, a dificuldade de determinar o conceito de autodeterminação:

> "Quem é que autodetermina? Como sabemos se há uma radical falta de adequação entre os governantes e o povo? [...] Em poucas palavras, o moralismo de estado é particularmente fraco quando trata da autodeterminação e da soberania nacional como princípios absolutos que devem prevalecer [...] Na prática as pessoas querem autodeterminação e autonomia, porém também querem outros valores" (2004, p. 129).

Cosmopolitismo

Os cosmopolitas criticam o moralismo de Estado, tal como aponta Nye, na medida em que a justiça entre os diferentes Estados-nação não se traduz necessariamente em justiça para os indivíduos. A corrente cosmopolita, em um mundo desigual, nem sempre contribui para a ordem.

Um olhar sobre os estrangeiros

A corrente cosmopolita enfatiza a natureza comum da humanidade. Como sintetiza Nye, *"existem Estados e fronteiras, esses fatores, porém, não têm significado moral"* (2004, p. 129). Há uma realidade transnacional que ultrapassa as linhas divisórias entre países e supera o poder dos Estados quando se consideram os direitos básicos das pessoas.

Em relação às obrigações para com os estrangeiros, Nye (2004) salienta vários pontos. Em primeiro lugar sublinha que os estrangeiros formam parte de uma comum humanidade, constituída por todos os homens. Em tempos de guerra é necessário respeitar a vida de civis inocentes, assim como aceitar as restrições da guerra justa. Uma segunda obrigação é assumir as consequências das próprias ações, ou seja, responsabilizar-se pelos próprios atos. Em terceiro lugar, Nye salienta o "samaritanismo", que consiste na

"obrigação de providenciar rápida assistência a outros que padecem uma necessidade grave" (2004, p. 133).

Por último, uma quarta obrigação consiste em praticar a beneficência ou a caridade, como extensão do samaritanismo. São situações

"em que podemos melhorar a situação dos outros sem nenhum custo adicional para nós, por exemplo, através da manutenção de um comércio justo ou proporcionando ajuda alimentar por ocasião de grandes excedentes domésticos na produção de alimentos" (2004, p. 134).

Tanto o samaritanismo quanto a caridade ultrapassam os deveres de justiça para com os outros, e são necessários na medida em que a justiça, por si só, não consegue solucionar os graves problemas éticos que afetam a humanidade.

A análise das três correntes de pensamento resenhadas por Nye mostra que o ponto de vista cosmopolita é coerente com a perspectiva de que os direitos humanos básicos devem ser preservados universalmente, com independência de fronteiras e países. Nesse contexto, as virtudes como referência ética também são universais, permanentes e desejáveis em todos os países.

A globalização em si não é nem ética nem antiética. O processo de integração mundial que tem sido denominado nas últimas décadas da história recente como globalização apresenta oportunidades e desafios para todos. Como decorrência desses novos fatores presentes no cenário mundial são necessárias novas escolhas e decisões. Nessas novas situações que se apresentam devem estar presentes os valores éticos, mas, em si mesma, a globalização não é nem deixa de ser ética.

Conclusão

Com o fim da Guerra Fria terminou o período em que os interesses e os ideais das nações pareciam estar destinados a não dialogar entre si. Com frequência os interesses particulares das nações se sobrepunham aos valores éticos no relacionamento entre países. A queda do muro de Berlim estimulou a volta do debate em torno do papel da ética nas relações internacionais.

A ética nas relações internacionais, admitida a sua relevância e assentadas as bases que fundamentam o seu estudo, apresenta duas vertentes a serem analisadas. De um lado, quais os elementos que o político, e mais especificamente o estadista, deve considerar para que as suas decisões não se afastem da ética. De outro, quais os valores que devem presidir o relacionamento entre as nações no novo cenário internacional, marcado pela globalização. Como a globalização em si mesma não é nem deixa de ser ética, a questão fundamental está ligada à presença das virtudes da convivência e do relacionamento entre países nesse novo cenário que está sendo desenhado no âmbito mundial.

A paz e a justiça deveriam presidir o relacionamento internacional. Quando a justiça é ferida ou a ordem é perturbada, surgem os conflitos entre as nações. O estadista necessita da ajuda da ética para tomar decisões justas. Por essa razão, a formação filosófica é fundamental na hora das decisões.

Para além da justiça, entretanto, é necessária a solidariedade. Mesmo na ausência de conflitos entre as nações, somente a solidariedade é capaz de ajudar a corrigir os desequilíbrios econômicos e sociais entre as nações, entre os cidadãos, e contribuir para remediar o mal da pobreza no mundo, uma vez que todos partilhamos da mesma humanidade.

Referências bibliográficas

ARISTÓTELES. *Ética Nicomaquea*. Madrid: Gredos, 1998.

ARISTÓTELES. *Política*. Madrid: Gredos, 1999.

CARR, E. H. *The twenty-years crisis*, 1919-1939: an introduction to the study of international relations. Londres: Macmillan, 1939.

DAHRENDORF, R. Moralidade, instituições e sociedade civil. In: *Após 1989*: moral revolução e sociedade civil. Rio de Janeiro: Paz e Terra, 1997.

DOUGHERTY, J. E.; PFALTZGRAFF Jr., R. L. Theoretical approaches to international relations. In: *Contending theories of international relations*. New York: Longman, 1996.

GELB, L. H.; ROSENTHAL, J. A. The rise of ethics in foreign policy. *Foreign Affairs*, p. 1-7, May/June 2003.

HUNGTINTON, S. *O choque das civilizações e a composição da ordem mundial*. Rio de Janeiro: Objetiva, 1997.

NYE JR., J. The ethics of foreign policy. In: *Power in the global information age*. London: Routledge, 2004.

PLATÃO. A República. In: *Obras completas*. Madrid: Aguilar, 1988.

PLATÃO. Górgias. In: *Obras completas*. Madrid: Aguilar, 1988.

RAMOS, J. M. R. Dimensões da globalização: comunicações, economia, política e ética. *Revista de Economia & Relações Internacionais*, v. 1, nº 1, p. 97-112, jul. 2002.

RAWLS, J. *Uma teoria da justiça*. São Paulo: Martins Fontes, 2002.

RONHHEIMER, M. *La perspectiva de la moral*: fundamentos de la ética filosófica. Rialp: Madrid, 2000.

WALZER, M. The moral standing of states. *Philosophy and Public Affairs*, 9, p. 401-403, Spring 1980.

WEBER, M. *Ciência e política*: duas vocações. São Paulo: Cultrix, 1968.

Ética, responsabilidade social e sustentabilidade 21

Ética e responsabilidade social

A ética empresarial ganhou expressão com escândalos mundiais que denotaram procedimentos imorais em relação à administração dos negócios, envolvendo organizações de grande porte e de alta rentabilidade. Resultados obtidos de qualquer modo, pelo caminho mais curto, provaram ser inadequados. Muitos casos sensibilizaram a sociedade civil e trouxeram à tona novas formas de proceder, num mundo competitivo globalizado. Transparência e sustentabilidade são termos que surgiram desse afã de fazer o bem dentro da administração dos negócios: alcançar os lucros, e mesmo a lucratividade, dentro de padrões morais mais elevados.

O importante dessa fase pós-escândalos é que parece existir um consenso sobre as bases negociais e um ajuste gradativo de muitas empresas à nova forma de se comportar no mercado. Os aspectos éticos foram introduzidos no discurso dos executivos e, pouco a pouco, passam a entrar na pauta das suas preocupações, decisões e ações.

A vida das empresas hoje envolve mais a opinião pública do que décadas atrás. A adoção de estratégias mais radicais, como fusões, aquisições, *downsizing* e privatização, já não se restringe ao âmbito da administração dos negócios ou do cenário executivo. Hoje, tais estratégias são amplamente discutidas na imprensa escrita, falada, televisiva e nas redes sociais, com forte participação dos cidadãos. O slogan de que a ética vende passa a ser exigido em termos práticos. O que é percebido como pseudodiscurso ético é trazido à tona sem grandes dificuldades, com prejuízo para a empresa que dele se utilizar. A sociedade começa a se organizar para cobrar a conduta ética em todos os âmbitos e setores da economia e do governo.

Dentro da empresa, a alta administração é mais fortemente observada. Espera-se uma coerência e uma consistência entre o que dito e o que é vivido, o que é solicitado e o que é feito. Quando a administração se apoia em princípios éticos claramente estabelecidos, os padrões morais são respeitados, as energias dos empregados se concentram e o resultado é um ganho de produtividade. No caso contrário, as práticas pouco éticas são conhecidas e por vezes se tornam o *modus operandi* da organização. O ritmo dos negócios sofre um impacto negativo. É então que a atenção se volta para a qualidade total e para a ética como vantagem competitiva, apenas como instrumentos.

A adesão à ética nas empresas está intimamente ligada à percepção da missão da instituição, lucrativa ou não, do exemplo da alta administração e da cultura criada para que seus objetivos sejam atingidos, sempre respeitando o fator humano da organização. Essa equação deve e costuma levar ao equilíbrio dos negócios: uma produtividade crescente assegura que se cumpram as metas estabelecidas, que se responda às demandas e pressões globais, sem deixar de atender ao imediato e local, respeitando o meio ambiente. Em resumo, a ética empresarial resulta da confluência entre a ética, a economia e a sociedade.[1]

Engajamento de *stakeholders*

Nas empresas produtivas, muitas vezes pautadas apenas pela racionalidade econômica e pelos esforços de maior competitividade, com frequência a prática se distancia do discurso dos executivos, provocando insatisfações de diferentes *stakeholders,* isto é, o conjunto de apostadores (acionistas ou proprietários) e depositários (aqueles que depositam esperança de um resultado positivo) que desejam que as organizações sejam bem-sucedidas. Alguns desses públicos estão indicados na Figura 21.1.

Figura 21.1 *Stakeholders* da empresa.

---

[1] ARRUDA, Maria Cecilia Coutinho de. Ética e responsabilidade social, aspectos regulatórios e gestão de pessoas. Master in Business Communication – T4. São Paulo: IDE-FGV, 2012.

Do ponto de vista social, atitudes de confronto e desconfiança podem minar a visão construtiva da empresa e o sentido de equipe.[2] A alta administração foca nas metas financeiras de curto prazo, esquecendo que o investimento social como estratégia gera resultados de longo prazo, dentro e fora da organização.[3] O equilíbrio se estabelece no ponto ótimo em que se internalizam os custos, aumentando os rendimentos. No longo prazo, sempre a ética é rentável para a empresa. No curto e no médio prazo, pode não ser tão rentável para o negócio, mas aí está o desafio do administrador: imprimir uma visão estratégica tal que os objetivos da organização se alcancem no mais curto prazo possível, dentro dos limites morais.

O importante é resolver a equação tridimensional, em que se busca o ponto ideal entre os custos ocultos e explícitos e os benefícios ocultos e explícitos. Entre os extremos do egocentrismo ao universalismo, a rentabilidade é buscada com competência gerencial. Na sua perspectiva temporal, procura alcançar o bem para si próprio, para a organização, para a sociedade e para a humanidade como um todo.

A otimização de todos os fatores mencionados desemboca na rentabilidade da empresa. Muitas vezes será necessário sacrificar recursos monetários para conseguir um objetivo estabelecido. Os benefícios de tais ações respondem à demanda dos *stakeholders*, isto é, dos grupos de interesse para a empresa, essenciais para a sua sobrevivência.

Atender aos reclamos de tão diversos *stakeholders* requer extrema habilidade e prudência, para assegurar a sobrevivência e a sustentabilidade do negócio. A administração pode ser vista como intermediária entre *shareholders* (acionistas) e alguns *stakeholders* importantes. A concepção ampliada da empresa leva à dimensão moral que os gestores consideram em suas tomadas de decisão.[4] As organizações não governamentais (ONGs) ajudam a definir, ou pelo menos influenciam, as empresas no esforço de desenvolver padrões ambientais e de trabalho, em nível internacional.[5]

A consideração dos ideais e princípios no processo de tomada de decisão exige que os dirigentes das organizações empreguem métodos que os auxiliem na diferenciação entre o que são aspectos subjetivos, do que são juízos de valor. Por isso é essencial a transparência de intenções e as comunicações, para que os executivos não se fechem no

---

[2] DRUMMOND, Virginia Souza. *Confiança e liderança nas organizações*. São Paulo: Thomson Learning, 2007.
[3] ETKIN, Jorge. *Capital social y valores en la organización sustentable*: el deber ser, poder hacer y la voluntad creativa. Buenos Aires: Granica, 2007.
[4] DE CARLOS S. Carlos. *Estrategia integral*: responsabilidades sociales de las empresas e instituciones. Valparaiso, Chile: Ediciones Universitarias de Valparaiso. Universidad Católica de Valparaiso. 1988.
[5] DOH, Jonathan P.; GUAY, Terrence. NGOs and international corporate responsibility: how nongovernmental organizations influence international labor and environmental agreements and codes of conduct. In: HOOKER, John; MADSEN, Peter. *International corporate responsibility*: exploring the issues. Pittsburg: Carnegie MellonUniversityPress, p. 101-128.

chamado "isolamento no poder". Se se habituarem a refletir sobre todos os *stakeholders*, saberão ouvi-los, e promover formas de atendê-los, valorizando novas ideias e os atores impactados por suas decisões.[6] É fundamental, portanto, que a empresa envolva os *stakeholders*, utilizando sua liderança para ampliar o diálogo com colaboradores, clientes, fornecedores, comunidades, governo, representantes do meio ambiente, acionistas, entre outros. É justamente esse processo sistemático de envolvimento destes públicos que legitima a empresa como sendo socialmente responsável.[7]

Felicidade no ambiente de trabalho

Qualquer que seja seu objetivo de vida, as pessoas querem ser felizes, querem *viver bem*, querem dar-se bem. Não pensam duas vezes antes de afirmar que o que buscam é a felicidade,[8] e isso norteia suas ações. A busca do prazer e a aversão à dor não necessariamente levam à felicidade.[9] O ser humano busca sentido em tudo o que faz, e só a transcendência o satisfaz. "A felicidade, como experiência de plenitude, é a meta de todo ser humano."[10] O trabalho bem feito visa ao bem individual, porque desenvolve a perfeição e a personalidade de quem o executa, e visa ao bem comum, porque produz bens, serviços ou ideias que servem à sociedade. Assim, o ambiente de trabalho deve ser especialmente cuidado,[11] possibilitando que as pessoas sejam felizes onde normalmente passam a maior parte de suas vidas: as melhores horas dos dias, a maior parte dos dias da semana, os melhores anos de sua existência.

A Faculdade de Medicina da Universidade Harvard, nos Estados Unidos, desde 1938 vem desenvolvendo o *Grant Study*,[12] com o objetivo de compreender e acompanhar o desenvolvimento humano a partir da sua saciedade emocional, para decifrar o que o torna feliz e o que constitui uma vida saudável para ele. Com esta lógica, Fuentes explica que as empresas vêm dedicando mais atenção ao ambiente de trabalho de seus colaboradores, criando sistemas de recompensas aos desgastes que suas funções provocam. Se dinheiro, fama e poder não são tão importantes, o que mais satisfaz às pessoas

---

[6] ETKIN, Jorge. *Capital social y valores en la organización sustentable*: el deber ser, poder hacer y la voluntad creativa. Buenos Aires: Granica, 2007.

[7] WERTHER, JR., William B.; CHANDLER, David. *Strategic corporate social responsibility*: stakeholders in a global environment.Thousand Oaks, CA: Sage, 2006.

[8] ARISTÓTELES. *Ética a Nicômaco*. Livro 1 (4). Trad. Bauru, SP: Edipro, 2002. SPAEMANN, Robert. *Felicidade e benevolência*: ensaio sobre ética. Trad. (Orig. 1989). São Paulo: Edições Loyola, 1996.

[9] GIANNETTI, Eduardo. *Felicidade*. São Paulo: Companhia das Letras, 2002.

[10] PENA, Roberto Patrus Mundim. *Ética e felicidade*. 4. ed. Belo Horizonte: Faculdade de Estudos Administrativos, 1999.

[11] SOUZA, Márcia Cristina Gonçalves de. *Ética no ambiente de trabalho*: uma abordagem franca sobre a conduta ética dos colaboradores. Rio de Janeiro: Elsevier, 2009.

[12] POWER, Alvin. Decoding keys to a healthy life. *Harvard Gazette*, 2 Feb. 2012. Disponível em: < http://news.harvard.edu/gazette/story/2012/02/decoding-keys-to-a-healthy-life/>.

parecem ser as conexões pessoais. Por isso muita gente trabalha mais, buscando o sucesso e a felicidade, ainda que em detrimento do convívio com a família e amigos.[13] Do ponto de vista da ética, é importante salientar que, apesar desta salutar preocupação em oferecer um agradável ambiente de trabalho, as empresas também têm um dever e uma responsabilidade social, no sentido de zelar para que exista um equilíbrio em todas as atividades de seus colaboradores. A conciliação trabalho-família é essencial para o desenvolvimento físico, emocional e social das pessoas.[14]

Ações sociais

Muitas empresas se dedicam a patrocinar e a desenvolver projetos sociais de envergadura. Outras se empenham em apoiar ações isoladas, de acordo com sua capacidade econômica, sempre visando ao bem comum, seja diretamente, seja por meio de organizações não governamentais.[15] Com a "lógica verde", que é uma lógica de longo prazo, dentro de uma visão de ambientalismo que reduz riscos, surgem também ecoempreendedores dispostos a adiar ganhos de curto prazo, por encontrar satisfação no simples fato de estar contemplando as necessidades dos filhos e netos das gerações atuais. Economicamente, esta mentalidade é compreendida como uma filosofia de poupança, inovação e investimento. Advogar o ecoempreendedorismo corresponde a construir um capital social. Isso se revela especialmente importante quando os projetos ou organizações disputam subsídios ou verbas do governo para levar adiante seus objetivos.[16]

Nesses campos, há inúmeros exemplos de iniciativas, no Brasil e em muitos outros países, com resultados surpreendentes.[17] A gestão de projetos sociais se verifica uma forma profissional de lidar com o investimento social, tratando-o como algo sério nas

---

[13] FUENTES, Nicole. Colaboradores mais felizes, empresas mais produtivas. Palestra noConarh 2016 – 42º Congresso Nacional sobre Gestão de Pessoas. São Paulo: Associação Brasileira de Recursos Humanos (ABRH), 16-08-2106. In: OLIVETTE, Cris. Felicidade no ambiente de trabalho tem destaque no evento. Inova na mídia. São Paulo: Estadão/Inova Business School. 18 Ago. 2016. Disponível em: < http://www.inovabs.com.br/alphaville/blog/conarh-2016-aborda-saude-mental-felicidade-e-profissoes-do-futuro>.

[14] DEBELJUH, Patricia; DESTÉFANO, Ángeles. *Hacia la responsabilidad familiar corporativa*: guía de buenas prácticas. Buenos Aires, Pilar: IAE Publishing, 2013.
CHINCILLA, Nuria; MORAGAS, Maruja. *Dueños de nuestro destino*: cómo conciliar la vida profesional, familiar y personal. Barcelona: Ariel, 2007.

[15] MELO NETO, Francisco Paulo de. *Responsabilidade social & cidadania empresarial*: a administração do terceiro setor.Rio de Janeiro: Quality Mark, 1999.

[16] ISAAK, Robert. Green logic: *Ecopreneurship, theory and ethics*. Sheffield: Greenleaf Publishing, 1998.
SCHAPER, Michael (Ed.). *Making ecopreneurs*: developing sustainable entrepreneurship. Hampshire, England: Ashgate Publishing Limited, 2005.

[17] CASTRO, Lurdinha (Org.). *CAPM Mangueira*: uma escola de cidadania. Rio de Janeiro: Mauad, 2004.
ARROYO, S.J., Gonzalo. *Responsabilidad social corporativa*: experiencias en sectores de la industria en Chile. Santiago del Chile: Ediciones Universidad Alberto Hurtado, 2011.

organizações.[18] Não é incomum o fato de se realizarem parcerias entre a iniciativa privada e o governo, para minimizar ou solucionar problemas sociais de envergadura.[19] Políticas públicas surgem, muitas vezes, de movimentos da sociedade civil que tiveram origem em ações sociais de iniciativa das empresas. Assim, a cidadania socioambiental leva à coesão de muitos agentes que talvez não se integrassem facilmente por outros motivos. [20]

Normas voluntárias

Qualquer que seja a escolha da empresa, ela deve seguir um processo contínuo de ciclos de atividades, que têm como principais passos: a definição ou redefinição de valores, o desenvolvimento de metas de desempenho ético e social, e avaliação e comunicação do desempenho em relação às metas desenvolvidas.

As normas ou padrões sobre ética e responsabilidade social corporativa surgiram da necessidade de desenvolvimento destas áreas, reflexo da sua importância cada vez maior no mundo dos negócios. Elas têm seu papel justificado como forma de aprimoramento e disseminação de diretrizes de uma boa gestão ética e socialmente responsável.

A seguir serão descritas algumas certificações e normas hoje adotadas por empresas líderes nos mais diversos segmentos. É importante destacar que a adoção de qualquer um dos critérios construirá vantagem competitiva pela projeção de uma postura definida sobre questões sociais e éticas perante os *stakeholders*.

AccountAbility 1000 – AA 1000

A AccountAbility[21] é uma organização global que promove soluções inovadoras para desafios nas áreas de responsabilidade social e desenvolvimento sustentável. Desde 1995 contribui para empresas, organizações sem fins lucrativos e governos, encorajando-os a incorporarem à sua governança processos de informação e prestação de contas do ponto de vista ético, ambiental e social.

---

[18] RODRIGUES, Maria Cecilia Prates. *Ação social das empresas privadas:* como avaliar resultados? A metodologia EP2ASE. Rio de Janeiro: FGV Editora, 2005.
[19] TEODÓSIO, Armindo dos Santos de Sousa. No "olho do furacão" das alianças intersetoriais: o público e o privado na agenda social brasileira. In: CABRAL, Antonio; COELHO, Leonardo (Org.). *Mundo em transformação:* caminhos para o desenvolvimento sustentável. Belo Horizonte: Autêntica Editora, 2006.
[20] SILVA, Jacqueline Oliveira; PEDLOWSKI, Marcos A. (Orgs.). *Atores sociais, participação e ambiente*. Porto Alegre: Dacasa Editora, 2008.
[21] Disponível em: <www.accountability.org>. Acesso em: 18 ago. 2016.

A norma AA1000 é composta por princípios e padrões de processo que associam a definição e a integração dos valores da organização com o desenvolvimento das metas de desempenho e a avaliação e comunicação do desempenho organizacional. Ela é amplamente utilizada para a elaboração de relatórios socioambientais, de sustentabilidade, de responsabilidade corporativa entre outros.

Apoia-se nos seguintes princípios:

1. Inclusão – as pessoas devem ter voz nas tomadas de decisão que as impactam.
2. Materialidade – os tomadores de decisão devem identificar e ser claros sobre os problemas tratados.
3. Responsividade – as organizações devem agir com transparência nas questões concretas.

A norma AA1000 não define requisitos para o que deve constar dos relatórios, mas enfatiza a forma como devem ser elaborados.

Social Accountability 8000 – SA 8000

A SAI – Social Accountability International é uma organização norte-americana de direitos humanos, sediada em Nova York, fundada em 1996. Tem como missão melhorar o ambiente de trabalho e as comunidades pelo desenvolvimento e implementação de padrões socialmente responsáveis.

A SA 8000[22] foi lançada em outubro de 1997 pela CEPAA – Council em Economics Priorities Accreditation Agency, atualmente denominada SAI. A SA8000 é um padrão global de certificação de responsabilidade social de empresas que tem como foco a garantia dos direitos dos trabalhadores envolvidos em processos produtivos, promovendo a padronização em todos os setores do negócio e em todos os países. Ela tem como referência os padrões da ISO 9000 e ISO 14000, seguindo a estrutura que enfatiza a importância de sistemas de gestão para a melhoria contínua. A SA 8000 tem sido atualizada ao longo dos anos, vigorando hoje a versão SA 8000:2014.

A norma é composta por nove requisitos baseados nas Convenções da OIT – Organização Internacional do Trabalho, na Declaração Universal dos Direitos Humanos, nas Convenções das Nações Unidas sobre trabalho infantil e discriminação, buscando critérios comuns de avaliação do desempenho social, alinhados com as legislações nacionais e os códigos empresariais e setoriais.

---

[22] Disponível em: <www.sa-intl.org>. Acesso em: 18 ago. 2016.

Os requisitos que devem ser objeto de atenção da empresa são:

- trabalho infantil;
- trabalho compulsório/forçado;
- saúde e segurança;
- liberdade de associação e direitos de negociação coletiva;
- discriminação;
- práticas disciplinares;
- horário de trabalho;
- remuneração;
- sistemas de gestão.

A certificação é válida por certo período de tempo, devendo a empresa submeter-se a uma auditoria de verificação de conformidade.

O Pacto Global

O Pacto Global (*Global Compact Initiative*) constituiu uma iniciativa de Kofi Annan, então Secretário-Geral das Nações Unidas, apresentada em 31 de janeiro de 1999 no Primeiro Fórum Econômico Mundial em Davos, Suíça. Seu objetivo era alertar os líderes empresariais para a sua preocupação com os efeitos da globalização. Sua expectativa era a de aproximar as agências da Organização das Nações Unidas (ONU), os sindicatos, as organizações não governamentais e outros atores da sociedade civil para aderirem a essa iniciativa internacional, formando uma parceria com o intuito de alcançar uma economia global mais sustentável e favorável às inclusões necessárias.

Os conceitos de cidadania empresarial e responsabilidade social foram enfatizados pelas empresas que carecem de um arcabouço internacional que as atendesse no desenvolvimento e promoção de uma administração global baseada em valores. Assim, em 26 de junho de 2000, na sede das Nações Unidas em Nova York, cinquenta dirigentes de empresas globais, junto ao Secretário-Geral e a líderes sindicais e organizações voltadas para o desenvolvimento, os direitos humanos e o meio ambiente, assumiram voluntariamente o compromisso de integrar em suas operações os Dez Princípios de consenso universal. Hoje já são mais de 12 mil organizações signatárias representadas por 170 países.[23]

---

[23] Disponível em: <www.unglobalcompact.org/what-is-gc/participants>. Acesso em: 18 ago. 2016.

Os Princípios do Pacto Global[24] são:

Direitos Humanos

1. as empresas devem apoiar e respeitar a proteção de direitos humanos reconhecidos internacionalmente; e
2. assegurar-se de sua não participação em violações destes direitos.

Trabalho

3. as empresas devem apoiar a liberdade de associação e o reconhecimento efetivo do direito à negociação coletiva;
4. a eliminação de todas as formas de trabalho forçado ou compulsório;
5. a abolição efetiva do trabalho infantil; e
6. eliminação da discriminação no emprego.

Meio Ambiente

7. as empresas devem apoiar uma abordagem preventiva aos desafios ambientais;
8. desenvolver iniciativas para promover maior responsabilidade ambiental; e
9. incentivar o desenvolvimento e difusão de tecnologias ambientalmente amigáveis.

Contra a Corrupção

10. as empresas devem combater a corrupção em todas as suas formas, inclusive extorsão e propina.

Esses princípios contemplam as premissas da Declaração Universal de Direitos Humanos, da Declaração sobre os Princípios Fundamentais e Direitos no Trabalho, da Organização Mundial do Trabalho, da Declaração do Rio sobre o Desenvolvimento e o Meio Ambiente e da Convenção das Nações Unidas Contra a Corrupção.

---

[24] Disponível em: <www.pactoglobal.org.br/artigo/56/os-10-principios>. Acesso em: 18 ago. 2016.

ISO 26000 de Responsabilidade Social

A Norma Internacional ISO 26000:2010[25] comtempla Diretrizes sobre Responsabilidade Social, fornece um guia global para organizações privadas e do setor público. Foi criada em 2010 pelo consenso de especialistas internacionais, representantes dos principais grupos de *stakeholders*. Incentiva a implementação das melhores práticas éticas e de transparência e contribui para a saúde e bem-estar da sociedade. Visa à integração, implementação e promoção do comportamento socialmente responsável em toda a organização, por meio de suas políticas e práticas. Procura identificar e promover o engajamento dos principais *stakeholders*.

A ISO 26000 oferece orientação sobre duas práticas fundamentais: reconhecimento da responsabilidade social e identificação e engajamento dos *stakeholders*. Baseia-se em sete princípios:

- prestação de contas;
- transparência;
- comportamento ético;
- respeito aos interesses do *stakeholder*;
- respeito às normas legais;
- respeito às normas internacionais de comportamento;
- respeito aos direitos humanos.

Em síntese, essa norma comunica os compromissos, o desempenho e outras informações relativas à responsabilidade social da organização.

Felicidade Interna Bruta (FIB) – Butão

A Felicidade Interna Bruta (FIB) constitui um indicador criado no Butão em 1972, pelo rei Jigme Singye Wangchuck. Desde então esta pequena nação do Himalaia vem sendo apoiada pelo Programa das Nações Unidas para o Desenvolvimento (PNUD) para colocar em prática tal conceito. O indicador chamou a atenção do mundo todo, por representar uma forma de avaliação do progresso de uma comunidade ou país. A fórmula usada para o cálculo da "riqueza" contempla não apenas o desenvolvimento econômico, mas outras variáveis, como a conservação do meio ambiente e a qualidade da vida das pessoas. Assim, para o FIB é fundamental a premissa de integração do cres-

---

[25] Disponível em: <www.iso.org/iso/home/standards/iso26000.htm>. Acesso em: 18 ago. 2016.

cimento econômico com o psicológico, o cultural e o espiritual. O indicador tem nove dimensões:

- bem-estar psicológico;
- saúde;
- uso do tempo;
- vitalidade comunitária;
- educação;
- cultura;
- meio ambiente;
- governança;
- padrão de vida.[26]

Assim, o contentamento das pessoas, avaliado por dimensões específicas, se revela mais importante do que a produção de bens e serviços que atenderiam às suas necessidades meramente materiais.

Well Being Brazil Index (WBB)

O grau de preocupação e satisfação dos cidadãos, e não somente seu bem-estar econômico medido pelo Produto Interno Bruto (PIB), é o objeto de avaliação do Índice de Felicidade Bruta, desenvolvido desde 2013 pelo Núcleo de Estudos da Felicidade e do Comportamento Financeiro da Fundação Getulio Vargas, em São Paulo. Denominado informalmente *Well Being Brazil Index*, ele é elaborado em parceria com a rede social *My Fun City*,[27] que avalia as cidades de acordo com vários quesitos. O objetivo é oferecer assessoria às empresas e ao governo do Brasil, para a elaboração de políticas públicas. A não inclusão de dados relativos ao Índice de Desenvolvimento Humano (IDH) e ao nível de segurança das cidades torna o PIB pouco representativo da realidade de uma nação.

De acordo com este índice, a felicidade de uma sociedade é apurada por treze indicadores:

- clima;
- atividades ao ar livre;

---

[26] Disponível em: <www.felicidadeinternabruta.org.br>. Acesso em: 18 ago. 2016.
[27] Primeira plataforma de cidadania premiada pela ONU (Prêmio WSA – Mobile Apps That Make a Difference).

- transporte e mobilidade;
- família;
- redes de relacionamento;
- profissão e dinheiro;
- educação;
- governo;
- saúde;
- segurança e consumo;
- previdência social;
- cultura;
- lazer.[28]

Apesar da complexidade oriunda da diversidade entre as várias regiões do país, o Índice de Felicidade Bruta (FIB) da Fundação Getulio Vargas – SP pretende refletir mais fielmente a realidade da sociedade brasileira, levantando dados da população em cada bairro, no maior número possível de cidades, anualmente ou a cada dois anos.[29]

Ética e sustentabilidade

O humanismo integral requer uma visão ética permeando os conceitos de responsabilidade social e sustentabilidade. Sob esse prisma, ganham sentido os princípios, valores, critérios e práticas incorporados pelas organizações que olham para o futuro, considerando as necessidades de todos os cidadãos, consumidores atuais e de gerações vindouras.[30]

A palavra sustentabilidade se deriva do latim *sustinere* (*tenere*, sustentar, segurar; *sus*, alto). Os dicionários oferecem mais de dez significados para *sustinere*, sendo os principais: "manter" ou "dar suporte".

---

[28] Disponível em: <http://minhacidadedigital.ig.com.br/category/my-fun-city>. Acesso em: 23 ago. 2016.
Disponível em: <www.valor.com.br/brasil/3044042/fgv-lanca-indice-que-calcula-percepcao-de-felicidade-do-brasileiro>. Acesso em: 18 ago. 2016.
[29] Disponível em: <http://economia.estadao.com.br/noticias/geral,indice-vai-medir-felicidade-do-brasileiro,107243e>. Acesso em: 18 ago. 2016.
[30] TRIGUEIRO, André (Coord.). *Meio ambiente no século 21*: 21 especialistas falam da questão ambiental nas suas áreas de conhecimento. Rio de Janeiro: Sextante, 2003.

Desde a década de 1980 a sustentabilidade tem sido usada mais no sentido de sustentabilidade humana no planeta Terra. Entretanto, ela tem sido motivo de atenção desde a Revolução Neolítica, 2.500 a 10.000 anos atrás. No século XVIII, e início do XIX, a Revolução Industrial trouxe a discussão decorrente do aumento da população e da energia. A Ecologia, analisando os ciclos naturais, passou a ser suporte para novas abordagens relativas ao meio ambiente. No século XX, a Grande Depressão e a II Guerra Mundial abriram preocupações com o mundo desenvolvido. O movimento ambiental ganhou novas características científicas e sociais.

A partir da Conferência da Organização das Nações Unidas (ONU) sobre o Meio Ambiente, em Estocolmo, em 1972, a Assembleia Geral da ONU criou o Programa das Nações Unidas para o Meio Ambiente (PNUMA).[31] As prioridades desse documento foram os aspectos ambientais das catástrofes e conflitos, a gestão dos ecossistemas, a governança ambiental, as substâncias nocivas, a eficiência dos recursos e as mudanças climáticas.

Em 1983, a Dra. Gro Harlem Brundtland, médica e mestre em Saúde Pública na Noruega, foi convidada para estabelecer e presidir a Comissão Mundial sobre o Meio Ambiente e Desenvolvimento. Essa equipe, conhecida como Comissão Brundtland, publicou em 1987 um documento importante, o *Nosso Futuro Comum*,[32] que ofereceu o seguinte conceito inovador:

> "O desenvolvimento sustentável é o desenvolvimento que encontra as necessidades atuais sem comprometer a habilidade das futuras gerações de atender suas próprias necessidades."[33]

Assim, a sustentabilidade empresarial veio assegurar o sucesso dos negócios no longo prazo, cooperando para o desenvolvimento econômico e social da humanidade, com vistas a um ambiente saudável e uma sociedade mais equitativa.

Em 1992, no Rio de Janeiro, vinte anos após o Relatório Brundltand, a *Cúpula da Terra*[34] adotou a *Agenda 21*,[35] um programa de ação detalhado a ser seguido pelos

---

[31] Disponível em: <http://www.unep.org/Documents.Multilingual/Default.asp?DocumentID=97&ArticleID=1503&l=en>. Acesso em: 22 ago. 2016.

[32] Disponível em: <http://www.un.org/documents/ga/res/42/ares42-187.htm>. Acesso em: 22 ago. 2016.

[33] "Believing that sustainable development, which implies meeting the needs of the present without compromising the ability of future generations to meet their own needs, should become a central guiding principle of the United Nations, Governments and private institutions, organizations and enterprise." *Our common future*, 96th Plenary Session UN, 11 Dec. 1987. Disponível em: <http://www.un.org/documents/ga/res/42/ares42-187.htm>.

[34] Disponível em: <http://www.un.org/geninfo/bp/enviro.html>. Acesso em: 22 ago. 2016.

[35] Disponível em: <https://sustainabledevelopment.un.org/agenda21/?utm_source=OldRedirect&utm_medium=redirect&utm_content=dsd&utm_campaign=OldRedirect>. Acesso em: 22 ago. 2016.

governos, para proteger e renovar os recursos naturais, assegurando o desenvolvimento sustentável do planeta, não apenas o crescimento econômico. Esse programa, além das questões ambientais, contemplou a pobreza e a dívida externa dos países em desenvolvimento.

Discutido em 1997 e em vigor a partir de 2005, o *Protocolo de Quioto*[36] é um tratado internacional com rígidos compromissos para a redução da emissão dos gases que, segundo cientistas, agravam o efeito estufa, responsável pelo aquecimento global.

Em 1997, uma revisão e avaliação da *Agenda 21* foi motivo da *Cúpula da Terra + 5*.[37] O documento final focou as metas de redução das emissões de gases de efeito estufa que geram mudanças climáticas, padrões mais sustentáveis de distribuição de energia e erradicação da pobreza.

O mundo empresarial internacional foi conclamado pelo ex-secretário-geral da ONU, Kofi Annan, a seguir os princípios do Pacto Global[38] em suas estratégias, políticas e procedimentos, e a estabelecer uma cultura de integridade, apoiando a iniciativa da *Global Environment Facility* (GEF),[39] do Banco Central, do Programa das Nações Unidas para o Meio Ambiente (PNUMA) e do Programa das Nações Unidas para o Desenvolvimento (PNUD).[40]

Os três pilares centrais da sustentabilidade, conhecidos como *triple bottom line*, abarcam a preocupação econômica, a responsabilidade social e o meio ambiente. É interessante conhecer o ponto de vista de empresários que se empenham em tornar sua empresa mais humana, mais eficiente e mais saudável.[41] A expressão *triple bottom line*,[42] originalmente de Elkington,[43] vem sendo utilizada para refletir um conjunto de valores, objetivos e processos que uma empresa deveria focar com a finalidade de criar valor econômico social e ambiental e através desse conjunto minimizar qualquer dano decorrente de sua atuação.[44]

No *marketing* sustentável, por exemplo, há estratégias que levam a empresa a agregar valor. É o caso do *branding* verde, dos rótulos de certificação e do *demarke-*

---

[36] Disponível em: <https://pt.wikipedia.org/wiki/Protocolo_de_Quioto>. Acesso em: 23 ago. 2016.
[37] Disponível em: <http://www.un.org/esa/earthsummit//>. Acesso em: 22 ago. 2016.
[38] Disponível em: <https://www.unglobalcompact.org/>. Acesso em: 22 ago. 2016.
[39] Disponível em: <https://www.thegef.org/gef/whatisgef>. Acesso em: 22 ago. 2016.
[40] Disponível em: <http://www.pnud.org.br/SobrePNUD.aspx>. Acesso em: 22 ago. 2016.
[41] Disponível em: <http://www.youtube.com/watch?NR=1&v=KOVW0jKp4sw&feature=endscreen>. Acesso em: 18 ago. 2016. Este audiovisual de Graham Lowe pode ser esclarecedor.
[42] Tripé dos resultados, ou tripé da sustentabilidade, expressão também conhecida por 3Ps: *People, Planet, Profit*.
[43] ELKINGTON, John. *Canibais de garfo e faca*. Trad. São Paulo: Makron Books, 2001.
[44] ALMEIDA, Fernando. *O bom negócio da sustentabilidade*. Rio de Janeiro: Nova Fronteira, 2002.

ting.⁴⁵ A inovação de produtos e de processos pode gerar significativos benefícios na cadeia de suprimentos, tornando-os sustentáveis, seja pela logística empregada, seja pela adesão à ISO 14000.⁴⁶ Nessa linha, também os governos podem usar seu poder de compra para a promoção do desenvolvimento sustentável.⁴⁷ Para permanecerem competitivas, as empresas devem usar criatividade⁴⁸ e inovação⁴⁹ para empregar boas práticas relacionadas à sustentabilidade. O *movimento da qualidade* das organizações promove importantes fontes de ideias. Os sistemas de sugestões contribuem para gestão do conhecimento, gerando ideias, sugestões, invenção e, por fim, a inovação.⁵⁰ Nesse sentido, a ética nos negócios e a inovação ética parecem estar intimamente ligadas à globalização, à sustentabilidade e aos financiamentos de bancos, financeiras e organismos nacionais ou internacionais.⁵¹

Movimentos em prol da sustentabilidade

Essa nova forma de olhar a economia tem impacto sobre a construção do equilíbrio e da harmonia nas relações interpessoais, na expressão das dimensões humanas (espiritual, lúdica, estética, científica) e na gestão de modo sustentável das condições de produção de vida. Vários movimentos surgiram, enfatizando diferentes aspectos.

Global Reporting Initiative (GRI)

O *GRI – Global Reporting Initiative*⁵² é uma organização internacional independente que, desde o final da década de 1990, assessora empresas, governos e outras instituições no sentido de compreender e comunicar o impacto dos negócios em questões críticas de sustentabilidade, como mudança de clima, direitos humanos, corrupção, entre outras.

---

[45] Forçar a descontinuidade de um produto ou serviço, por existir outro mais sustentável e com a mesma finalidade.
[46] DAHLSTROM. Robert. *Gerenciamento de marketing verde*. Trad. São Paulo: Cengage Learning, 2011.
[47] BIDERMAN, Rachel; MACEDO, Laura Silvia Valente de; MONZONI, Mario; MAZON, Rubens (Org.). *Guia de compras públicas sustentáveis*: uso do poder de compra do governo para a promoção de desenvolvimento sustentável. Rio de Janeiro: Editora FGV, 2006.
[48] FONTRODONA FELIP, Joan. Creatividad, comunidad y crecimiento: tres principios para la dirección de empresas. In: RODRÍGUEZ SEDANO, Alfredo; FONTRODONA FELIP, Joan (Coord.). *El empresario en el nuevo marco socio-económico*. Colección Humanismo y Empresa XXI. Santander, Espanha: I.C. Gabinete de Comunicación, S.L., 1997.
[49] SALVIATTO, Cibele de Macedo; BRANDÃO, Carlos Eduardo Lessa. *A prática da sustentabilidade*: desafios vividos por agentes da governança corporativa. Série Experiências em Governança Corporativa 1. São Paulo: Instituto Brasileiro de Governança Corporativa – IBGC, 2009.
[50] BARBIERI, José Carlos; ÁLVARES, Antonio Carlos Teixeira; CAJAZEIRA, Jorge Emanuel Reis. *Gestão de ideias para inovação contínua*. Porto Alegre: Bookman, 2009.
[51] ENDERLE, Georges, Patrick E. *Ethical innovation in business and the economy*. Cheltenham, Glos, UK: Edward Elgar, 2015.
[52] Disponível em: <www.globalreporting.org>. Acesso em: 18 ago. 2016.

O modelo GRI permite às organizações preparar relatórios sobre seu desempenho econômico, ambiental e social, tornando-as comparáveis entre si. Várias versões têm sido oferecidas, aprimorando esse modelo, sendo certo que a G4, lançada em 2015, já apontou para o *Reporting 2025*.[53]

Os critérios do GRI pautam-se:

- no poder do processo de participação dos múltiplos *stakeholders* e em uma rede inclusiva;
- na transparência como catalizadora de mudança;
- nos padrões que asseguram maior poder às tomadas de decisão apoiadas em informações garantidas;
- numa perspectiva global necessária para a mudança do mundo;
- na ideia de que todas as decisões da organização deveriam estar orientadas para o interesse público.

Atualmente milhares de organizações em mais de noventa países já adotaram os padrões GRI de relatórios e de divulgação, o que lhes permite tomar melhores decisões.

Metas do Milênio

Os Objetivos de Desenvolvimento do Milênio,[54] também chamados *Metas do Milênio*, foram definidos por líderes de todo o mundo, reunidos na sede das Nações Unidas, em Nova York, no ano 2000. O compromisso assumido foi de, até 2015, cumprirem os seguintes objetivos:

1. redução da pobreza;
2. atingir o ensino básico universal;
3. igualdade entre os sexos e a autonomia das mulheres;
4. reduzir a mortalidade na infância;
5. melhorar a saúde materna;
6. combater o HIV/AIDS, a malária e outras doenças;
7. garantir a sustentabilidade ambiental;
8. estabelecer uma Parceria Mundial para o Desenvolvimento.

---

[53] Disponível em: <www.globalreporting.org/information/news-and-press-center/Documents/GRI-Five-year-focus-2015.pdf>. Acesso em: 18 ago. 2016.
[54] Disponível em: <http://www.pnud.org.br/ODM.aspx>. Acesso em: 18 ago. 2016.

Decorridos quinze anos, um relatório indicou que os esforços das organizações ainda não haviam sido suficientes: restava ainda muito por fazer, para acabar com a fome, alcançar a plena igualdade de gênero, melhorar os serviços de saúde e ver todas as crianças matriculadas em escolas. Por isso, esses objetivos deram lugar, em 21-09-2015, aos *17 Objetivos de Desenvolvimento Sustentável* da ONU.

Índice de Sustentabilidade Empresarial (ISE)

O Índice de Sustentabilidade Empresarial (ISE)[55] foi criado pela Bolsa de Valores do Estado de São Paulo em 2005, por acreditar que o desenvolvimento econômico do país está intimamente relacionado ao bem-estar da sociedade brasileira. Trata-se de uma ferramenta que permite análise comparativa do desempenho das empresas listadas na BM&FBOVESPA, do ponto de vista da sustentabilidade corporativa, fundamentada em eficiência econômica, equilíbrio ambiental, justiça social e governança corporativa. A metodologia do índice foi desenvolvida pelo Centro de Estudos em Sustentabilidade (GVces) da Escola de Administração de Empresas de São Paulo da Fundação Getulio Vargas (FGV-EAESP), com o apoio do *International Finance Corporation* (IFC), braço financeiro do Banco Mundial. Reuniu inicialmente 28 empresas.

Mercados Éticos

No âmbito mundial, a rede denominada Mercados Éticos (*Ethical Markets*[56]) constitui uma plataforma de comunicação criada pela economista Hazel Henderson,[57] para difundir informações, boas práticas, pesquisas e debates que incentivem as pessoas a se inserir na construção de sociedades mais justas, equânimes e ambientalmente equilibradas. No Brasil, muitas empresas e instituições não lucrativas abraçam esse ideal (Quadro 21.1), divulgando os princípios que se adotam para o desenvolvimento sustentável.

---

[55] Disponível em: <http://isebvmf.com.br/index.php?r=site/conteudo&id=1>. Acesso em: 23 ago. 2016.
[56] Disponível em: <http://www.ethicalmarkets.com/about>. Acesso em: 22 ago. 2016.
[57] Disponível em: <www.hazelhenderson.com>. Acesso em: 18 ago. 2016.

Quadro 21.1   Temas relacionados à sustentabilidade nas relações econômicas.

Temas ligados à sustentabilidade nas relações econômicas
• ética e responsabilidade social nos negócios;
• governança e cidadania corporativas;
• investimento socialmente responsável;
• eficiência energética;
• pesquisa, desenvolvimento e implantação de matrizes energéticas baseadas em fontes limpas e renováveis;
• contenção da pegada ecológica, redução do desperdício e produção mais limpa;
• inovação para a sustentabilidade;
• diversidade, bem-estar e respeito aos direitos humanos nas relações de trabalho;
• políticas públicas de desenvolvimento local e combate à pobreza;
• economia da atenção;
• comércio justo;
• consumo consciente.

Fonte: Plataforma Mercado Ético. Disponível em: <http://mercadoetico.terra.com.br/institucional/o-que-e-o-mercado-etico/>. Acesso em: 10 jul. 2009.

A Assembleia Geral das Nações Unidas tem reforçado a atuação do G-192, denominado "Parlamento do Mundo", que representa todas as economias nacionais do mundo, não se restringindo aos conhecidos G-7, G-8 e G-20.[58] Valoriza-se, assim, a capacidade criativa de cada nação. Fica estabelecida, também, uma rede de solidariedade, ou parcerias entre os países, em torno do capital humano, isto é, dos seus valores, sabedoria e riquezas intangíveis. Em apoio ao Parlamento do Mundo, em novembro de 2012, a rede *Ethical Markets* lançou o programa Transformar as Economias em Real Riqueza (*Transforming Economies into True Wealth – Transforming Finance 4.0*). Os signatários do programa são profissionais da área de investimento que reconhecem a responsabilidade humana de preservar ecossistemas, com vistas a mudança climática, fome, pobreza, conflitos, crises financeiras e destruição ecológica. Esses profissionais viram o crescimento e o sucesso do setor financeiro, mas conclamam seus colegas de atividade a considerarem a referida responsabilidade humana em seus produtos, marcas e serviços.[59]

---

[58]   HENDERSON, Hazel. Fim de jogo! *Revista Digital de Meio Ambiente e Desenvolvimento*, 10 jul. 2009. Disponível em: <http://envolverde.ig.com.br/materia.php?cod=60419&edt=29>. Acesso em: 13 jul. 2009.

[59]   Disponível em: <www.ethicalmarkets.com/2013/02/01/transforming-economics-into-true-wealth>. Acesso em: 11 ago. 2016.

17 Objetivos de Desenvolvimento Sustentável (ODS)

Os *Objetivos de Desenvolvimento Sustentável* (ODS)[60] foram definidos entre os dias 25 e 27 de setembro de 2015 pela Organização das Nações Unidas (ONU), quando mais de cento e cinquenta líderes mundiais se reuniram em Nova York. Formalizou-se, então, a chamada *Agenda 2030*, quando se espera que tais objetivos estejam implementados por todos os países do mundo. São eles:

Objetivo 1: Acabar com a pobreza em todas as suas formas, em todos os lugares.

Objetivo 2: Acabar com a fome, alcançar a segurança alimentar e melhoria da nutrição e promover a agricultura sustentável.

Objetivo 3: Assegurar uma vida saudável e promover o bem-estar para todos, em todas as idades.

Objetivo 4: Assegurar a educação inclusiva, equitativa e de qualidade, e promover oportunidades de aprendizagem ao longo da vida para todos.

Objetivo 5: Alcançar a igualdade de gênero e empoderar todas as mulheres e meninas.

Objetivo 6: Assegurar a disponibilidade e gestão sustentável da água e saneamento para todos.

Objetivo 7: Assegurar o acesso confiável, sustentável, moderno e a preço acessível à energia para todos.

Objetivo 8: Promover o crescimento econômico sustentado, inclusivo e sustentável, emprego pleno e produtivo e trabalho decente para todos.

Objetivo 9: Construir infraestruturas resilientes, promover a industrialização inclusiva e sustentável e fomentar a inovação.

Objetivo 10: Reduzir a desigualdade dentro dos países e entre eles.

Objetivo 11. Tornar as cidades e os assentamentos humanos inclusivos, seguros, resilientes e sustentáveis.

Objetivo 12. Assegurar padrões de produção e de consumo sustentáveis.

Objetivo 13. Tomar medidas urgentes para combater a mudança climática e seus impactos.

---

[60] Disponível em: <https://nacoZesunidas.org/conheca-os-novos-17-objetivos-de-desenvolvimento-sustenta-vel-da-onu/>. Acesso em: 22 ago. 2016.

Objetivo 14. Conservação e uso sustentável dos oceanos, dos mares e dos recursos marinhos para o desenvolvimento sustentável.

Objetivo 15. Proteger, recuperar e promover o uso sustentável dos ecossistemas terrestres, gerir de forma sustentável as florestas, combater a desertificação, deter e reverter a degradação da terra e deter a perda de biodiversidade.

Objetivo 16. Promover sociedades pacíficas e inclusivas para o desenvolvimento sustentável, proporcionar o acesso à justiça para todos e construir instituições eficazes, responsáveis e inclusivas em todos os níveis.

Objetivo 17. Fortalecer os meios de implementação e revitalizar a parceria global para o desenvolvimento sustentável.[61]

Cada objetivo teve uma razão de ser, com base nas circunstâncias encontradas em diversas partes do mundo: o que ocorre, vantagens, dificuldades e desafios a serem enfrentados por todas as nações. Há questões de caráter econômico, social e ambiental encontradas indistintamente pelos países, caracterizando os objetivos como metas globais de desenvolvimento sustentável.

Indicador Viver Melhor (*Well Being Index*) da OCDE[62]

Cada vez mais se percebe que as estatísticas econômicas devem ir além da avaliação do Produto Interno Bruto (PIB) das nações. É preciso compreender como a sociedade está vivendo e qual o impacto do crescimento econômico na qualidade de vida das pessoas. O *Indicador Viver Melhor* (*Well Being Index*), como proposto pela Organização para a Cooperação e Desenvolvimento Econômico (OCDE), abrange onze fatores: renda, emprego, habitação, saúde, acesso aos serviços, meio ambiente, educação, segurança, engajamento cívico e governo, comunidade e satisfação com a vida.

O fato de se poder comparar lugares e tópicos de 34 países[63] torna o *Indicador Viver Melhor*[64] útil para a formulação de políticas públicas, buscando o bem-estar dos cidadãos. A qualidade de vida é medida pelo desempenho de 24 indicadores individuais, que formam os onze quesitos. A partir desses dados, é possível comparar, por exemplo,

---

[61] Conheça os novos 17 Objetivos do Desenvolvimento Sustentabilidade da ONU. Disponível em: <https://nacoesunidas.org/conheca-os-novos-17-objetivos-de-desenvlvimento-sustentavel-da-onu/>. Acesso em: 22 ago. 2016.

[62] Disponível em: <www.oecdregionalwellbeing.org>. Acesso em: 22 ago. 2016.

[63] Disponível em: <www.oecd.org/gov/regional-policy/hows-life-in-your-region-country-factsheets.htm>. Acesso em: 22 ago. 2016.

[64] Disponível em: <www.oecdbetterlifeindex.org/pt/media/bli/documents/Executive%20Summary.pdf>. Acesso em: 22 ago. 2016.

a vida de homens e mulheres, de cidadãos situados em níveis mais altos ou mais baixos da escala econômica e social. A OCDE está fazendo um esforço para incluir entre os países hoje avaliados também o Brasil, a China, a Rússia e a África do Sul, entre outros, por sua importância no cenário mundial.

Visão 2050[65]

Olhando para o futuro e acreditando na importância do esforço de todas as organizações, o Conselho Empresarial Brasileiro para o Desenvolvimento Sustentável (CEBDS) traduziu para o português a *Visão 2050: A nova agenda para as empresas*. O projeto foi desenvolvido por 29 empresas globais associadas ao *World Business Council for Sustainable Development* (WBCSD), além de consultores e especialistas de todo o mundo. O objetivo foi delinear uma plataforma de diálogo, com perspectivas de longo prazo a serem consideradas por empresas, governos e sociedade civil, cujas agendas não podem ser pensadas separadamente. O Documento foi lançado em 2012, durante a *Rio + 20*, com base em estudos da ONU e de outras instituições que gozam de muito boa reputação.

A proposta se dá em torno dos seguintes tópicos:

- Valores e Comportamento;
- Desenvolvimento Humano;
- Economia;
- Biodiversidade e Florestas;
- Agricultura e Pecuária;
- Energia e Eletricidade;
- Edificações e Ambiente Construído;
- Mobilidade;
- Materiais e Resíduos.

São analisadas ameaças, riscos e oportunidades que esta visão apresenta para as diversas instituições. O objetivo do documento do CEBDS, bem como de seus mentores, é de que se alcance um Brasil melhor, fundamentado em valores de proteção ambiental, igualdade e plenitude para todos.

---

[65] Disponível em: <cebds.org/wp-content/uploads/2014/02/Visão-Brasil-2050-2012_pt.pdf>. Acesso em: 22 ago. 2016.

Referências bibliográficas

ALMEIDA, Fernando. *O bom negócio da sustentabilidade*. Rio de Janeiro: Nova Fronteira, 2002.

ARISTÓTELES. *Ética a Nicômaco*. Livro 1 (4). Trad. Bauru, SP: Edipro, 2002.

ARROYO, S.J., Gonzalo. *Responsabilidad social corporativa*: experiencias en sectores de la industria en Chile. Santiago del Chile: EdicionesUniversidad Alberto Hurtado, 2011.

ARRUDA, Maria Cecilia Coutinho de. Ética e responsabilidade social, aspectos regulatórios e gestão de pessoas. Master in Business Communication – T4. São Paulo: IDE-FGV, 2012.

BARBIERI, José Carlos; SIMANTOB, Moisés Alberto (Org.). *Organizações inovadoras sustentáveis*: uma reflexão sobre o futuro das organizações. São Paulo: Atlas, 2007.

_____; ÁLVARES, Antonio Carlos Teixeira; CAJAZEIRA, Jorge Emanuel Reis. *Gestão de ideias para inovação contínua*. Porto Alegre: Bookman, 2009.

BIDERMAN, Rachel; MACEDO, Laura Silvia Valente de; MONZONI, Mario; MAZON, Rubens (Orgs.). *Guia de compras públicas sustentáveis*: uso do poder de compra do governo para a promoção de desenvolvimento sustentável. Rio de Janeiro: Editora FGV, 2006.

CASTRO, Lurdinha (Org.). *CAPM Mangueira*: uma escola de cidadania. Rio de Janeiro: Mauad, 2004.

CHINCILLA, Nuria; MORAGAS, Maruja. *Dueños de nuestro destino*: cómo conciliar la vida profesional, familiar y personal. Barcelona: Ariel, 2007.

DAHLSTROM. Robert. *Gerenciamento de marketing verde*. São Paulo: Cengage Learning, 2011.

DEBELJUH, Patricia; DESTÉFANO, Ángeles. *Hacia la responsabilidad familiar corporativa*: guía de buenas prácticas. Buenos Aires, Pilar: IAE Publishing, 2013.

DE CARLOS S. Carlos. *Estrategia integral*: responsabilidades sociales de las empresas e instituciones. Valparaiso, Chile: Ediciones Universitarias de Valparaiso. Universidad Católica de Valparaiso. 1988.

DOH, Jonathan P.; GUAY, Terrence. NGOs and international corporate responsibility: how nongovernmental organizations influence international labor and environmental agreements and codes of conduct. In: HOOKER, John; MADSEN, Peter. *International corporate responsibility*: exploring the issues. Pittsburg: Carnegie Mellon University Press, p. 101-128.

DRUMMOND, Virginia Souza. *Confiança e liderança nas organizações*.São Paulo: Thomson Learning, 2007.

ENDERLE, Georges, Patrick E. *Ethical innovation in business and the economy*. Cheltenham, Glos, UK: Edward Elgar, 2015.

ETKIN, Jorge. *Capital social y valores en la organización sustentable*: el deber ser, poder hacer y la voluntad creativa. Buenos Aires: Granica, 2007.

FUENTES, Nicole. Colaboradores mais felizes, empresas mais produtivas. Palestra no Conarh 2016 – 42º Congresso Nacional sobre Gestão de Pessoas. São Paulo: Associação Brasileira de Recursos Humanos (ABRH), 16-08-2106. In: OLIVETTE, Cris. Felicidade no ambiente de trabalho tem destaque no evento. *Inova na mídia*, São Paulo: Estadão/Inova Business School. 18 ago. 2016.

Disponível em: < http://www.inovabs.com.br/alphaville/blog/conarh-2016-aborda-saude-mental-felicidade-e-profissoes-do-futuro>.

GIANNETTI, Eduardo. *Felicidade*. São Paulo: Companhia das Letras, 2002.

HENDERSON, Hazel. Fim de jogo! *Revista Digital de Meio Ambiente e Desenvolvimento*, 10 jul. 2009 Disponível em: <http://envolverde.ig.com.br/materia.php?cod=60419&edt=29>.

ISAAK, Robert. Green logic: *Ecopreneurship, theory and ethics*. Sheffield: GreenleafPublishing, 1998.

MELO NETO, Francisco Paulo de. *Responsabilidade social & cidadania empresarial*: a administração do terceiro setor. Rio de Janeiro: Quality Mark, 1999.

PALADINO, Marcelo (Ed.). *La responsabilidad de la empresa en la sociedad*: construyendo la sociedad desde la tarea directiva. Buenos Aires: Emecé Editores, 2007.

PENA, Roberto Patrus Mundim. 4. ed. *Ética e felicidade*. Belo Horizonte: Faculdade de Estudos Administrativos, 1999.

POWER, Alvin. Decoding keys to a healthy life. *Harvard Gazette*, 02 fev. 2012. Disponível em: < http://news.harvard.edu/gazette/story/2012/02/decoding-keys-to-a-healthy-life/>.

RODRIGUES, Maria Cecilia Prates. *Ação social das empresas privadas*: como avaliar resultados? A metodologia EP2ASE. Rio de Janeiro: FGV Editora, 2005.

SALVIATTO, Cibele de Macedo; BRANDÃO, Carlos Eduardo Lessa. *A prática da sustentabilidade*: desafios vividos por agentes da governança corporativa. Série Experiências em Governança Corporativa 1. São Paulo: Instituto Brasileiro de Governança Corporativa – IBGC, 2009.

SCHAPER, Michael (Ed.). *Making ecopreneurs*: developing sustainable entrepreneurship. Hampshire, England: Ashgate Publishing Limited, 2005.

SCRIVANO, Roberta. Índice vai medir felicidade do brasileiro. Estadão. Economia & Negócios, 23 mar. 2012. Disponível em: <economia.estadao.com.br/noticias/geral,indice-vai-medir-felicidade-do-brasileiro,107243e).

SILVA, Jacqueline Oliveira; PEDLOWSKI, Marcos A. (Org.). *Atores sociais, participação e ambiente*. Porto Alegre: Dacasa Editora, 2008.

SOUZA, Márcia Cristina Gonçalves de. *Ética no ambiente de trabalho*: uma abordagem franca sobre a conduta ética dos colaboradores. Rio de Janeiro: Elsevier, 2009.

SPAEMANN, Robert. *Felicidade e benevolência*: ensaio sobre ética. São Paulo: Loyola, 1996.

TEODÓSIO, Armindo dos Santos de Sousa. No "olho do furacão" das alianças intersetoriais: o público e o privado na agenda social brasileira. In: CABRAL, Antonio; COELHO, Leonardo (Org.). *Mundo em transformação*: caminhos para o desenvolvimento sustentável. Belo Horizonte: Autêntica Editora, 2006.

TRIGUEIRO, André (Coord.). *Meio ambiente no século 21*: 21 especialistas falam da questão ambiental nas suas áreas de conhecimento. Rio de Janeiro: Sextante, 2003.

WERTHER, JR., William B.; CHANDLER, David. *Strategic corporate social responsibility*: stakeholders in a global environment. Thousand Oaks, CA: Sage, 2006.

Webgrafia

<www.accountability.org>.

<cebds.org/wp-content/uploads/2014/02/Visão-Brasil-2050-2012_pt.pdf>.

<http://economia.estadao.com.br/noticias/geral,indice-vai-medir-felicidade-do-brasileiro,107243e>.

<http://envolverde.ig.com.br/materia.php?cod=60419&edt=29>.

<www.ethicalmarkets.com/about>.

<www.ethicalmarkets.com/2013/02/01/transforming-economics-into-true-wealth>.

<www.felicidadeinternabruta.org.br>.

<www.globalreporting.org>.

<www.globalreporting.org/information/news-and-press-center/Documents/GRI-Five-year-focus-2015.pdf>.

<www.hazelhenderson.com>.

<www.inovabs.com.br/alphaville/blog/conarh-2016-aborda-saude-mental-felicidade-e-profissoes-do-futuro>.

<www.isbee.org/world-congress-2016/theme-summary>.

<http://isbee.org/the-theme-of-the-sixth-world-congress-of-the-international-society-of-business-economics-and-ethics-in-2016-in-shanghai-china-ethics-innovation-and-well-being-in-business-and-the-econom>.(Explorations by Georges Enderle).

<http://isebvmf.com.br/index.php?r=site/conteudo&id=1>.

<www.iso.org/iso/home/standards/iso26000>.

<http://minhacidadedigital.ig.com.br/category/my-fun-city>.

<https://nacoesunidas.org/conheca-os-novos-17-objetivos-de-desenvolvimento-sustentavel-da-onu>.

<http://news.harvard.edu/gazette/story/2012/02/decoding-keys-to-a-healthy-life/>

<www.oecdbetterlifeindex.org/pt/media/bli/documents/Executive%20Summary.pdf>.

<www.oecd.org/gov/regional-policy/hows-life-in-your-region-country-factsheets.htm>.

<www.oecdregionalwellbeing.org>.

<www.pactoglobal.org.br/artigo/56/os-10-principios>.

<www.pnud.org.br/ODM.aspx>.

<www.pnud.org.br/SobrePNUD.aspx>.

<https://pt.wikipedia.org/wiki/Protocolo_de_Quioto>.

<www.sa-intl.org>.

<www.sustainablemeasures.com>.

<https://sustainabledevelopment.un.org/agenda21/?utm_source=OldRedirect&utm_medium=redirect&utm_content=dsd&utm_campaign=OldRedirect>.

<https://www.thegef.org/gef/whatisgef>.

<www.unep.org/Documents.Multilingual/Default.asp?DocumentID=97&ArticleID=1503&l=en>.

<www.un.org/documents/ga/res/42/ares42-187.htm>.(Our common future, 96th Plenary Session, UN, 11 Dec. 1987).

<www.un.org/esa/earthsummit/>.

<http://www.un.org/geninfo/bp/enviro.html>.

<www.unglobalcompact.org>.

<www.unglobalcompact.org/what-is-gc/participants>.

<www.valor.com.br/brasil/3044042/fgv-lanca-indice-que-calcula-percepcao-de-felicidade-do-brasileiro>.

<www.youtube.com/watch?NR=1&v=KOVW0jKp4sw&feature=endscreen>.

Bibliografia

ADELMAN, I.; MORRIS, C. T. *Economic growth and social equity in developing countries.* Stanford, CA: Stanford University Press, 1973.

ALESINA, A.; PEROTTI, R. The political economy of growth: a critical survey of the recent literature. *The World Bank Economic Review*, nº 8, 1994.

ALMEIDA, Fernando. *O bom negócio da sustentabilidade.* Rio de Janeiro: Nova Fronteira, 2002.

ARGANDOÑA, A. La contribución de la ética al desarrollo económico. In: *I Congresso de Ética, Negócios e Economia na América Latina.* São Paulo: FGV-EAESP, 1998.

_____ (Ed.). *La dimensión ética de las instituciones y mercados financieros.* Bilbao: Fundación BBV, 1995.

ARISTÓTELES. *Ética nicomaquea.* Madri: Gredos, 1998.

_____. *Ética nicomáquea. Ética eudemia.* Madri: Gredos, 1995.

_____. *Ética a Nicômaco.* São Paulo: Abril Cultural, 1973.

_____. *Ética a Nicômaco.* Bauru, SP: Edipro, 2002.

ARNDT, H. W. The "Trickle-down" Myth. *Economic Development and Cultural Change*, v. 32. nº 1:1-10, Oct. 1983.

ARROYO, S. J., Gonzalo. *Responsabilidad social corporativa*: experiencias en sectores de la industria en Chile. Santiago del Chile: Ediciones Universidad Alberto Hurtado, 2011.

ARRUDA, Maria Cecilia Coutinho de. *Código de ética*: um instrumento que adiciona valor. São Paulo: Negócio Editora, 2002.

_____. *Ética e responsabilidade social, aspectos regulatórios e gestão de pessoas.* Master in Business Communication – T4. São Paulo: IDE-FGV, 2012.

_____. *Ética na administração de marketing*: um estudo exploratório no campo da comunicação e conceito de produtos, serviços e ideias. 1986. Tese (Doutorado) – Faculdade de Economia e Administração da Universidade de São Paulo, São Paulo.

_____. É possível ter ética em vendas? *Venda Mais*, ano 6, nº 77, p. 10-11, set. 2000.

_____; NAVRAN, Frank. Indicadores de clima ético nas empresas. *RAE – Revista de Administração de Empresas*, v. 40, nº 3, p. 26-35, jul./set. 2000.

_____. Propaganda e responsabilidade. *Interprensa*, ano II, nº 18, p. 4, out. 1998.

_____; ROK, Boleslaw. *Understanding ethics and responsibilities in a globalizing world*. Cham: Springer International Publishing Switzerland, 2016.

AUSTRALIAN EXPORTS 1997. 32. ed. Kompass, Austrália: Ministério do Comércio e Relações Exteriores do Governo da Austrália, 1997.

AXT, Barbara; KLAR, Renata. Você passaria no teste de honestidade? *Seleções Reader's Digest*. p. 38-39, Ago. 2005.

BALLVÉ, Alberto M.; DEBELJUH, Patricia. *Misión y valores*: la empresa en busca de su sentido. Buenos Aires: Gestión 2000, 2006.

BARBIERI, José Carlos; CAJAZEIRA, Jorge Emanuel Reis. *Responsabilidade social empresarial e empresa sustentável*. São Paulo: Saraiva, 2009.

_____; ÁLVARES, Antonio Carlos Teixeira; CAJAZEIRA, Jorge Emanuel Reis. *Gestão de ideias para inovação contínua*. Porto Alegre: Bookman, 2009.

BARNARD, Chesner I. *The functions of the executive*. 3. ed. Cambridge, MA: Harvard Business University Press, 1968.

BARROS, R. P.; MACHADO, A. F.; MENDONÇA, R. S. P. *A desigualdade da pobreza*: estratégias ocupacionais e diferenças por gênero. Rio de Janeiro: Ipea, 1997. Texto para Discussão nº 453.

_____; MENDONÇA, R. S. P. *Os determinantes da desigualdade no Brasil*. Rio de Janeiro: IPEA,1995. Texto para Discussão nº 377.

_____. *Investimento em educação e desenvolvimento econômico*. Rio de Janeiro: IPEA, 1997a. Texto para Discussão nº 525.

_____. *O impacto do crescimento econômico e de reduções no grau de desigualdade sobre a pobreza*. Rio de Janeiro: IPEA, 1997b. Texto para Discussão nº 528.

BAUMHART, Raymond. *Ethics in business*. New York: Holt, Rinehart and Winston, 1968.

BENNIS, Warren. *Cambio y liderazgo*: una vida inventada. Bilbao: Deusto, 1993.

BENTHAM, Jeremy. *An introduction to the principles of morals and legislation*. Londres: Athlone Press, 1970.

BEHRMAN, J. *Human resources in Latin America and the Caribbean*. Washington: Inter-American Development Bank, 1996.

BIDERMAN, Rachel; MACEDO, Laura Silvia Valente de; MONZONI, Mario; MAZON, Rubens

(Org.). *Guia de compras públicas sustentáveis*: uso do poder de compra do governo para a promoção de desenvolvimento sustentável. Rio de Janeiro: Editora FGV, 2006.

BITTAR, Carlos Alberto. *Direitos do consumidor*: Código de Defesa do Consumidor (Lei 8.078, de 11 de setembro de 1990). Rio de Janeiro: Forense Universitária, 1990.

BLAUG, M. (Ed.). *Economics of education*. Middlesex: Penguin, 1968. v. 1.

BOATRIGHT, John R. *Ethics and the conduct of business*. Englewood Cliffs, NJ: Prentice Hall, 1993.

_____. *Ethics in finance*. Malden, Mass.: Blackwell, 1999.

BOL, Jan Willem; CRESPY, Charles T.; STEARNS, James M.; WALTON, John R. T*he integration of ethics into the marketing curriculum*: an educator's guide. Needham Heights, MA: Ginn Press, 1991.

BROWN, Marvin T. *Ética nos negócios*. São Paulo: Makron Books, 1993. (Tradução de Working ethics: strategies for decision making and organizational responsibility. San Francisco: Jossey-Bass, 1991.)

BUCHANAN, James M. *Ética y progreso económico*. Barcelona: Ariel, 1996.

BURGOS, Juan Manuel. *El personalismo*. Madri: Palabra, 2000.

BUSINESS ETHICS QUARTERLY. v. 10, nº 1, Jan. 2000.

CAMAROTTI, I.; SPINK, P. (Org.). *Parcerias e pobreza*: soluções locais na implementação de políticas sociais. Rio de Janeiro: FGV, 2000a.

_____. *Parcerias e pobreza*: soluções locais na construção de relações socioeconômicas. Rio de Janeiro: FGV, 2000b.

CARDONA, Carlos. *La metafísica del bien comun*. Madri: Rialp, 1966.

CARDONA, Pablo. Liderazgo relacional. In: MELÉ CARNÉ, Domènec (Coord.). *Raíces éticas del liderazgo*. Barañáin: Ediciones Universidad de Navarra, 2000.

CARR, E. H. *Vinte anos de crise*: 1919-1939. Brasília: Editora Universidade de Brasília, 2002.

CARROLL, Archie B. Ethical challenges for business in the new millennium: corporate social responsibility and models of management morality. Business Ethics *Quarterly*, v. 10, nº 1, p. 33-42, Jan. 2000.

CARTA DA AMÉRICA. *O Estado de S. Paulo*, 17 fev. 2002, p. A14-15.

CASEY, John L. *Ética no mercado financeiro*. 2. ed. Rio de Janeiro: IMF, 1998. (Tradução da edição original de 1990.)

CAUCHOIS, Thomas. Detalhe estratégico. *Internet Business*, ano 4, nº 38, out. 2000.

CHEPAITIS, Elia V. Ethics across information cultures. In: ENDERLE, Georges (Ed.). *International business ethics*: challenges and approaches. Notre Dame, Indiana: University of Notre Dame Press, 1999.

CHINCHILLA, Maria Nuria; CAPARAS, Maria Victoria. Las teorías institucional y antropológica del liderazgo: salvando un vacío de 40 años. In: MELÉ CARNÉ, Domènec (Coord.). *Raíces éticas del liderazgo*. Barañáin: Ediciones Universidad de Navarra, 2000.

_____; LEÓN, Consuelo. *A ambição feminina*: como reconciliar trabalho e família. 2. ed. Lisboa: Aese, 2006.

_____; MORAGAS, Maruja. *Dueños de nuestro destino*: cómo conciliar la vida profesional, familiar y personal. Barcelona: Ariel, 2007.

_____; LEÓN, Consuelo. *Guía de buenas prácticas de la empresa flexible*: hacia la conciliación de la vida laboral, familiar y personal. Monografia do ICWF: Centro Internacional Trabajo y Familia; Madrid: Comunidad de Madrid (Consejería de Empleo y Mujer) – Unión Europea, 2007.

CÍCERO; SÊNECA; MARCO AURÉLIO. *Os pensadores*. São Paulo: Abril Cultural, 1973. Capítulo 6.

CIULLA, Joanne. Information and the ethics of business leaders. In: ENDERLE, Georges (Ed.). *International business ethics*: challenges and approaches. Notre Dame, Indiana: University of Notre Dame Press, 1999.

_____. Por que la ética es importante en el liderazgo empresarial? In: MELÉ CARNÉ, Domènec (Coord.). *Raíces éticas del liderazgo*. Barañáin: Ediciones Universidad de Navarra, 2000.

CLINTON, Pres. William J. Remarks by the President at *Massachusetts Institute of Technology 1998 Commencement Address*, 5 June 1998.

COBRA, Marcos. *Administração de vendas*. 3. ed. São Paulo: Atlas, 1986.

CÓDIGO DE ÉTICA ANTISPAM E MELHORES PRÁTICAS DE USO DE MENSAGENS ELETRÔNICAS. 31 out. 2003. Disponível em: <www.aba.org.br>. Acesso em: 11 ago. 2016.

COIMBRA, Marcelo de Aguiar; MANZI, Vanessa Alessi. Manual de *Compliance*: preservando a boa governança e a integridade das organizações. São Paulo: Atlas, 2010.

COPLESTON, Frederick. *A history of philosophy*. New York: Doubleday, 1993.

COSTA, Rubens. *Verdade radical no trabalho*. São Paulo: Espaço Editorial, 2006.

COVEY, Stephen R. *Os 7 hábitos das pessoas altamente eficazes*. São Paulo: Best Seller, 2000.

_____. *El liderazgo centrado en principios*. Barcelona: Paidós, 1993. (Tradução do original *Principle centered leadership*, 2. ed. 1991.)

CRAFTS, Nicholas. *Globalization and growth in the twentieth century*. IMF Working Paper, WP/00/44. Washington, DC: International Monetary Fund, 2000.

CZINKOTA, Michael R; RONKAINEN, Ilkka A. *International marketing*. 3. ed. Fort Worth, TX: Dryden Press, 1993.

DAHRENDORF, Ralf. *Após 1989*: moral, revolução e sociedade civil. Rio de Janeiro: Paz e Terra, 1997.

_____. Moralidade, instituições e sociedade civil. In: *Após 1989*: moral, revolução e sociedade civil. Rio de Janeiro: Paz e Terra, 1997.

DANIELS, John D.; RADEBAUGH, Lee H. *International business*: environments and operations. 6. ed. Reading, Mass.: Addison-Wesley, 1994.

DEBELJUH, Patricia; DESTÉFNAO, Ángeles. *Hacia la responsabilidad familiar corporativa*: guía de buenas prácticas. Buenos Aires-Pilar: IAE Publishing, 2013.

DE CARLOS S. Carlos. *Estrategia integral*: responsabilidades sociales de las empresas e instituciones. Valparaiso, Chile: Ediciones Universitarias de Valparaiso. Universidad Católica de Valparaiso, 1988.

DE GEORGE, Richard T. *Business ethics*. 4. ed. Englewood Cliffs, NJ: Prentice Hall, 1995.

_____. Business ethics and challenge of the information age. *Business Ethics Quarterly*, v. 10, no 1, p. 63-72, Jan. 2000.

_____. *Business ethics in the information age*. Conferência proferida no encerramento do II Fórum Federasul de Ética. Porto Alegre, 16/05/2000.

_____. *Competing with integrity in international business*. New York: Oxford University Press, 1993.

_____. Computer, ethics and business. *Philosophic Exchange*, p. 44-55, 1997-1998.

DERESKY, Helen. *International management*: managing across borders and cultures. New York: HarperCollins, 1994.

_____. WERHANE, Patricia H. *Ethical issues in business*: a philosophical approach. 3. ed. Englewood Cliffs, NJ: Prentice Hall, 1988.

DOH, Jonathan P.; GUAY, Terrence. NGOs and international corporate responsibility: How non-governmental organizations influence international labor and environmental agreements and codes of conduct. In: HOOKER, John; MADSEN, Peter. *International corporate responsibility*: exploring the issues. Pittsburg: Carnegie Mellon University Press, p. 101-128.

DOLLAR, D. *Globalization, inequality and poverty since 1980*. Development Research Group. The World Bank, 2001.

_____ ; KRAAY, A. *Growth is good for the poor*. Development Research Group. The World Bank, 2000.

_____ ; _____. *Trade, growth and poverty*. Development Research Group. The World Bank, 2001.

DONALDSON, Thomas; GINI, Al. *Case studies in business ethics*. 4. ed. Upper Saddle River, NJ: Prentice Hall, 1996.

_____. Social contracts and corporations: a reply to Hodapp. *Journal of Business Ethics*, v. 9, nº 2, p. 133-137, 1990.

DOUGHERTY, J. E.; PFALTZGRAFF Jr., R. L. Theoretical approaches to international relations. In: *Contending theories of international relations*. New York: Longman, 1996.

DRUMMOND, Virginia Souza. *Confiança e liderança nas organizações*. São Paulo: Thomson Learning, 2007.

DUNFEE, Thomas W. Business ethics and extant social contracts. *Business Ethics Quarterly*, v. 1, nº 1, p. 23-51, Jan. 1991.

DUPAS, Gilberto. *Ética e poder na sociedade de informação*: de como a autonomia das novas tecnologias obriga a rever o mito do progresso. São Paulo: UNESP, 2000.

ÉBOLI, Marisa (Coord.) *Educação para as empresas do século XXI*. Coletânea Universidades Corporativas. Ed. especial. 2º Seminário Nacional de Educação Corporativa. São Paulo: Triângulo, 1999.

ELKINGTON, John. *Canibais de garfo e faca*. Trad. São Paulo: Makron Books, 2001.

ENDERLE, Georges. A worldwide survey of business ethics in the 1990s. *Journal of Business Ethics*, v. 16, nº 14, p. 1475-1883, Oct. 1997.

_____; Homann, K.; Honecker, M.; Kerber, W.; Steinmann, H. (Ed.). *Dicionário de ética econômica*. São Leopoldo, RS: Universidade do Vale do Rio dos Sinos, 1977.

_____; MURPHY, Patrick E. *Ethical innovation in business and the economy*. Cheltenham, Glos, UK: Edward Elgar, 2015.

_____. *Lexikon der Wirtschaftsethik*. Freiburg/Basel/Wien: Herder, 1993.

_____ (Ed.). *International business ethics*. Notre Dame, IN: The University of Notre Dame Press, 1999.

_____. Approaches to business ethics in different parts of the world. Discurso de abertura proferido no *I Congresso de Ética, Negócios e Economia na América Latina*, realizado na FGV-EAESP, São Paulo, 28 jul. 1998.

ENSINO FUNDAMENTAL & COMPETITIVIDADE EMPRESARIAL. São Paulo: Instituto Herbert Levy, 1993.

ESTATÍSTICAS HISTÓRICAS DO BRASIL. RIO DE JANEIRO. IBGE – Instituto Brasileiro de Geografia e Estatística, 1990.

ÉTICA NA ATIVIDADE EMPRESARIAL. Pesquisa 1999 – Documentos Fides 2. São Paulo: Fundação Fides, 2000.

EPICURO. *Os pensadores*. São Paulo: Abril Cultural, 1973. Capítulo 5.

EVANS, Joel R.; BERMAN, Barry; BARAK, Benny. (Ed.). *Ethics and social responsibility in marketing*. Hempstead, NY: Hofstra University School of Business Press, 1995.

FARAH, Flavio. *Ética na gestão de pessoas*: uma visão prática. São Paulo: EI – Edições Inteligentes, 2004.

FERRELL, O. C.; FRAEDRICH, John; FERRELL, Linda. *Business ethics*: ethical decision making and cases. Boston, MA: Houghton Mifflin Company, 2000.

FONSECA, Eduardo Giannetti da. *As partes & o todo*. 2. ed. São Paulo: Siciliano, 1995.

_____. Ética e inflação. *O Estado de S. Paulo*, 14 jul. 1991.

FONTRODONA FELIP, Joan; GUILLÉN PARRA, Manuel; RODRIGUEZ SEDANO, Alfredo. *La ética que necesita la empresa*. Madri: Unión Editorial, 1998.

_____. Creatividad, comunidad y crecimiento: tres principios para la dirección de empresas. In: RODRÍGUEZ SEDANO, Alfredo; FONTRODONA FELIP, Joan (Coord.). *El empresario en el nuevo marco socio-económico*. Colección Humanismo y Empresa XXI. Santander, España: I.C. Gabinete de Comunicación, S.L., 1997.

FORT, Timothy. A ética virtual. *Você S.A.*, ano III, nº 25, p. 37. (Entrevista.)

FRANCO, Gustavo H. B. Moeda e cidadania. *O Estado de S. Paulo*, 12 jul. 1998.

FREITAS, Lourdes Maria Silva; WHITAKER, Maria do Carmo; SACCHI, Mario Gaspar. *Ética e internet*: uma contribuição para as empresas. São Paulo: DVS Editora, 2006.

FREITAS, Maria Ester de. *Cultura organizacional*: formação, tipologias e impacto. São Paulo: Makron/McGraw-Hill, 1991.

FUENTES, Nicole. Colaboradores mais felizes, empresas mais produtivas. Palestra no Conarh 2016 – 42º Congresso Nacional sobre Gestão de Pessoas. São Paulo: Associação Brasileira de Recursos Humanos (ABRH), 16-08-2106. In: OLIVETTE, Cris. Felicidade no ambiente de trabalho tem destaque no evento. Inova na mídia. São Paulo: Estadão/Inova Business School. 18-08-2016. Disponível em: <http://www.inovabs.com.br/alphaville/blog/conarh-2016-aborda-saude-mental-felicidade-e-profissoes-do-futuro>.

GALBRAITH, J. K. Sociedade sem coração. *The affluent society*. (Prefácio à 4ª edição, 1984.) *Jornal do Brasil*, 23 set. 1984. Suplemento Especial, p. 1.

GALENSON, W.; LEIBENSTEIN, H. Investment criteria, productivity, and economic development. *Quarterly Journal of Economics*, v. 69: 343-370, 1955.

GALLO, Miguel A.; Melé Carné, Domènec (Ed.). *Ética en la empresa familiar*. Barcelona: Praxis, 1998.

GANDHI, Mohandas K. *Autobiografia*: minha vida e minhas experiências com a verdade. São Paulo: Palas Athena, 1999.

GELB, L. H.; ROSENTHAL, J. A. The rise of ethics in foreign policy. *Foreign Affairs*, p. 1-7, May/June 2003.

GER – Gran Enciclopedia Rialp. Madri: Rialp, 1979. t. IX.

GIANNETTI, Eduardo. *Felicidade*. São Paulo: Companhia das Letras, 2002.

GÓMEZ PÉREZ, Rafael. *Ética empresarial*. Madri: Rialp, 1990.

_____. *Problemas morais da existência humana*. Lisboa: CAS, 1983. (Tradução do original espanhol de 1980.)

_____. *Problemas morales de la existencia humana*. 6. ed. Madri: Casals, 1993.

GREENLEAF, Robert K. *Servant leadership*. Mahwah: Paulist Press, 1977.

GROSSE, Robert; KUJAWA, Duane. *International business*: theory and managerial application. 2. ed. Boston: Irwin, 1992.

GROVE, Andrew S. *Las relaciones interpersonales en el trabajo*: como mejorarlas y cómo superar las diferencias. Bilbao: Deusto, [s. d.] (Tradução de *One-on-one with Andy Grove*: how to manage your boss, yourself and your coworkers. New, York: G. P. Putnam's Sons, 1987).

HALL, Edward T. *Beyond culture*. Garden City, NY: Anchor Press, 1976.

HELD, David; McGREW, Anthony. *Prós e contras da globalização*. Rio de Janeiro: Zahar, 2001.

HENDERSON, Hazel. Fim de jogo! *Revista Digital de Meio Ambiente e Desenvolvimento*, 10 jul. 2009. Disponível em: <http://envolverde.ig.com.br/materia.php?cod=60419&edt=29#>. Acesso em: 13 jul. 2009.

HUNTER, James C. *O monge e o executivo*. São Paulo: Sextante, 2004.

HUNTINGTON, S. *O choque das civilizações e a composição da ordem mundial*. Rio de Janeiro: Objetiva, 1997.

_____. Entrevista a Nathan Gardels (Global Viewpoint). *O Estado de S. Paulo*, 28 out. 2002, p. A23.

HUSTED, Bryan. The impact on ethics misunderstandings in business between Latin American and the United States. *Instituto de Empresa*, abr. 1998.

ILARI, Jimena G. Empresas y ética. *Idea*, Instituto para el Desarrollo Empresarial de la Argentina, ano XXI, nº 203, maio 1998.

INFORME SOBRE O DESENVOLVIMENTO HUMANO (PNUD). Organização das Nações Unidas, 1993.

INSTITUTO BRASILEIRO DE GEOGRAFIA E ESTATÍSTICA – IBGE. Síntese de Indicadores Sociais: uma análise das condições de vida da população brasileira 2015. Rio de Janeiro, 2015.

INSTITUTO DE EMPRESA Y HUMANISMO (Ed.). *Capitalismo y cultura cristiana*. Barañáin: Ediciones Universidad de Navarra, 1999.

INTERNATIONAL TELECOMMUNICATION UNION (ITU). Key global telecom indicators for the World Telecommunication Service Sector.

Intus-Legere: *Anuario de Filosofia, Historia y Letras*. Instituto de Humanidades, Universidad Adolfo Ibañez (desde 1998).

ISAAC, Robert. Green logic: *ecopreneurship, theory and ethics*. Sheffield: Greenleaf, 1998.

JACOMINO, Dalen. Você é um profissional ético? *VOCÊ S.A.*, ano III, nº 25, p. 28-37.

JAEGER, Werner *Aristóteles*. México: Fondo de Cultura, 1997.

_____. *Paideia*: a formação do homem grego. São Paulo: Herder, 1936. (Tradução.)

JIMÉNEZ, Alfonso. Etica y gestión de personas. In: MELÉ CARNÉ, Domènec. (Coord.). *Raíces éticas del liderazgo*. Barañáin: Ediciones Universidad de Navarra, 2000.

JOHNSON, H.G. Towards a generalized capital accumulation approach to economic development. In: BLAUG, M. (Ed.). *Economics of education*. Middlesex: Penguin, 1968. v. 1.

JOLIVET, Régis. *Tratado de filosofia*: lógica e cosmologia. Buenos Aires: Carlos Lohlé, 1960. v. 1.

_____. *Tratado de filosofia*: moral. Rio de Janeiro: Agir, 1966. v. 4.

KANT, Immanuel. *Fundamentação da metafísica dos costumes*. Lisboa: Edições 70, 1997.

KENNAN, George. Entrevista: Um século trágico. *Veja*, nº 1525, p. 12, 10 dez. 1997. (Entrevistador: Eurípedes Alcântara).

KEYNES, John Maynard. *Essays in persuasion*. New York: Norton, 1963.

KISSINGER, Henri. Crecimiento económico e imaginación política. *ABC*, p. 61, 2 ene. 2000.

_____. Ataque terrorista exige resposta nova. *Folha de S. Paulo – Caderno Especial*, 20 set. 2001. p. 6.

KLIKSBERG, B. La inequidad en América Latina. Un tema clave para el desarrollo y el perfil ético de la sociedad. In: *I Congreso de Ética, Negócios e Economia na América Latina*. São Paulo: FGV-Eaesp, 1998.

KOSLOWSKI, Peter. *La ética del capitalismo*. Madri: Rialp, 1997.

LACZNIAK, Gene R.; MURPHY, Patrick E. *Ethical marketing decisions*: the higher road. Needham Heights, MA: Allyn & Bacon, 1993.

LANDES, David. Repensando o desenvolvimento. *Diálogo* 24 (2): 66-71, 1991.

LANGONI, C. G. *Distribuição e renda e desenvolvimento econômico*. Rio de Janeiro: Expressão e Cultura, 1973.

LEE, James E. Cultural analysis in overseas operations. *Harvard Business Review*, p. 106-114, Mar./Apr. 1966.

LEIBNIZ, G. W. *Discours de métaphysique*. Paris: Lestienne, 1929. § XXXVI.

LISBOA, Lázaro Plácido (Coord.). *Ética geral e profissional em contabilidade*. 2. ed. São Paulo: Atlas, 1997.

LLANO Cifuentes, Carlos. *El empresario ante la motivación y la responsabilidad*. México: McGraw-Hill/Interamericana de México, 1991.

_____. *El empresario y su acción*. México: McGraw-Hill/Interamericana de México, 1990.

LLANO Cifuentes, Carlos.*El empresario y su mundo*: tópicos de la empresa. México: McGraw-Hill/Interamericana de México, 1991.

LODI, João Bosco. *A ética na empresa familiar*. São Paulo: Pioneira, 1994.

LOGES, William E.; KIDDER, Rushworth M. *Global values, moral boundaries*: a pilot survey. Camden, Maine: The Institute of Global Ethics, Oct. 1996.

LONDOÑO, C. *Poverty, inequality, and human capital development in Latin America*, 1950-2025. World Bank Latin American and Caribbean Studies. Washington: The World Bank, 1996.

LOZANO, Josep M. *Ética y empresa*. Madri: Trotta, 1999.

MACINTYRE, Alasdair. *After virtue*: a study in moral theory. 2. ed. Notre Dame, Indiana: University of Notre Dame Press, 1984.

_____. *Whose justice? Which rationality?* Notre Dame, Indiana: University of Notre Dame Press, 1988.

MARCUS, Alfred; KAISER, Sheryl. *Managing beyond compliance*: the ethical and legal dimensions of social corporate responsibility. Garfield Heights, OH: North Coast Publishers, 2006.

MARITAIN, Jacques. *A filosofia moral*. Rio de Janeiro: Agir, 1973.

_____. *Introduction générale à la philosophie*. Paris: P. Téqui, 1922.

MATTAR, Fauze Najib. *Pesquisa de marketing*. São Paulo: Atlas, 1992. v. 2.

McHATTON, Robert J. *Telemarketing total*. São Paulo: McGraw-Hill, 1990. p. 258-260.

MELÉ CARNÉ, Domènec. *Ética en dirección comercial y publicidad*. Barañáin, Espanha: Ediciones Universidad de Navarra, 1998.

_____ (Coord.). *Ética en el gobierno de la empresa*. Barañáin: Ediciones Universidad de Navarra, 1996.

_____ (Coord.). *Ética en la actividad financiera*. Barañáin: Ediciones Universidad de Navarra, 1994.

_____. *Ética en la dirección de empresas*. Barcelona: Ediciones Universidad de Navarra, 1997.

_____ (Coord.). *Ética, trabajo y empleo*. Barañáin: Ediciones Universidad de Navarra, 1994.

_____ (Coord.). *Raíces éticas del liderazgo*. Barañáin: Ediciones Universidad de Navarra, 2000.

MESSNER, Johannes. *Ética social, política y económica a la luz del derecho natural*. Madri: Rialp 1967. (Versão espanhola do original alemão: *Das Naturrecht*.)

_____. *Ética social*: o direito natural no mundo moderno. São Paulo: Quadrante/USP [s. d.] (Versão direta da 4. ed. austríaca de 1960.)

MILL, John Stuart. *Autobiografia*. Madri: Alianza, 1986. (Tradução.)

_____. *El utilitarismo*. Buenos Aires: Aguilar, 1955.

MIRANDA, K. *Teorias do desenvolvimento econômico dos anos 80 e 90*: definições, estratégias precedentes e propostas atuais. 1999. Dissertação (Mestrado) – Universidade Presbiteriana Mackenzie.

MOREIRA, Joaquim Manhães. *A ética empresarial no Brasil*. São Paulo: Pioneira, 1999.

MORRIS, Tom. *A nova alma do negócio*: como a filosofia pode melhorar a produtividade de sua empresa. Rio de Janeiro: Campus, 1998.

MURPHY, Patrick E. Character and virtue ethics in international marketing: an agenda for managers, researchers and educators. *Journal of Business Ethics*, Jan. 1998.

_____. *Eighty exemplary ethics statements*. Notre Dame, Indiana: University of Notre Dame Press, 1998.

_____. Ethics in marketing: a global view. In: *VII Coloquio de Ética Empresarial y Economía*, IESE, Universidad de Navarra, oct. 1997.

MURPHY, Patrick E.; LACZNIAK, Gene R. BOWIE; Norman E.; KLEIN, Thomas A. *Ethical marketing*. Upper Saddle River, NJ, USA: Pearson, 2005.

_____; ENDERLE, Georges. Managerial ethical leadership: examples do matter, *Business Ethics Quarterly*, v. 5, 1995.

NADELHAFT, Marilyn. An issue of trust: ethics in marketing management. *Harvard Business School Bulletin*, p. 38-48, Dec. 1990.

NASH, Laura L. *Ética nas empresas*: boas intenções à parte. São Paulo: Makron Books, 1993. (Tradução de *Good intentions aside*. President and Fellows of Harvard College, 1990.)

NUNES, Angela. E-mail bem mais eficaz. *Veja*, ed.1673, ano 33, nº 44, p. 130-131, 1 nov. 2000.

NYE, Joseph. The new Rome meets the new barbarians. *The Economist*, 362 (8265). p. 23-25, 23 mar. 2002.

OLIVETTE, Cris. Felicidade no ambiente de trabalho tem destaque no evento. *Inova na mídia*. São Paulo: Estadão/Inova Business School, 18 ago. 2016. Disponível em: <http://www.inovabs.com.br/alphaville/blog/conarh-2016-aborda-saude-mental-felicidade-e-profissoes-do-futuro>.

PAPA FRANCISCO. *Carta Encíclica Laudato Si sobre o cuidado da casa comum* (Roma, 24-05-2015). Coleção Voz do Papa – Doc 201. São Paulo: Paulinas, 2015.

PÉREZ LÓPEZ, Juan Antonio. *Liderazgo y ética en la dirección de empresas*: la nueva empresa del siglo XXI. Bilbao: Deusto, 1998.

PÉREZ Perdomo, Rogelio (Coord.). *Esclavos del dinero?*: sobre crisis de valores y ética de negocios en Venezuela. Caracas: IESA, 1998.

PENA, Roberto Patrus Mundim. 4. ed. Ética e felicidade. 4. ed. Belo Horizonte: Faculdade de Estudos Administrativos, 1999.

PERSSON, T.; TABELLINI, G. Is inequality harmful for growth? *American Economic Review*, 108: 97-125, 1994.

PESQUISA NACIONAL POR AMOSTRA DE DOMICÍLIO – PNAD. Rio de Janeiro: IBGE – Instituto Brasileiro de Geografia e Estatística, 1997

PIEPER, Josef. *Las virtudes fundamentales*. 5. ed. Madri: Rialp, 1997. (Tradução do alemão *Über die Liebe*, 1972.)

PLATÃO. *Apologia de Sócrates*. São Paulo: Abril Cultural, 1985.

_____. Górgias. In: *Obras completas*. Madrid: Aguilar, 1988.

_____. A República. In: *Obras completas*. Madrid: Aguilar, 1988.

_____. *Sobre los mitos platónicos*. Barcelona: Herder, 1998.

POLO Barrena, Leonardo. *Ética*: hacia una versión moderna de los temas clásicos. Madri: Aedos/Unión Editorial, 1996.

PNUD. *Relatório sobre o desenvolvimento humano*. Lisboa: Trinova Editora, 1999.

PROCEEDINGS OF II ISBEE WORLD CONGRESS. São Paulo: EAESP-FGV, 2000.

PROGRESSO SOCIOECONÔMICO NA AMÉRICA LATINA (Relatório 1993). Washington: Banco Interamericano de Desenvolvimento.

PSACHAROPOULOS, G. (Org.). *Economics of education*. Washington: World Bank, 1987.

_____ et al. *Poverty and income distribution en Latin America*: the story of the 1980s. Latin America and the Caribbean Technical Department. Regional Studies Programme Report nº 27. Washington: The World Bank, 1996.

PUELLES, Antonio Millan. *Fundamentos de filosofia*. 8. ed. Madri: Rialp,1972.

PUGLIESI, Márcio. Entrevista. *Jornal do Brasil*, 21 jul. 1992.

PUPPIM DE OLIVEIRA, José Antonio. *Empresas na sociedade*: sustentabilidade e responsabilidade social. Rio de Janeiro: Elsevier-Campus, 2008.

QUELHAS, Osvaldo Luiz Gonçalves et.al. (Org.) *Transparência nos negócios e nas organizações*: desafios de uma gestão para a sustentabilidade. São Paulo: Atlas, 2009.

RAMÓN Ayllón, José. *Ética razonada*. Madri: Palabra, 1998.

RAMOS, José Maria Rodriguez. *Conceito de desenvolvimento econômico*: natureza, fundamentos e evolução histórica a partir de 1945. Dissertação (Mestrado). Universidade de São Paulo, 1985.

_____. Dimensões da globalização: comunicações, economia, política e ética. *Revista de Economia & Relações Internacionais*, v. 1, n. 1. p. 97-112, Jul. 2002.

_____. Ética nas relações internacionais: desafios da globalização. *Revista de Economia & Relações Internacionais*, v. 5(9). p. 86-92, Jul. 2006. Disponível em: <www.faap.br/revista_faap/rel_internacionais/rel_01/dimensoes.htm>.

_____. *Lionel Robbins*: contribuição para a metodologia da economia. São Paulo: Edusp, 1993. v. 4.

RAWLS, John. *A theory of justice*. Cambridge, Mass.: Harvard University Press, 1971.

RIBEIRO, Sérgio Costa. *A educação e a inserção do Brasil na modernidade*. Junho de 1992. (Mimeo.)

ROA, Francisco (Coord.); FERNÁNDEZ, José Luis; FONTRODONA, Joan; GOROSQUIETA, Javier. *Ética del marketing*. Madri: Unión, 1999.

ROBBINS, Lionel. An essay on the nature and significance of economic science. 2. ed. Londres: Macmillan, 1935.

_____. *Against inflation*. ed. 2. Londres: Macmillan, 1979.

ROCHA, S. *Desigualdade regional e pobreza no Brasil*: a evolução 1981-1995. Texto para

Discussão nº 567. Rio de Janeiro: Ipea, 1998.

RODRÍGUEZ ARANA Muñoz, Jaime. *Ética institucional*. Madri: Dykinson, 1996.

RODRIGUEZ LUÑO, Angel. *Ética*. Pamplona. Ediciones Universidad de Navarra, 1982.

ROSSOUW, G. J. (Deon); SISON, Alejo José G. *Global perspectives of corporate governance*. New York: Palgrave Macmillan, 2006.

RHONHEIMER, Martin. *La perspectiva de la moral*: fundamentos de la ética filosófica. Madri: Rialp, 2000.

RUIZ ALONSO, Félix; LÓPEZ, Francisco Granizo; CASTRUCCI, Plínio de Lauro. *Curso de ética em administração*. São Paulo: Atlas, 2006.

SALVIATTO, Cibele de Macedo; BRANDÃO, Carlos Eduardo Lessa. *A prática da sustentabilidade*: desafios vividos por agentes da governança corporativa. Série Experiências em Governança Corporativa 1. São Paulo: Instituto Brasileiro de Governança Corporativa – IBGC, 2009.

SAMUELSON, Paul A. *Introdução à análise econômica*. Trad. Rio de Janeiro: Agir, 1970.

SCHAPER, Michael (Ed.). *Making ecopreneurs*: developing sustainable entrepreneurship. Hampshire, England: Ashgate Publishing Limited, 2005.

SCHMIDT, Eduardo. *Etica y negocios para América Latina*. 3. ed. Lima: Universidad del Pacífico, 2000.

_____. *Moralización a fondo*. 2. ed. Lima: Universidad del Pacífico, 1996.

SCHULTZ, T.W. Investment in human capital. *American Economic Review*, v. 51, p. 1-17, 1961.

SEN, Amartya. *Desenvolvimento como liberdade*. São Paulo: Companhia das Letras, 2000. (Tradução do inglês *Development as freedom*. New York: Alfred A. Knopf, 1999.)

_____. Economics, business principles and moral sentiments. *Business Ethics Quarterly*, v. 7, no 3, p. 5-15, July 1997.

_____; WILLIAMS, Bernard. *Introduction*: utilitarianism and beyond. Cambridge: Cambridge University Press, 1982.

_____. *Sobre ética e economia*. São Paulo: Companhia das Letras, 1999.

SENDAGORTA, Enrique. Hablar de liderazgo es hablar de servicio. In: MELÉ CARNÉ, Domènec. (Coord.). *Raíces éticas del liderazgo*. Barañáin: Ediciones Universidad de Navarra, 2000.

SHAW, William H; BARRY, Vincent. *Moral issues in business*. 7. ed. Belmont, California: Wadsworth, 1998.

SISON, Alejo. *Corporations and the social contracts*: a reply to Prof. Thomas Donaldson. Research Paper nº 249. Barcelona: IESE, jun. 1993.

_____. *The moral capital of leaders*. Cheltenham, Glos, UK: Edward Elgar, 2003.

SMITH, N. Craig; QUELCH, John A. *Ethics in marketing*. Boston: Irwin, 1993.

SOLOMON, Robert C. *A melhor maneira de fazer negócios*: como a integridade pessoal leva ao sucesso corporativo. São Paulo: Negócio, 2000.

_____. *Ética e excelência*: cooperação e integridade nos negócios. Rio de Janeiro: Civilização Brasileira, 2006.

_____. Ver negócios sob uma visão "aristotélica". *Interprensa-análise*, A32/2001, jan. /fev. 2001.

SOTO PINEDA, Eduardo; CÁRDENAS, José Antonio. *Ética nas empresas*. São Paulo: McGraw-Hill Interamericana do Brasil Ltda., 2009. (Tradução.)

SOUZA, Márcia Cristina Gonçalves de. *Ética no ambiente de trabalho*: uma abordagem franca sobre a conduta ética dos colaboradores. Rio de Janeiro: Elsevier, 2009.

SPAEMANN, Robert. *Felicidade e benevolência*: ensaio sobre ética. Trad. (Orig. 1989). São Paulo: Edições Loyola, 1996.

SROUR, Robert Henry. *Ética empresarial*. Rio de Janeiro: Campus, 2000.

STEWART, F. Income distribution and development. *UNCTAD X*. TD(X)RT.1/1., 2000.

TACHIZAWA, Takeshy. *Gestão ambiental e responsabilidade social corporativa*: estratégias de negócios focadas na realidade brasileira. 3. ed. São Paulo: Atlas, 2005.

TEIXEIRA, Nelson Gomes (Org.). *A ética no mundo da empresa*. São Paulo: Pioneira, 1991.

TEODÓSIO, Armindo dos Santos de Sousa. No "olho do furacão" das alianças intersetoriais: o público e o privado na agenda social brasileira. In: CABRAL, Antonio; COELHO, Leonardo (Org.). *Mundo em transformação*: Caminhos para o desenvolvimento sustentável. Belo Horizonte: Autêntica Editora, 2006.

TERMES, Rafael. *Antropología del capitalismo*. Barcelona: Plaza & Janés, 1992.

TERMES, Rafael. Actividad financiera y virtudes personales. In: MELÉ CARNÉ, Domènec. (Coord.). *Ética en la actividad financiera*. Barañáin: Ediciones Universidad de Navarra, 1998.

TERPSTRA, Vern; SARATHY, Ravi. *International marketing*. 6. ed. Fort Worth, TX: Dryden Press, 1972.

THE ETHICS AND COMPLIANCE HANDBOOK: A practical guide from leading organizations. Berryville, VA: The Ethics and Compliance Officer Association Foundation, 2008.

TODARO, M. P. *Economic development in the third world*. New York: Longman, 1977.

TOFFLER, Barbara Ley. *Ética no trabalho*. São Paulo: Makron Books, 1993. (Tradução de *Managers talk ethics*: making tough decisions in a competitive business world. New York: John Wiley, 1991.)

TOLEDO, Geraldo Luciano; SANTOS, Dilson Gabriel dos. A responsabilidade social do marketing. *Revista de Administração IA-USP*, São Paulo, v. 14(1), p. 45-60, jan./mar. 1979.

TOYNE, Brian; WALTERS, Peter G. P. *Global marketing management*: a strategic perspective. 2. ed. Boston: Allyn and Bacon, 1993.

UNESCO. *Statistical yearbook*, 1998.

_____. *World Communication and Information Report*, 2000.

UNITED NATIONS. *The Millennium Development Goals Report 2015*. New York: United Nations, 2015.

VÉLAZ, J. Ignacio. La ética en las teorías del liderazgo: la contribución de Pérez López. In: Melé Carné, Domènec (Coord.). *Raíces éticas del liderazgo*. Barañáin: Ediciones Universidad de Navarra, 2000.

VELLOSO, J. P. R.; ALBUQUERQUE, R. C. (Coord.). *Pobreza, cidadania e segurança*. Rio de Janeiro: José Olympio, 2000.

VERNEAUX, Roger. Crítica de la razón práctica. *Historia de la filosofía moderna*. Barcelona: Herder, 1984.

VIVES, Xavier. Información asimétrica y tráfico de información privilegiada en los mercados financieros. In: MELÉ CARNÉ, Domènec (Coord.). *Ética en la actividad financiera*. Barañáin: Ediciones Universidad de Navarra, 1998.

WALZER, Michael. The moral standing of states. *Philosophy and Public Affairs*. Spring 1980. Vol. 9. p. 401-403.

WEBER, Max. *Ciência e política*: duas vocações. Trad. São Paulo: Cultrix, 1968.

WESSEL, D. Sure ways to annoy consumers. *The Wall Street Journal*, 6 Nov. 1989, B1.

WERTHER, JR., William B.; CHANDLER, David. *Strategic corporate social responsibility*: stakeholders in a global environment. Thousand Oaks, CA: Sage, 2006.

WHITAKER, Maria do Carmo (Coord.). *Ética na vida das empresas*: depoimentos e experiências. São Paulo: DVS, 2007.

_____; INGLEZ DE SOUSA, Ricardo Noronha. A conduta ética do empresariado brasileiro e os princípios propostos pelo *The Conference Board*. In: *Proceedings of the II ISBEE World Congress*. São Paulo: FGV-EAESP, 2000.

_____. A empresa como educadora e formadora moral de seus membros: as Universidades Corporativas. *Anales del VII Congreso Latinoamericano de Ética, Negocios y Economía*. São Paulo: ALENE, 2005. p. 464-474.

_____; RAMOS, José Maria Rodriguez. Ética e as linhas mestras do Código das melhores práticas de governança corporativa do IBGC – Instituto Brasileiro de Governança Corporativa. São Paulo: *Estratégica (FAAP)*, v. 09, 2010. p. 125-133.

_____. Investindo com ética ... em capital social. Rio de Janeiro, RJ: Revista da CVM. v. 32, 2000. p. 19-21.

WOOLDRIDGE, Adrian. Coming top: a survey of education. *The Economist*, 21 Nov. 1992.

WORLD BANK. *Globalization, growth, and poverty*: building an inclusive world economy. Oxford: Oxford University Press, 2002.

WORLD DEVELOPMENT INDICATORS 2016. Washington: The World Bank, 2016.

WORLD DEVELOPMENT REPORT: Poverty. Washington: The World Bank, 1990.

_____ . Washington: The World Bank, 1999.

YUNUS, Muhammad. O banco que ajuda aos pobres. *Interprensa*, E5/98, jul. 1998. (Entrevista.)

_____ ; JOLIS, Alan. *O banqueiro dos pobres*. São Paulo: Ática, 2000. (Tradução do original francês: *Vers un monde sans pauvreté*. JC Lattès. 1997.)

ZÜLZKE, Maria Lucia. *Abrindo a empresa para o consumidor*: a importância de um canal de atendimento. 2. ed. Rio de Janeiro: Qualitymark, 1997.

Webgrafia

<www.aba.org.br>

<www.accountabilitiy.org>

<www.akatu.org.br>

<www.amcham.com.br/inovacao/projeto-escola-legal>

<www.anj.org.br>

<www.bovespa.com.br>.<www.bmfbovespa.com.br>

<www.cade.gov.br>

<cebds.org/wp-content/uploads/2014/02/Visão-Brasil-2050-2012_pt.pdf>

<www.conar.org.br>

<www.consumersinternational.org>

<www.consumidor.gov.br>

<www.cvm.gov.br>

<www.envolverde.com.br> (website que sucedeu ao http://envolverde.ig.com.br)

<www.etco.org.br>

<www3.ethos.org.br>

<www.ethicalmarkets.com>

<www.eticaempresarial.com.br>

<www.eticanosnegocios.org.br>

<www.faap.br/revista_faap/rel_internacionais/rel_01/dimensoes.htm>

<www.fncp.org.br>

<www.globalreporting.org>

<http://estrategica.faap.br/ojs/index.php/estrategica/article/download/21/19>

<www.hazelhenderson.com>

<www.ibef.com.br>

<www.ibgc.org.br>

<www.inovabs.com.br/alphaville/blog/conarh-2016-aborda-saude-mental-felicidade-e-profissoes-do-futuro>

<www.isbee.org/world-congress-2016/theme-summary>.

<http://isebvmf.com.br/index.php?r=site/conteudo&id=1>.

<www.iso.org/iso/home/standards/iso26000>.

<www.justica.gov.br/sua-protecao/combate-a-pirataria>.

<http://mercadoetico.terra.com.br/institucional/o-que-e-o-mercado-etico/>.

<http://minhacidadedigital.ig.com.br/category/my-fun-city>.

<https://nacoesunidas.org/conheca-os-novos-17-objetivos-de-desenvolvimento-sustentavel-da-onu>.

<http://news.harvard.edu/gazette/story/2012/02/decoding-keys-to-a-healthy-life/>.

<www.nic.br>.

<www.odovo.com.br/br/sp/sao-paulo/secanp-associacao-nacional-profissionais-servicos-consumidor-sp/a>

<www.oecd.org>.

<www.oecd.org/gov/regional-policy/hows-life-in-your-region-country-factsheets.htm>.

<www.oecdregionalwellbeing.org>.

<www.oecdbetterlifeindex.org/pt/media/bli/documents/Executive%20Summary.pdf>.

<www.pnud.org.br/SobrePNUD.aspx>.

<www.pnud.org.br/ODM.aspx>.

<www.procon.sp.gov.br>.

<www.proteste.org.br>.

<https://pt.wikipedia.org/wiki/Protocolo_de_Quioto>.

<https://pt.wikipedia.org/wiki/Novo_Mercado>.

<www.registro.br>.

<www.sa-intl.org>.

<www.serasa.com.br> sucedido por <www.serasaexperian.com.br>.

<https://sustainabledevelopment.un.org/agenda21/?utm_source=OldRedirect&utm_medium=redirect&utm_content=dsd&utm_campaign=OldRedirect>

<www.thegef.org/gef/whatisgef>.

<www.unep.org/Documents.Multilingual/Default.asp?DocumentID=97&ArticleID=1503&l=en>.

<www.unglobalcompact.org>.

<www.un.org/documents/ga/res/42/ares42-187.htm>.

<www.un.org/esa/earthsummit>.

<www.un.org/geninfo/bp/enviro.html>.

Sugestões de filmes

Capítulo 1

Sócrates. Diretor: Roberto Rossellini. Neste filme Rossellini mostra principalmente o final da vida de Sócrates, fazendo referência particularmente aos diálogos de Platão, *Apologia de Sócrates, Críton* e *Fédon*. O filme é de 1971, porém mantém a sua atualidade em função do tema e da qualidade do filme.

Capítulo 2

Ética, alguém viu por aí? – TV Cultura (discutir em cada situação o que impede os personagens de adotar posturas éticas: ignorância, debilidade ou malícia).

ROTAPLAN
GRÁFICA E EDITORA LTDA

Rua Álvaro Seixas, 165
Engenho Novo - Rio de Janeiro
Tels.: (21) 2201-2089 / 8898
E-mail: rotaplanrio@gmail.com